Geflügelhaltung als Hobby

Michael Baumeister · Heinz Meyer

Geflügelhaltung als Hobby

Hühner · Enten · Gänse · Puten · Perlhühner

Titelbild: Eine Glucke der Altenglischen Kämpfer betreut liebevoll ihre Kleinen.

Im FALKEN Verlag sind zahlreiche Titel zum Thema Tiere erschienen. Fragen Sie Ihren Buchhändler!

ISBN 3 8068 0749 3

© 1993 by Falken-Verlag GmbH, 6272 Niedernhausen/Ts.
Die Verwertung der Texte und Bilder, auch auszugsweise, ist ohne Zustimmung des Verlags urheberrechtswidrig und strafbar. Dies gilt auch für Vervielfältigungen, Übersetzungen, Mikroverfilmung und für die Verarbeitung mit elektronischen Systemen.
Titelbild: Reinhard-Tierfoto, Heiligkreuzsteinach-Eiterbach
Fotos: Michael Baumeister, Ludwigshafen; Heinz Meyer, München
Zeichnungen: Gabriele Hampel, Kelkheim/Ts.
Die Ratschläge in diesem Buch sind von den Autoren und vom Verlag sorgfältig erwogen und geprüft, dennoch kann eine Garantie nicht übernommen werden. Eine Haftung der Autoren bzw. des Verlages und seiner Beauftragten für Personen-, Sach- und Vermögensschäden ist ausgeschlossen.
Satz: Dinges+Frick, Wiesbaden
Druck: Neuwieder Verlagsgesellschaft mbH, Neuwied

Inhalt

Einleitung 10

Idee und Motivation 11

Die Domestikation und die Ahnen des Geflügels 13
Die Problematik der Domestikation 13
Der Begriff der Tierart 13
Das Haustier im zoologischen System 14
Die Ursachen der Domestikation 15
Veränderungen der Tiere im Haustierstand 15
Die Ahnen der Haushühner 16
Die Ahnen der Hausgänse 16
Die Ahnen der Hausenten 17
Die Ahnen der Hausputen 17
Die Ahnen der Hausperlhühner 17

Voraussetzungen für die Geflügelhaltung 18
Platzbedarf 18
Hühner und Zwerghühner 18
Gänse und Enten 19
Puten und Perlhühner 21
Der Stall und seine Einrichtung 21
Hühner und Zwerghühner 21
Gänse und Enten 27
Puten und Perlhühner 29
Der Auslauf und seine Gestaltung 30
Hühner und Zwerghühner 32
Gänse und Enten 36
Puten und Perlhühner 37
Errichtung des Auslaufs 37

Welches Geflügel für welchen Zweck? 38
Hühner 38
Mittelmeerrassen 38
Nordwesteuropäische Rassen 40
Haubenhühner und Verwandte 42
Zwischentyp-Rassen 44
Kämpfer und verwandte Rassen 47
Rassen im asiatischen Typ 53
Zwerghühner 60
Verzwergte Rassen 60

Inhalt

Eigentliche Zwerghühner 61
Gänse 64
Enten 69
Für die Fleischproduktion geeignete Rassen 69
Legerassen 73
Rassen mit hohem Zierwert 74
Puten 75
Perlhühner 77

Fütterung 79

Aufbau und Energieversorgung des Körpers 79
Grundbestandteile des Futters 79
Eiweiß 81
Amide 81
Kohlehydrate 81
Fette 81
Mineralien 81
Vitamine 85
   Fettlösliche Vitamine 86
   Wasserlösliche Vitamine 88
Hormone 91
Antibiotika 91
Das Nährstoffverhältnis 91
Hühnerfütterung 93
Erhaltungs- und Leistungsfutter 93
Mastfutter 97
Entenfütterung 98
Erhaltungs- und Leistungsfutter 98
Mastfutter 98
Gänsefütterung 99
Erhaltungsfutter 99
Mastfutter 99
Putenfütterung 100
Erhaltungsfutter 100
Mastfutter 100
Perlhuhnfütterung 100
Trinkwasser 103

Vererbung und Zucht 104

Sinn der Zucht 104
Chromosomen — Träger der Gene 104
Reinerbigkeit und Spalterbigkeit 105
Der intermediäre Erbgang 106
Der dominant-rezessive Erbgang 106
Problematik der Vererbung 109
Zuchtmodelle 109

Inzucht 109
Kreuzungszucht 109
Linienzucht 110
Hühnerzucht 110
Zuchtstamm 110
Anzahl der Zuchttiere 111
Sozialhierarchie der Zuchttiere 111
Strukturierung des Zuchtstalles 111
Fallnest und Fallnestkontrolle 112
Einfluß von Temperatur und Licht 113
Fütterung des Zuchtstammes 113
Entwurmung 114
Entenzucht 114
Zuchtstamm 114
Stall, Nest und Platzbedarf 114
Fütterung des Zuchtstamms 115
Gänsezucht 115
Zuchtstamm 115
Zuchtraum 116
Nest 116
Fütterung des Zuchtstamms 117
Putenzucht 117
Zuchtstamm 117
Stall und Nest 117
Fütterung des Zuchtstamms 117
Perlhuhnzucht 118
Zuchtstamm 118
Stall und Nester 118
Fütterung des Zuchtstamms 118

Das Ei 119

Das Ei in der menschlichen Ernährung 119
Qualität des Frischeis 120
Zusammensetzung des Eis 120
Bildung des Eis 121
Abnormitäten des Eis 122
Form des Eis 124
Brutei 125

Brut und Aufzucht 127

Entwicklungsdauer des Geflügels 127
Naturbrut 128
Hühnerglucke 128
  Nest 128
  Pflege und Haltung 129
Die brütende Ente 130

Inhalt

Die brütende Gans 130
Die Putenglucke 131
   Das Nest und die Möglichkeit der Zwangsbrut 131
   Vergleich mit der Zwangsbrut der Hühnerglucke 131
Brutentwöhnung 131
Kunstbrut 132
Brutfaktoren 132
   Temperatur 133
   Luftfeuchtigkeit 133
   Wenden 137
   Luftzufuhr 137
Brutfehler bezüglich der Brutfaktoren 139
Kennzeichnung der Küken 140
Aufzucht durch die Glucke 142
Künstliche Aufzucht 142
Aufzucht der Hühnerküken 142
   Aufzuchtraum, Platzbedarf und Wärme 142
Aufzucht der Entenküken 146
Aufzucht der Gänseküken 148
Aufzucht der Putenküken 148
Aufzucht der Perlhuhnküken 149

Vom »halbstarken« zum reifen Tier 150

Junghühnerhaltung 150
Junghennenhaltung 150
Junghahnenhaltung 152
Beringung 154
Aussondern und Schlachten 155
Jungentenhaltung 156
Junggänsehaltung 156
Jungputenhaltung 156
Jungperlhühnerhaltung 156

Krankheiten und Vorbeugungsmaßnahmen 157

Vorbeugung gegen Krankheiten 157
Krankheiten 158
Embryonal bedingte Krankheiten 158
   Infektiöse Embryonalerkrankung 158
   Krankheiten aufgrund geringer Bruteiqualität 159
     Unvollständige Dottersackresorption 159
     Unsachgemäßer Brutverlauf 159
Haltungsbedingte Erkrankungen 160
   Hypothermie 160
   Pneumoaerocystitis 160
   Ansteckender Schnupfen 160
   Federfressen 160

Zehenpicken 161
Nährstoffmangelkrankheiten 161
  Avitaminosen (Vitaminmangelkrankheiten) 161
  Rachitis 161
  Perosis 161
  Zehenverkrümmung 161
Bakteriell bedingte Erkrankungen 162
  Pullorumruhr (Weiße Kükenruhr) 162
  Geflügelcholera 163
  Tuberkulose 163
  Paratyphus 163
Durch Einzeller bedingte Krankheiten 163
  Coccidiose 163
  Schwarzkopfkrankheit 164
Virusbedingte Krankheiten 164
  Diphterie und Pocken 164
  Marek'sche Lähme 164
  Klassische Geflügelpest 164
  Newcastle-Krankheit 165
  Leukose 165
Wurmerkrankungen 165
  Haarwurmbefall 165
  Spulwurmbefall 165
Durch Ektoparasiten hervorgerufene Krankheiten 166
  Befall durch Federlinge 166
  Befall durch Milben 166
  Befall durch Vogelzecken 167
  Befall durch Flöhe 167
  Natürliche Bekämpfung der Ektoparasiten 167

Ein Schritt weiter: organisierte Zucht 168

Mitgliedschaft in einem Geflügelzuchtverein 168
Wettbewerb auf Ausstellungen 169
Das Geflügel für den Wettbewerb 170
Die Pflege des Geflügels nach den Ausstellungen 170
Zuchtbuchführung 171
Verkauf von Bruteiern, Eintagsküken, Jung- und Zuchttieren 171
Der Aufbau der Organisation der Rassegeflügelzüchter 172

Informationsquellen 173

Weiterführende Literatur 173
Quellennachweis 173
Adressen der Fachverbände, Institute, Lehr- und Versuchsanstalten für Kleintierzucht und Veterinäruntersuchungsämter 175

Register 177

Einleitung

In einer Rede an den amerikanischen Präsidenten im Jahre 1855 sagte der Indianerhäuptling Seattle: »Was wäre der Mensch ohne Tiere? Wären alle Tiere fort, so stürbe der Mensch an großer Einsamkeit des Geistes. Was immer den Tieren geschieht, geschieht bald auch den Menschen. Alle Dinge sind miteinander verbunden. Was die Erde befällt, befällt auch die Söhne und Töchter der Erde.«

Seit diesen Worten haben schon viele Tierarten unseren Globus für immer verlassen. Naturschutzorganisationen versuchen, der Ausbeutung der Natur Einhalt zu gebieten. Politische Parteien sehen in den Begriffen Natur und Ökologie neue Werte und wenden sich — je nach ihrer Einstellung — mehr oder weniger intensiv diesen »neuen« Bereichen zu. Auch in der Bevölkerung wird der Wille zum umweltbewußten und umweltnahen Leben immer stärker.

Bevor sich all diese Trends entwickelten, versuchten die Hobbygeflügelzüchter, die größtenteils im Bund Deutscher Rassegeflügelzüchter organisiert sind, die Natur in Form der Haustierzucht in die kalten Betonwüsten der Städte hineinzutragen. Mit Zuchtanlagen und Ausstellungen präsentierten sie stets ein uraltes lebendiges Kulturgut der Menschheit: das gezähmte und durch Menschenhand geformte Hausgeflügel. Vielen Kindern ermöglichten die Aktivitäten der Geflügelzuchtvereine erstmals in ihrem Leben den direkten Mensch-Tier-Kontakt.

In der heutigen Zeit, in der man sich wieder verstärkt auf die natürlichen und ursprünglichen Werte zurückbesinnt, reift bei vielen Menschen der Gedanke, selbst Hühner, Enten, Gänse, Puten oder Perlhühner zu halten und züchten. Das frische Ei oder die Freude am täglichen Umgang mit den gefiederten Pfleglingen ist für viele Grund genug, endlich einmal den Traum der eigenen Geflügelhaltung zu verwirklichen.

Hoffen wir, daß die Hinwendung zur lebenden Kreatur über die Einstufung des Krähens des Haushahns als »Lärmbelästigung« siegt, und daß der Mensch erkennt, daß diese natürliche Lautäußerung eines Mit-Lebewesens sein eigenes inneres Gefühlsleben bereichert! Nie sollte der Mensch vergessen, daß er aus der Natur kommt und selbst ein Stück Natur ist!

Mit der Hobby-Geflügelzucht kann er sich ein Stück dieser Natur an sein Haus oder zumindest in die Nähe seines Wohnorts holen und die tief verankerte Gefühlsempfindung für das Natürliche in einem gewissen Maße verwirklichen. Vielleicht wird ihm dadurch auch ein wenig Glück zuteil.

Idee und Motivation

So, lieber Leser, den ersten Schritt auf dem Weg zum aktiven Geflügelhalter haben Sie getan. Sie haben sicher schon längere Zeit mit dem Gedanken gespielt, Ihr »Freizeitleben« durch einige schöne Tiere, die vielleicht sogar einen kleinen Nutzen für den Haushalt bringen, zu bereichern. Nun haben Sie dieses Fachbuch erworben, um sich die theoretische Grundlage für Ihr Vorhaben zu schaffen. Viele Gründe können für Ihren Entschluß ausschlaggebend gewesen sein — sei es die Absicht, ein auf dem Grundstück befindliches Stallgebäude sinnvoll zu nutzen, oder der Wunsch, einen vorhandenen Obstgarten mit hübsch buntem Federvieh zu bevölkern und obendrein Ihren Haushalt und vielleicht noch einige Menschen mehr mit wohlschmeckenden Erzeugnissen des Hausgeflügels zu versorgen, ohne daß die »Produzenten« ein entwürdigendes Dasein ohne Tageslicht und in engen Käfigen fristen müssen. Sie leisten mit einer kleinen Geflügelhaltung im eigenen Garten, die den natürlichen Bedürfnissen der Tiere gerecht wird, den besten Beitrag zum aktiven Tierschutz.

Vielleicht haben Sie auch schöne Erinnerungen an Ihre Kindheit, die mit der Kleintierhaltung der Großeltern oder mit den Tieren auf dem Bauernhof von Verwandten, wo Sie einige Wochen der Ferien verbringen durften, zusammenhängen. Sie haben jetzt die Möglichkeit, Ihre Kinderträume zu realisieren und bei der Pflege des Geflügels den Kontakt zur Kreatur zu vertiefen. So einfach aber, wie es scheint, ist die Geflügelhaltung nun auch wieder nicht: Jedes Lebewesen hat seine arteigenen Bedürfnisse, die unbedingt berücksichtigt werden müssen.

In diesem Buch werden die Ansprüche der verschiedenen Geflügelarten an Stallraum, Auslauf, Klima, Futter und Pflege ausführlich beschrieben. Dem Nutzen, den Sie aus Ihrer Geflügelhaltung erwarten, steht neben dem materiellen Aufwand die für die Pflege der Tiere erforderliche Zeit gegenüber. Um diesen Aufwand möglichst gering zu halten, sollten Sie bei der Einrichtung Ihrer Geflügelhaltung die erprobten Gegenstände, die für die jeweilige Geflügelart in diesem Buch empfohlen werden, unbedingt berücksichtigen. Ein Großteil der Einrichtung kann bei ein wenig handwerklichem Geschick selbst hergestellt und den vorhandenen Gegebenheiten angepaßt werden.

Wenn Sie sich noch nicht auf eine Geflügelart festgelegt haben, sollten Sie sich an den Erwartungen, die Sie Ihrer künftigen Freizeitbeschäftigung gegenüber haben, orientieren. Legen Sie beispielsweise nur auf einen möglichst hohen Eierertrag Wert, sollten Sie sich für eine Hybridrasse entscheiden. Auch hier gibt es heute eine gewisse Auswahl nach Gefiederfarbe und Schalenfarbe der Eier. Sind die Raumverhältnisse sehr beschränkt, ist eine leistungsfähige Zwerghuhnrasse zu empfehlen. Wollen Sie vorwiegend die Küche mit schmackhaftem Geflügelfleisch versorgen, so ist Ihnen, sofern Sie nicht nur saisonal Masthybriden aufziehen wollen, zu einer der frohwüchsigen Fleischrassen zu raten. Bei Vorhandensein eines kleinen Gewässers mit angrenzender Weidefläche sind die Voraussetzungen für die Wassergeflügelhaltung sehr gut. Puten benötigen ebenfalls — neben dem Spezialfutter während der Aufzucht — sehr viel Grünfutter. Perlhühner

Idee und Motivation

sind eifrige Futtersucher, wenn ihnen ein reichlich bemessener Auslauf zur Verfügung steht.

Ein Aspekt, der bisher nur von wenigen Geflügelfreunden berücksichtigt wurde, ist die kulturelle Bedeutung verschiedener bodenständiger Geflügelrassen. Viele sind infolge der Verdrängung durch »modernere« Rassen bereits ausgestorben oder vegetieren züchterisch vernachlässigt in geringer Anzahl dahin. Daß mit dem Verschwinden der den regionalen Verhältnissen angepaßten Rassen auch die speziellen, früher wirtschaftlich bedeutenden Erbanlagen verlorengehen, wurde bisher viel zu wenig bedacht. Der Erhalt vieler Geflügelrassen ist nur den Rassegeflügelzüchtern zu verdanken, die durch ihre Liebhaberei die bunte Vielfalt bewahrt haben. Wenn Sie also nicht unbedingt die höchste Wirtschaftlichkeit in Ihrer Geflügelhaltung anstreben, sollten Sie versuchen, durch die Anschaffung von in Ihrer Region beheimateten Geflügelrassen deren Bestände zu sichern.

Für die Freunde des Besonderen bietet die Vielfalt des Hausgeflügels auch einiges: vom großen, massigen Brahmahahn bis zum kurzbeinigen, kleinen Chabohühnchen oder den eleganten Langschwanzrassen Jokohama, Sumatra und Phönix. Eine besondere Form der letzteren — in deren japanischer Heimat »Onagadori« genannt — bringt es bei speziellen Haltebedingungen auf Federlängen der Schwanzschmuckfedern bis zu 16 m! In krassem Gegensatz zu dieser Federfülle stehen dann die schwanzlosen Kaulhühner und Araucana, wobei die letztgenannten als einzige Hühnerrasse Eier mit türkisblauer Schale legen. Den Seidenhühnern ist die feste Struktur der Feder verlorengegangen; ihr Gefieder ist haarig und seidenweich.

Aber auch das Wassergeflügel hat Rassen mit besonderem Aussehen, wie etwa die Lockengänse, deren Flügeldeckfedern elegant gedreht wie Schillerlocken von Schultern und Rücken bis fast zum Boden herabhängen. Bei den Enten gibt es auch Rassen mit einer Federhaube auf dem Kopf; fast wären die zahlreichen Hühnerrassen mit Federhauben und/oder Federbärten unerwähnt geblieben. Hinzu kommen schließlich die bei allen Geflügelarten und -rassen vielfältigen Farb- und Zeichnungsvariationen.

Die Domestikation und die Ahnen des Geflügels

Die Problematik der Domestikation

Ursprünglich vertrat die Haustierforschung die Meinung, daß die einzelnen Haustiere wie Hunde, Ziegen, Kaninchen, Gänse, Enten, Hühner und andere aus jeweils mehreren Wildarten hervorgegangen seien. Die moderne Haustierzoologie, die vom biologischen Artenbegriff ausgeht, fußt auf der Grundlage daß jede einzelne Haustierform auf nur eine einzige Wildart zurückgeht, wobei das Haustier selbst keine eigene Art darstellt. Bei der Bestimmung der Artenzugehörigkeit läßt sich beim Haustier das äußere Erscheinungsbild — ganz im Gegensatz zu den Wildtieren — nur in einem sehr beschränkten Maß heranziehen. Gerade die starke Formenvielfalt und die äußere Unähnlichkeit der Gestalt sind ja die charakteristischen Kennzeichen der Haustiere untereinander. Denken wir nur beispielsweise an die etwa 150 Hühnerrassen mit ihren mannigfaltigen Formgebungen! Da sind die langschwänzigen Phönix, Jokohama oder Sumatra und die schwanzlosen Araucana oder Kaulhühner bekannt. Weitere Gegensätze bilden einerseits das riesige Brahmahuhn und das winzige Bantamhuhn, andererseits das Prachtgefieder des Italienerhahns und die Hennenfiedrigkeit des Sebrighthahns. All diese gegensätzlichen Kriterien zeigen die Unterschiede innerhalb einer Haustiergruppe auf.

Der Begriff der Tierart

Geht man von der Artdefinition des französischen Naturforschers Cuvier aus dem Jahr 1829 aus, der eine Tierart als natürliche Fortpflanzungsgemeinschaft bei freier Gattenwahl definierte, dann fallen Irrtümer, die sich aus einer Gestaltsähnlichkeit zwischen Wild- und Haustier ergeben, beiseite. Durch die Gendurchmischung bei der Fortpflanzung erreicht ein Artbestand eine relative Genreinheit, wodurch man die Art auch als Inbegriff aller Individuen bezeichnen kann, die voneinander abstammen, fruchtbare Nachkommen zeugen und wesentliche Eigenschaften gemeinsam haben. Trotz aller Genreinheit muß man zusätzlich den Raum-Zeit-Aspekt berücksichtigen, der die Eigenschaft der Art zu ändern vermag, ohne daß alle Individuen der entsprechenden Art davon betroffen werden. Als Resultat variieren die Merkmale einer Art, ohne daß jedoch die Fortpflanzungsfähigkeiten unterbrochen werden. Diese Problematik wird an der Stockente offenkundig. Die reinrassige Stockente existiert kaum noch. In der Regel sind sie mit verwilderten oder entflogenen Hochbrutflugenten verbastardiert. Dadurch ergeben sich Varianten in der Form- und Farbgebung, obwohl die Fortpflanzungszusammenhänge bestehen bleiben.

Domestikation und Ahnen

Das Haustier im zoologischen System

Da man schon früh erkannte, daß eine Art eine starke innerartliche Variabilität (Unterschiedlichkeit) aufweist, schlug der Brite Bates bereits 1861 den Ausdruck »Unterart« oder »Subspecies« vor. Eine Unterart ist demnach eine räumlich begrenzte Gruppe lokaler Populationen, die sich genetisch und systematisch von anderen Unterarten abhebt. Alle Unterarten zusammen bilden die Art. Tiersystematisch wird die Wildtierart durch die sog. binäre (zweinamige) Nomenklatur bezeichnet; das heißt, das Tier hat einen Gattungs- und einen Artnamen. Prinzipiell ordnet die Biologie die Tiere nach den Kriterien Stamm, Klasse, Ordnung, Familie, Gattung und Art im großen tiersystematischen System ein. Kommt zur binären Nomenklatur noch der Unterartenname hinzu, so spricht man von einer trinären (dreinamigen) Nomenklatur. Ein Beispiel wäre *Gallus gallus bankiva*. *Gallus* = Gattungsname, *gallus* = Artenname, *bankiva* = Unterartenname. Die drei Namen charakterisieren das Javanische Bankivahuhn. Die Art Bankivahuhn unterteilt sich in insgesamt fünf Unterarten: in das Cochinchina-Bankivahuhn *(Gallus gallus gallus)*, in das Vorderindische Bankivahuhn *(Gallus gallus murghi)*, in das Tonkin-Bankivahuhn *(Gallus gallus jabouillei)*, in das Burma-Bankivahuhn *(Gallus gallus spadiceus)* und in das Javanische Bankivahuhn *(Gallus gallus bankiva)*. In ihrer Gesamtheit bilden die fünf Unterarten die Art des Bankivahuhns. Der Artbegriff ist demnach nur eine Sammelbezeichnung der Unterarten. All diese Unterarten bilden in Gefangenschaft eine natürliche Fortpflanzungsgemeinschaft bei freier Gattenwahl, obwohl sie sich in einzelnen Merkmalen unterscheiden. In der freien Wildbahn kommt es nur selten zu einer Vermischung der Unterarten, da sie durch eine geographische Schranke voneinander getrennt sind. Sehr gut zu unterscheiden vom Bankivahuhn ist das Sonnerathuhn, ein weiteres Wildhuhn. Es trägt den wissenschaftlichen Namen *Gallus sonnerati*. Daran erkennt man, daß es zur gleichen Gattung gehört wie das Bankivahuhn, aber eine andere Art darstellt. Würde es zur Art des Bankivahuhns gehören, müßte es den Namen *Gallus gallus sonnerati* tragen. Da es vom Sonnerathuhn keine Unterarten gibt, hat es lediglich die binäre Nomenklatur als Bezeichnung.

Die Haustiere selbst bilden keine eigene Art, sondern sind jeweils der entsprechenden Stammart zugeordnet, mit der sie bei Möglichkeit zu freier Gattenwahl eine Fortpflanzungsgemeinschaft mit unbegrenzt fruchtbaren Nachkommen bilden. Mit anderen Worten: Das Haushuhn kann sich mit einem Bankivahuhn paaren und fruchtbaren Nachwuchs zeugen.

Die Haustiere haben keinen eigenen binären Namen, sondern sie werden als »forma« (= Form der Stammart) zugeordnet. Fehlt eine genaue Haustierbezeichnung, so verwendet man zusätzlich die Bezeichnung »domestica«. Das Haushuhn trägt demnach die Bezeichnung *Gallus gallus forma domestica*. Die Bezeichnung *Gallus gallus* deutet die Abstammung vom Bankivahuhn an.

Da aber auch innerhalb einer Haustierform *(forma domestica)* große Varianten bezüglich Aussehen und Leistung auftreten, führte man zur weiteren Unterscheidung den Begriff der Rasse ein. Dabei entspricht die Rasse beim Haustier der Unterart eines Wildtiers.

Innerhalb der Haustierrassen unterscheiden wir nach Typen (Groß-, Mittel- und Zwergformen) und Farbenschläge.

Bei den Farbschlägen kennen wir folgende Hauptgruppen: die Wildfarbe, die Silber-Wildfarbe, die Säumung, die Flockung, die Sprenkelung, die Lackung, die Columbizeichnung, die Einfarbigkeit, die Scheckung, die Sperberung und die Dreifarbigkeit mit ihren Abwandlungen.

Die Ursachen der Domestikation

Die Gründe, welche die Menschen veranlaßten, die Tiere zu domestizieren, lassen sich aus dem Zusammenhang von naturwissenschaftlichen Erkenntnissen und kulturhistorischen Forschungen theoretisch erschließen. Hierbei muß man zwischen Zähmung und Domestikation unterscheiden. Unter Zähmung versteht man lediglich die Haltung von Wildtieren als Haustiere (z.B. heute das Ziergeflügel), während die Domestikation die genetische Veränderung der Wildtiere bedingt. Durch sie entstanden die eigentlichen Haustiere. Zweifelsfrei sind aber beide Vorgänge eng miteinander verflochten, wobei die Zähmung der Domestikation stets vorangeht. Der domestizierende Mensch hatte in der Anfangsphase keine Ahnung vom Wert seiner Haustierprodukte für die Folgegenerationen. Die gezähmten Wildhühner legten nur wenig Eier, und das Wildrind gab kaum Milch. Lediglich als »lebender Fleischvorrat« hatten die gehaltenen Tiere einen Sinn für den Menschen. Als Ursache für die Zähmung kann daher primär die Freude am Tier betrachtet werden. Vergleichbar ist dieser Vorgang heute mit der Haltung von Zierfischen, eines Papageis oder eines Goldhamsters. Die Tiere bringen keinen Nutzen, wirken aber sehr positiv auf den psychischen Bereich des Menschen ein. Ein Stück Natur und ein Stück Lebendigkeit im Heim: das dürfte oftmals zur Haustierwerdung geführt haben. Ein nomadenhaftes Umherstreifen war dadurch nicht mehr möglich. Die Domestikation selbst geht mit der Seßhaftigkeit der Menschen einher. Dort, wo der Übergang von der Jagd und dem Nomadentum zur bäuerlichen Wirtschaft vollzogen wurde, fand auch der Domestikationsprozeß statt. Durch die Tierzucht mußte der Mensch seine Haustiere schützen und für ihre Ernährung sorgen.

Veränderungen der Tiere im Haustierstand

Wildtiere, die in den Haustierstand übernommen wurden, erfuhren im Domestikationsprozeß wesentliche Veränderungen. Sie liegen im sog. Allometrieproblem, in der Skelettveränderung, in der Körperdecke, im Kreislauf, in der Muskulatur, in der Fortpflanzung, im Hormonhaushalt, im Lebenszyklus und im Verhalten. Mit dem Allometrieproblem sind Veränderungen bezüglich der Körpergröße und der Körperproportionen angesprochen. Dies ist gerade bei unseren Hühnerrassen offenkundig. Wir kennen die schweren, mittelschweren, leichten und verzwergten Rassen sowie die eigentlichen Zwergrassen. Bei den Federn zeigt sich Pigmentverlust oder Pigmentansammlung. Wir sprechen dann von sog. »Weißlingen« bzw. »Schwärzlingen«. Bei Seidenhühnern kommen die zerschlissenen Federn hinzu und als neue Skelettform die Fünfzehigkeit. Die Muskulatur zeigt gegenüber der Wildform starke Fetteinlagerungen und ist weniger ausdauernd. Durch die höheren Leistungen der Haustiere ist ihr Stoffwechsel verändert, ebenso wie die Stoffwechselorgane. Die Fruchtbarkeit von Haustieren ist gegenüber jener der Wildtiere in bemerkenswerter Weise gesteigert. Haustiere werden in aller Regel früher geschlechtsreif, und oftmals tritt die Geschlechtsreife noch vor dem Wachstumsabschluß ein. Unsere Junghähnchen, die schon treten (d.h. begatten), bevor sie ausgewachsen sind, geben dafür ein gutes Beispiel ab. Ebenso ändert sich der Sexualzyklus. Haustiere sind in aller Regel unabhängig von der Jahreszeit begattungswillig. Die Wildhühner führen in der Natur zur Frühjahrszeit ihre Brut durch. Danach legt die Henne keine Eier mehr. Auch die Fortpflanzungsaktivität des Hahns erlischt. Rein äußerlich wird dies durch sein Ruhekleid erkennbar. Auch der Pfau kann dafür als Beispiel die-

Domestikation und Ahnen

nen. Unsere Haushennen legen dagegen das ganze Jahr hindurch ihre Eier. Der Hahn zeigt kein Ruhegefieder mehr und ist ununterbrochen über das ganze Jahr hin sexuell aktiv. Beim Nervensystem ist vor allem die Hirnkapazität interessant: Sie nimmt bei den Hausformen ab. Im Verhalten kann es zur Einstellung von Instinkthandlungen kommen, andererseits können Hypertrophien (Übersteigerungen) eintreten. Beispielsweise haben die Fluchtdistanzen abgenommen und der Aggressionstrieb wurde reduziert. Zudem können Verhaltensweisen differieren. Beispielsweise funktioniert das Paarungsspiel nicht mehr, so daß es oft ohne Werbung zum Tretakt kommt. Nicht selten ist der Körperbau auch so stark verändert, daß ein Verhaltensablauf nicht mehr voll funktionsgerecht ausgeführt werden kann. Den Araucana- oder Kaulhühnern etwa fehlt der Schwanz, der beim Tretakt eine Körperstabilisation vornimmt.

Die Ahnen der Haushühner

In Ausgrabungen 4 000 Jahre alter Ruinen in Indien fanden Archäologen kleine Tonfiguren massiger Vögel, welche die Gestalt von Hühnern aufweisen. In Mohenjo-Dara — einer alten Ruinenstadt der Indushochkultur — wurde ein solcher Vogel sogar vor einem Futternapf sitzend entdeckt. Vergleicht man solche Figuren mit neuzeitlichen Hühnerdarstellungen primitiver Völker, so läßt sich diesbezüglich eine enorme Parallelität feststellen. Da es sich hierbei um massige und schwere Hühnerkörper handelt, das dort ansässige Bankivahuhn (Farbfoto S. 34) aber eine leichte Körperkonstitution hat, ist zu vermuten, daß es sich bei den Tonfiguren bereits um herausgezüchtete und schon seit langer Zeit domestizierte Hühner handelt. Diese These wird noch dadurch erhärtet, daß

man aus der Haustierforschung weiß, daß die Größe eines domestizierten Tiers in der Anfangsphase nachläßt und erst später — im fortlaufenden Domestikationsprozeß — eine Vergrößerung des Tierkörpers erreichbar ist. Chinesische Schriften erwähnen das Haushuhn bereits 2800 Jahre v. Chr. Es ist anzunehmen, daß es an verschiedenen Orten auch schon eher gezähmt und domestiziert wurde. Neben dem Bankivahuhn diskutiert man beim Haushuhn auch die Mitahnenschaft anderer Wildhühner.

Die Ahnen der Hausgänse

Die Stammform unserer Gänse ist die Wild- oder Graugans (Farbfoto S. 67). Ihre Heimat liegt in Europa und Asien. Der Ursprung ihrer Domestikation ist nicht mehr nachvollziehbar. Sie soll aber vor etwa 3500 Jahren in Mesopotamien ihren Eingang in die Gänsehaltung und -zucht gefunden haben. Andere Quellen verlegen den Domestikationsursprung nach Europa und China. Kulturgeschichtlich machten die Gänse im alten Rom auf sich aufmerksam, als sie durch ihr Geschnatter das Herannahen des Feindes meldeten. Rein von der quantitativen Verbreitung her sind die Gänse im Vergleich zu den Hühnern sozusagen Stiefkinder. In der Zucht legte man vor allem auf Gewicht, Brutlust und Eierleistung Wert.
Eine Sonderstellung nehmen die Höckergänse ein. Sie entstanden nicht aus der Graugans, sondern aus der asiatischen Schwanengans (Farbfoto S. 67). Die Steinbacher Kampfgans und die Celler Gans haben sogar das Blut der Grau- und Schwanengans in sich. Diese nachgewiesenen Tatsachen machen deutlich, daß nicht alle Haustierformen von jeweils einer einzigen Wildart abstammen, wie es lange Zeit behauptet wurde.

Die Ahnen der Hausenten

Die Ente wurde später als die Gans domestiziert. Wahrscheinlich war die Notwendigkeit einer Schwimmgelegenheit der Grund für die späte Haustierwerdung. Ausgangsbasis für die Rasseenten stellte die Stockente (*Anas platyrynchos*; Farbfoto S. 34) dar. Zuweilen wird auch die Beteiligung anderer Enten am Domestikationsprozeß diskutiert. Züchterisch selektierte man vor allem auf Mastfähigkeit (z.B. Pekingente), auf Legeleistung (z.B. Campbellente) und auf Schönheit hin.

Die bekannte Warzenente geht auf die Wildform der südamerikanischen Moschusente zurück. Damit haben unsere Hausenten mindestens zwei Wildarten als Ausgangsformen.

Die Ahnen der Hausputen

Der Truthahn stammt aus dem südlichen Nordamerika und aus Mittelamerika (Farbfoto S. 34). Als die Weißen den neuen Kontinent eroberten, fanden sie schon ganze Trupps domestizierter Putenherden vor. Demnach hat die Haustierwerdung des Truthahns schon vor der Zeit des Kolumbus begonnen. Aufgrund archäologischer Funde kann man davon ausgehen, daß um 500 v. Chr. mit der Domestikation begonnen wurde. Die Ursprungsform des Truthahns ist die Art *Meleagris gallopavo* mit ihren sieben Unterarten. Dabei dürfte das Mexikanische Truthuhn (*Meleagris gallopavo gallopavo*) der Hauptahn sein. Von den restlichen sechs Unterarten (Östliches Truthuhn, Rio-Grande-Truthuhn, Merriam-Truthuhn, Florida-Truthuhn, Sierra-Madre-Truthuhn und Gould-Truthuhn) hat hauptsächlich das Östliche Truthuhn noch Eingang in die Putenzucht gefunden. Um 1570 züchtete man die Pute planmäßig in Deutschland, und bald löste sie den bis dahin gehaltenen Blauen Pfauen (*Pavo christatus*) als Feinschmeckerbraten ab.

Die Ahnen der Hausperlhühner

Bereits im alten Griechenland — vor mehr als 2000 Jahren also — wurde das Perlhuhn als Hausgeflügel gehalten. Danach gelangte es vor allem wegen seines schmackhaften Fleisches nach Italien. Mit dem Untergang des Römischen Reichs und der hochentwickelten römischen Landwirtschaft verschwand auch das Perlhuhn als Hausgeflügel. Erst die Portugiesen brachten es rund 1000 Jahre später erneut aus Afrika nach Europa, wo es sich seit dem 18. Jahrhundert immer stärker ausbreitete.

Von den verschiedenen Gattungen der Perlhühner (Helm-, Hauben-, Weißbrust-, Schwarz- und Geierperlhuhn) kommt nur das Helmperlhuhn als Stammart unseres Hausperlhuhns in Frage (Farbfoto S. 67). Dabei bildeten in der Antike andere Unterarten den Hausperlhuhnbestand als das heutige *Numida meleagris galeata*, welches aus der westafrikanischen Savanne stammt. Gehalten wird es in verschiedenen Farbschlägen, hauptsächlich wegen des schmackhaften Fleisches und wegen der delikaten Eier.

Voraussetzungen für die Geflügelhaltung

Neben dem Platzbedarf des Geflügels müssen heute in verstärktem Maße auch die Auswirkungen auf die nähere Umgebung berücksichtigt werden. Es sind leider immer wieder Urteile ergangen, in denen sich durch die Tierhaltung beeinträchtigt fühlende Nachbarn deren Verbot erwirken konnten. Es ist daher in jedem Fall ratsam, vor dem Beginn der Geflügelhaltung das Einverständnis der Nachbarn einzuholen.

Platzbedarf

Mit der Wahl der Geflügelart und Rasse haben wir uns auf das zur Verfügung stehende Grundstück einzustellen. Der geplante Auslauf sollte vor schädlichen Bodenwinden geschützt sein oder durch entsprechende Bepflanzung geschützt werden. Bei wenig Platz können Schilfmatten oder ähnliches verwendet werden. Ideal ist eine nach Südost offene Lage des Auslaufs. Selbstverständlich sollten Stall und Auslauf vom engeren Wohnbereich der Nachbarn — der Lautäußerungen des Geflügels wegen — weit entfernt liegen. Vom eigenen Bereich hingegen sollte die Anlage möglichst bequem erreichbar sein.

Hühner und Zwerghühner

Der Platzbedarf bei normal großen Hühnern — als Anhaltswert für die Planung — geht aus der Tabelle unten hervor.
Die kleineren Ställe werden vorzugsweise aus Holz erstellt und sind durch Ständer etwa 50 cm vom Boden entfernt. Dieser Platz — nur zur Südseite offen — steht als zusätzliche Scharrfläche zur Verfügung.
Bei den Zwerghühnern, die in einigen Rassen auch sehr hohe Leistungen vollbringen, kann man pro m^2 Stallfläche etwa ein Drittel Tiere mehr halten. Der Auslauf braucht hier bei besonders kleinen Rassen wie Bantam, Holländischen Zwerghühnern, Altenglischen oder Modernen Englischen Zwerg-Kämpfern sowie bei den kurzbeinigen Chabo nur etwa ein Drittel der vorher angegebenen Größe zu betragen. Bei den verzwergten Wirtschaftsrassen sollte jedoch ein etwas größerer Auslauf vorgesehen werden.
Ist ein Rasenauslauf wegen beschränkter Platzverhältnisse nicht anzulegen, so können Wechselausläufe oder ein kleiner eingestreuter, eventuell überdachter Auslauf mit angrenzender Rasenfläche, welche nur stundenweise belaufen wird, eine gute Alternative darstellen. Die Wechselausläufe

Tierzahl	Stallfläche in m^2	Fensterfläche in m^2	Auslauffläche in m^2
3	1	0,2	50
5—7	2	0,4	100
8—10	3	0,6	150
12—15	5	1,0	250
20—25	8	1,5	400

werden zweckmäßigerweise so angelegt, daß sie durch Öffnen der entsprechenden kleinen Auslauftür vom Stall aus nach Wunsch begangen werden können. Nach einer Nutzungsdauer von maximal acht Tagen muß eine mindestens genauso lange Erholung des Bewuchses mit Hilfe von Pflegemaßnahmen (Schnitt der überständigen Halme, Düngung, Bewässerung usw.) folgen.

Kleine Ausläufe müssen einen guten Wasserabzug aufweisen; gegebenenfalls ist der Boden auszuheben und in etwa 30 cm Tiefe eine mindestens 5 cm starke Dränschicht — bestehend aus grobem Kies oder aus Schlacke — einzubringen. Besteht der Boden aus Ton oder Lehm, so sollte auf die Dränschicht nur Sand aufgebracht werden. Anfallende Verunreinigungen durch Kot und verdorbenes Grünfutter sind stets zu entfernen, und der Boden ist nach Aufbringen von Branntkalk (Ätzkalk) monatlich umzugraben. Zu Beginn der neuen Saison sollte jeweils zeitig im Frühjahr die obere Bodenschicht ausgewechselt werden. Bei Einhaltung der notwendigen Pflegemaßnahmen sind die Hühner in diesen Kleinstausläufen ebenso gesund wie auf Rasenflächen.

Eine weitere Möglichkeit ist die Einrichtung eines kleinen überdachten Auslaufs zumindest in der doppelten Größe der Grundfläche des Stalles, welcher mit einer mindestens 30 cm dicken Einstreu versehen wird. Diese Einstreu besteht zweckmäßigerweise aus Stroh; zwischen dem gewachsenen Boden (oder der befestigten Fläche) und der Streu bringt man eine isolierende Schicht — bestehend aus einer 5—10 cm dicken Lage von Hobelspänen oder noch besser aus zerkleinerter Baumrinde — ein. Letztere wird in zunehmendem Maße zur Bodenabdeckung in öffentlichen Pflanzungen und Parks verwendet und hat auch in den eingestreuten Kleinausläufen einen hervorragenden Einfluß auf die zersetzenden Mikroorganismen in der Dauer- oder Tiefstreu. Ist die Tiefstreu richtig angelegt und haben sich die Kleinstlebewesen eingestellt, so werden die Feuchtigkeit und der Kot von den letzteren unschädlich aufgearbeitet. Die Wartung dieser Ausläufe besteht dann lediglich aus der laufenden Ergänzung der Einstreu, die gelegentlich auch aus leicht angerottetem Waldbodenbelag bestehen kann. Es macht immer wieder Freude, die Hühner beim emsigen Umarbeiten dieser Tiefstreu zu beobachten. Sollte die Streu einmal etwas zu fest werden, so müssen wir mit einer Forke die Streu auflockern und dabei etwas Stroh einarbeiten. Je nach Bedarf wird die Streu jährlich oder halbjährlich ausgewechselt; von der alten Tiefstreu sind dann zwei bis drei Eimer zum »Impfen« der neuen Einstreu zurückzuhalten. Eine Desinfektion des gereinigten Auslaufs mit einem der im Fachhandel erhältlichen Mittel (am besten mit einem der sog. biologischen Präparate) ist ratsam.

In diesen Ausläufen ist Grünfutter — der Jahreszeit entsprechend — in zerkleinerter Form in Raufen oder gebündelt aufgehängt den Hühnern anzubieten. Wenn die Gegebenheiten es ermöglichen, ist es vorteilhaft, an den kleinen Auslauf eine umzäunte Grünfläche anzuschließen. Hierin können sich die Tiere selbst mit Grünfutter und dem darin enthaltenen Beifutter — wie Würmern und Insekten — versorgen. Damit der Bewuchs nicht zerstört wird, haben die Hühner nur stundenweise Zugang. Mit der Schaffung solch kombinierter Anlagen ist man an keine festen Vorschriften gebunden; dem »Erfindergeist« des Geflügelhalters sind hier keine Grenzen gesetzt. Es gibt beispielsweise Ausläufe, die von den Hühnern nur durch einen langen aus Drahtgeflecht bestehenden Tunnel erreicht werden können.

Voraussetzungen für die Haltung

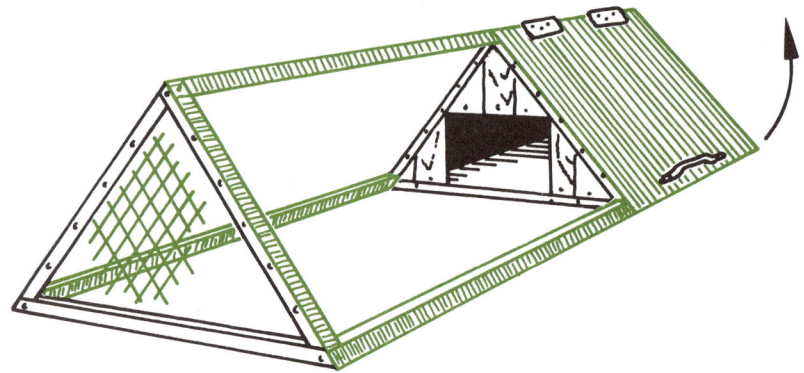

Versetzbares Gehege mit Schutzhäuschen für eine Glucke mit Küken oder für einige Jungtiere. Auch für die künstliche Aufzucht einiger Gössel bis zu ihrer Befiederung reicht dieses Gehege aus und schützt vor Verlusten durch Beutegreifer.

Gänse und Enten

Bei der Haltung von Enten und Gänsen sind an den Auslauf wesentlich andere Ansprüche zu stellen. Enten benötigen zwar nicht soviel Weidefläche wie Gänse, beiden Arten ist aber der Bedarf an Wasser zum Baden zu eigen. Wenn nur einige Tiere für den Eigenbedarf aufgezogen werden sollen, genügt im Auslauf eine Wasserschale von etwa 50 cm Durchmesser und 10—15 cm Tiefe bei den zumindest teilweise befiederten Tieren. Die kleinen Entchen oder Gössel — so nennt man die Küken einer Gans — werden bei natürlicher Aufzucht vom gefetteten Gefieder der führenden Mutter mit dem nötigen Schutz für ihr Flaumgefieder versorgt und können deshalb schon gefahrlos baden und schwimmen. Bei künstlicher Aufzucht fehlt zunächst das Gefiederfett; deshalb sollte den Jungtieren bis zur Befiederung der unteren Körperhälfte das Wasser nur in Tränken gereicht werden. Die Tränkrinnen müssen jedoch so tief sein, daß der Schnabel vollständig eingetaucht werden kann. Wenn ihnen dann später in möglichst mit Gras bewachsenen Ausläufen eine kleine Badegelegenheit geboten wird, dient das dem Wohlbefinden der Tiere. Dies gilt in erster Linie für die Entenrassen, wobei die Warzenenten jedoch eine Sonderstellung einnehmen.

Letztere sind — ebenso wie die Gänse — nicht so sehr auf eine Bademöglichkeit angewiesen. Für Gänse ist pro Tier eine Auslauffläche von 150 m² junger Weide vorzusehen. Die kleinen Gössel oder Entenküken können bei künstlicher Aufzucht zunächst in einem versetzbaren, gegen Katzen und Beutegreifer auch nach oben mit Draht verschlossenen Gehege gehalten werden. Nässe von oben sollte bis zur Befiederung durch eine entsprechende Abdeckung ferngehalten, Seitenwind durch Anbringen einer Verkleidung und Bodenkälte durch einen gut eingestreuten, beliebig erreichbaren Kasten verhindert werden. Steht für die Gänsehaltung nur eine sehr begrenzte Fläche zur Verfügung, so ist eine zumindest vierfache Unterteilung derselben ratsam, damit sich die Grasnarbe nach der Beweidung erholen kann. Bei sehr wenigen Tieren ist auch ein versetzbarer Auslauf empfehlenswert, der — sobald das Gras abgefressen ist — weitergerückt werden kann. Die Umzäunung bei nicht mehr durch Beutegreifer gefährdeten Tieren braucht bei Gänsen und Enten (ausgenommen die flugfähigen Entenrassen) nur

1 m hoch zu sein. Für die Unterteilung genügt sogar — besonders bei Enten — eine Höhe von 50 cm. Für die Enten sind bei Weideauslauf 15 m^2 zu berechnen; die mehr Gras aufnehmenden Warzenenten sollten die doppelte Fläche je Tier zur Verfügung haben.

Können wir den Enten keinen Grünauslauf bieten, so genügt ein Gehege von mindestens 1 m^2 Grundfläche pro Ente zuzüglich der Stallfläche von 1 m^2 für vier Tiere. In diesem Fall sollte auch der Auslauf mit Stroh eingestreut werden. Außerdem ist bei Enten zwischen dem Futter- und Wassergefäß eine möglichst große Entfernung einzuplanen, da sonst das Futter mit dem Schnabel ins Wasser getragen wird und verdirbt. In den nichtgewerblichen Entenhaltungen ist es zweckmäßig, auch in dem engen Gehege Grünfutter beizufüttern; neben Futterersparnis ist eine Erhaltung der Gesundheit und des Appetits dadurch gegeben.

Puten und Perlhühner

Puten und Perlhühner haben die Eigenart, bei unbeschränktem Auslauf sehr weit umherzustreifen und sich dabei viel Futter selbst zu suchen. Dies kann den Tieren heute jedoch nur in den seltensten Fällen geboten werden; meist steht auch für diese Geflügelarten nur ein begrenzter Auslauf zur Verfügung. Grünauslauf ist in jedem Fall für Puten zu empfehlen; Perlhühner können bei entsprechender Fütterung auch im nichtbegrünten Gehege gehalten werden.

Ausgewachsene Puten stellen an den Stall keine besonderen Ansprüche. Es genügt bereits ein einfacher Bretterstall; Zugluft muß jedoch ferngehalten werden. Nässe im Auslauf ist den Puten nicht zuträglich; auf einwandfreie Entwässerung der Auslauffläche ist größter Wert zu legen. Für eine Pute ist 1 m^2 Stallfläche zu berechnen; der Zaun sollte eine Höhe von 2 m erreichen. Für den Zuchtstamm sind je Tier 100 m^2 zu veranschlagen. Die empfindlichen Jungtiere müssen auf jeden Fall Ausläufe erhalten, die mindestens ein Jahr lang nicht von Geflügel begangen wurden. Die Gefahr einer Infektion mit Erregern der Schwarzkopfkrankheit kann dadurch gering gehalten werden. Putenjungtiere sollten der hohen Risiken wegen erst im Alter von etwa acht Wochen an den freien Auslauf gewöhnt werden. Bei der Intensivaufzucht sind die hygienischen Ansprüche wie auch die erforderliche Wärme leichter zu gewährleisten.

Perlhühner beleben durch ihr Temperament jeden Geflügelhof, jedoch ist der Lärm, den diese Geflügelart verursacht, in bezug auf Nachbarn entsprechend zu berücksichtigen. Durch die arteigene Schreckhaftigkeit ist bei Gehegehaltung auch eine Bespannung des Auslaufs nach oben hin mit einem Netz oder mit leichtem Geflügeldraht angebracht. An Stall- und Auslauffläche sind die gleichen Maße wie bei Hühnern anzusetzen. Eine gemeinsame Haltung mit anderen Geflügelarten ist nur bei sehr großen Ausläufen möglich, da Perlhühner anderem Geflügel gegenüber sehr zänkisch sind. Bei beschränkten Ausläufen ist eine separate Haltung der Perlhühner angezeigt.

Der Stall und seine Einrichtung

Hühner und Zwerghühner

Wenn wir von unseren Hühnern die höchstmögliche Leistung erwarten, müssen wir ihnen neben der optimalen Nährstoffversorgung eine möglichst artgerechte Unterbringung bieten. Das heißt, die Tiere müssen auch bei regnerischem, naßkaltem und stürmischem Wetter eine Unterkunft haben, die ihren Lebensbedürfnissen entspricht. In früheren Zeiten war man der

Voraussetzungen für die Haltung

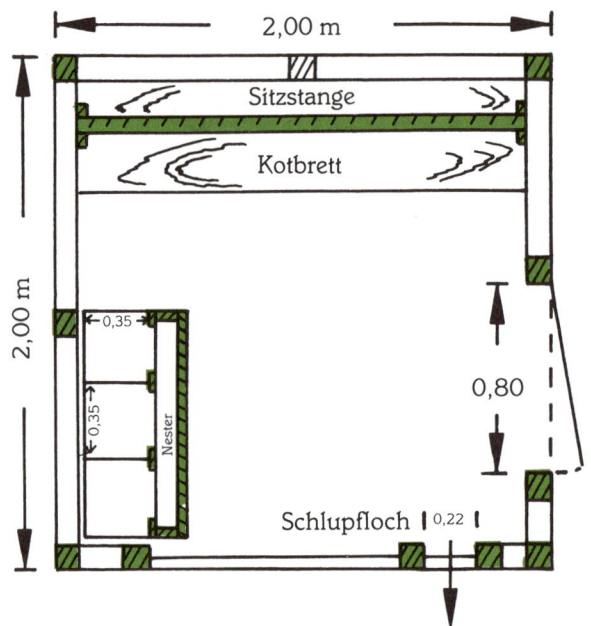

Grundriß eines Hühnerstalls, der für 12 bis 15 Tiere Raum bietet. Für diesen Stall benötigt man ein Fundament, das gegen aufsteigende Bodenfeuchtigkeit isoliert sein muß.

Meinung, die Tiere bräuchten eine möglichst warme Unterkunft, um mit der Legeleistung nicht auszusetzen. Deshalb wurden sie oft in den warmen Großviehställen in einem Verschlag untergebracht. Bei dieser Haltung in feuchter Luft, die zudem meist nicht ausreichend mit Sauerstoff angereichert war, konnten die Krankheitserreger sich ausbreiten und ganze Bestände dahinraffen. Nachdem der wirtschaftlichen Bedeutung der Geflügelhaltung in der Landwirtschaft gebührende Aufmerksamkeit geschenkt wurde, sind auch artgemäße Stallungen entwickelt worden.

Folgende Eigenschaften des Stalls sind für das Wohlbefinden der Hühner entscheidend: hell, trocken, gut belüftet und dabei zugfrei. Eine möglichst einfache Einrichtung, welche die Säuberung erleichtert und den Schädlingen wenig Unterschlupf bietet, ist für das Stallinnere vorzusehen. Anregungen für die Einrichtung und den Stallbau selbst können den verschiedenen Zeichnungen dieses Buchs entnommen werden. Der Fachhandel bietet heute sehr gut konstruierte Ställe aus Holz-Fertigelementen auch für Geflügelkleinstbestände an. Diese Ställe sind mit modernen Baustoffen isoliert, innen mit Spanplatten ausgekleidet und sehen außerdem sauber und ordentlich aus. Leider ist der Preis entsprechend hoch. Wer Zeit und ein wenig handwerkliches Geschick hat, kann sich auch selbst an den Bau der benötigten Stallungen wagen und dabei der gesamten Anlage eine individuelle Note geben.

Ein Betonfundament und ein gut isolierter Fußboden sind der Haltbarkeit und der einfachen Reinigung wegen in jedem Fall vorzusehen. Außerdem können keine Ratten oder andere Schädlinge vom Untergrund aus in den Stall eindringen. Die Wandelemente bestehen zweckmäßigerweise aus einem Holzrahmen, der zur Innenseite mit Spanplatten und nach außen mit Nut- und Federholz (optisch vorteilhaft) verkleidet

Der Stall

Ansicht des skizzierten Stalls. Auf ausreichenden Luftaustausch durch oberhalb der Fenster angebrachte Gitter ist zu achten.

wird. Als Isoliermaterial sind Mineralwollmatten den Styroporplatten vorzuziehen, da letztere besonders gern von Mäusen zernagt werden. (Diese kleinen Nager dringen selbst durch kleinste Zwischenräume in die Hohlräume ein.) Auch das Dach muß doppelt verkleidet werden. Der Zwischenraum von der Stalldecke zur Bedachung (beim Pultdach) sollte etwa 10 cm betragen und wird oft, mit Abzugsöffnungen versehen, zur Lüftung des Stallinneren genutzt.

Ideal wäre es, wenn die Stalltemperatur für Hühner im Sommer möglichst nicht weit über 20 °C und im Winter nicht unter +5 °C betragen würde. Für die Legeleistung der Hühner ist jedoch die zur Verfügung stehende »Lichtzeit« entscheidend. In der lichtarmen Jahreszeit sollte die Lichtquelle im Geflügelstall so geschaltet sein, daß den Hühnern etwa 14 Stunden lang Licht zur Verfügung steht. Die Lichtquelle ist über den Futtergefäßen im Scharraum anzubringen, damit die Tiere zur Aktivität angehalten werden. Schlafplätze und Nester können ruhig im Halbdunkel liegen; sie werden bei Bedarf auch in diesem Zustand aufgesucht. Bei entsprechender Beleuchtung und Verhinderung des Gefrierens des Trinkwassers ist auch im tiefsten Winter mit einer guten Legeleistung zu rechnen. Bei starkem Frost sind die Eier mehrmals täglich aus den Nestern zu nehmen, damit die Qualität einwandfrei bleibt.

Die Luftqualität im Stall ist für das Wohlbefinden des Geflügels von großer Bedeutung. Der erforderliche Luftbedarf und der dementsprechende »Luftraum« pro Huhn müssen bei der Planung der Ställe berücksichtigt werden. Als Richtzahl können pro Huhn — je nach Herdengröße — 0,5 bis 0,7 m^3 Luftraumbedarf veranschlagt werden. Eine gut funktionierende Belüftung des Stalles ist jedoch vorauszusetzen. Hier leisten die nachfolgend beschriebenen

Voraussetzungen für die Haltung

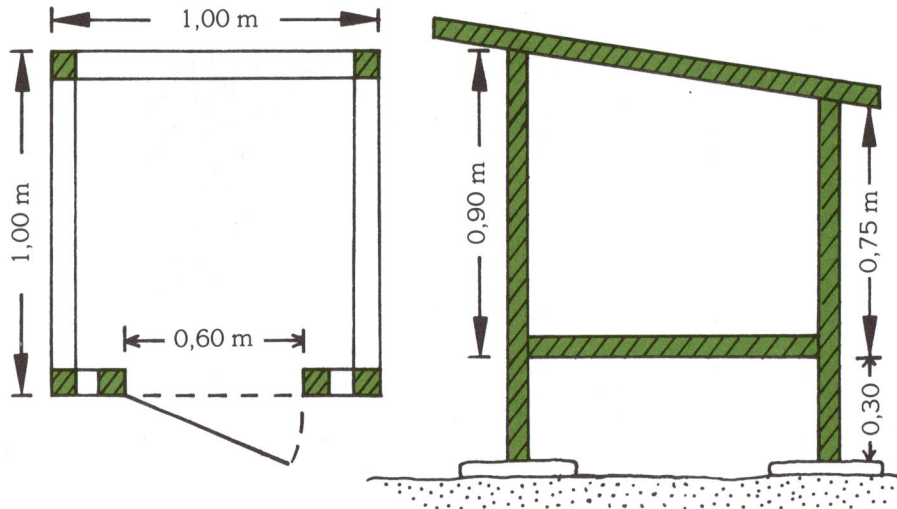

Vorschlag für einen kleinen Stall, der sich für ein Stämmchen Zwerghühner oder eine Glucke mit Küken eignet. Die Tür ist gleichzeitig Fenster und ermöglicht auch den Durchschlupf in den Auslauf. Die Inneneinrichtung ist je nach Nutzung vorzunehmen. Wenn dieser Stall entsprechend breiter gebaut wird, ist er mit künstlicher Wärmequelle auch für die Kükenaufzucht oder aber mit einer Gitterfront versehen — als Junghennenstall geeignet.

Vorrichtungen gute Dienste:
- Im Bereich der Zwischenräume von Stalldecke und Bedachung werden (bei Pultdächern) verstellbare Klappen oder Schieber angebracht, mit denen je nach Bedarf die Luftzufuhr reguliert werden kann.
- Kleinere Ställe mit Satteldach sollten seitlich ebenfalls mit solchen Luftzufuhrschiebern oder -klappen versehen werden. Die Entlüftungsöffnungen befinden sich hier aber in den Giebelflächen.
- Die Fenster sind so zu konstruieren und einzubauen, daß sie in der warmen Jahreszeit ganz oder teilweise gegen einen Gitterrahmen ausgetauscht werden können.

Obwohl in den meisten Fällen feststehende Ställe aus Holzelementen auf festem Fundament (dieses muß bis in den frostfreien Bereich — meist bei 80 cm — reichen) für Geflügelkleinsthaltungen verwendet werden, darf bei den Planungen die Massivbauweise oder ein Einbau in bereits vorhandene Gebäude nicht außer acht gelassen werden. Gemauerte Ställe müssen besonders gut gegen aufsteigende Feuchtigkeit gesichert und mit einer einwandfrei funktionierenden Lüftung versehen werden. In schlecht belüfteten und leicht feuchten Ställen sind Erkrankungen der Atemwege unausbleiblich.

Bei Einbauten oder bei Umbauten von vorhandenen Gebäuden muß auf genügend große Fensterfläche und ausreichende

Der Stall

Luftzufuhr geachtet werden; die meist vorhandenen Ritzen und Winkel (Schlupfwinkel für Parasiten und Schädlinge) müssen vollkommen und dauerhaft abgedichtet werden. Holzbauten kleidet man zweckmäßigerweise mit Span- oder Holzfaserplatten aus. Letztere sitzen straff, wenn man die passend zugesägten Platten auf der immer in den Stall zeigenden rauhen Seite anfeuchtet und in diesem Zustand auf das Holzgerüst nagelt. Nach dem Trocknen sind diese Platten dann besonders straff, während trocken angebrachte Platten sich bei höherer Luftfeuchtigkeit wellig aufwerfen. Auch die vorhandenen Fußböden sind entsprechend herzurichten und gegebenenfalls gegen aufsteigende Feuchtigkeit abzudichten.

Ist nun der Stallraum entsprechend der vorgesehenen Hühnerzahl vorhanden, stellen wir uns seine Inneneinrichtung zusammen. Die Grundeinrichtung setzt sich aus Kotbrett und Sitzstangen, Nestern, Futter- und Trinkgefäßen zusammen. Sofern im Sommer ein Staubbad zur Körperpflege im Auslauf zur Verfügung steht, braucht dieses nicht im Stallraum eingeplant werden. Es genügt dann, während der kalten Jahreszeit eine etwa 20 cm hohe, 60 cm breite und 80 cm lange Holzkiste mit Sand und gesundheitsfördernden Zusätzen in den Scharraum zu stellen. Diese sollte an einem sonnigen Platz aufgestellt werden und mit etwas Holzasche sowie vorbeugend gegen Parasiten mit Tabakstaub und Schwefelblüte — so vorhanden —, sonst mit etwas Insektenvernichtungspulver (am Tier anwendbar!) angereichert werden.

Vielerlei Gründe sind für den Einbau eines Kotbretts unter den Sitzstangen vorzubringen. Zunächst wird dadurch Scharraum gewonnen, die Einstreu bleibt trocken, und die Tiere kommen mit dem Nachtkot, der doch den größten Teil der Entleerungen ausmacht, nicht in Berührung. Dieses Kotbrett wird am besten in einer Höhe von 80 cm angebracht und kann aus einer stabilen, wasserfesten Spanplatte bestehen. Ein Rahmen aus Naturholz unter dieser Platte verhindert ein späteres Durchbiegen. Die Oberfläche wird am besten mit einem dreifachen Schutzanstrich einer Teerfarbe versehen. Die Sitzstangen — bestehend aus 5 x 5 cm starken gehobelten Holzlatten mit oben abgerundeten Ecken — sollten in einem Abstand von mindestens 50 cm zum Kotbrett angebracht werden. Zweckmäßigerweise wird auf dieses Kotbrett unter die Sitzstangen ein etwa 15 cm hoher, mit Drahtgitter bespannter Rahmen gelegt, der jeglichen Kontakt der Tiere mit dem Kot verhindert. Das wöchentliche Reinigen des Kotbretts wird auf diese Weise erleichtert.

Für die Sitzstangen sollte man an beiden Seiten eine Haltevorrichtung — bestehend aus Holzlatten oder stärkeren Brettern mit entsprechenden Einkerbungen zum Einlegen der Sitzstangen — anbringen. Die Inneneinrichtung muß so beschaffen sein, daß sie zu jeder Zeit leicht auseinandergenommen werden kann. Reinigung und Desinfektion werden dadurch sehr erleichtert. Wer die Möglichkeit hat, kann für die Befestigung der Sitzstangen auch Eisenwinkel mit einem nach oben zeigenden Metallstift verwenden; in die hölzernen Sitzstangen werden dann von unten entsprechende Löcher gebohrt. Wenn diese Öffnungen und die Auflageflächen der Sitzstangen nach der wöchentlichen Reinigung des Kotbretts mit Öl beträufelt werden, ist dieser sonst von den roten Milben bevorzugte Schlupfwinkel für solche Plagegeister unbewohnbar.

Die erforderlichen Legenester können am besten fertig vom Fachhandel bezogen werden. Diverse Ausführungen werden dort angeboten; das Teuerste muß indes nicht in jedem Fall das Beste sein. Ist nur reine Legehennenhaltung vorgesehen, kann man auf ein einfaches Familiennest zurückgreifen; diese werden unseren Informationen zufolge zwar nicht mehr im Fachhandel angeboten, sind aber leicht

Voraussetzungen für die Haltung

selbst herzustellen. Die Familiennester sind durch ihre Konstruktion im Inneren relativ dunkel und werden aus diesem Grund von den Hennen sehr gern aufgesucht. In der dicken Nesteinstreu aus Heu oder Stroh formen sich die Hennen die Nester selbst, und durch die dicke Polsterung kommen nur wenige Knickeier vor.

Für eine erfolgreiche Hühnerzucht sind zumindest während der Zuchtzeit Fallennester erforderlich, um die Abstammung der Küken und damit die Erbkraft der einzelnen Hennen in den gewünschten Punkten feststellen zu können. Als Alternative bieten sich sonst nur sehr kleine Zuchtstämme mit nicht mehr als zwei bis drei Hennen je Hahn an. Diese Fallennester werden in verschiedenen Ausführungen im Fachhandel angeboten; für bereits vorhandene Legenester können Fallennestfronten gekauft und davorgesetzt werden. Die Größe der Nester sollte 35 bis 40 cm Breite, 40 cm Tiefe und 40 cm Höhe betragen; für Zwerghühner genügt 30 x 30 x 30 cm. Damit die Hennen sich geborgen fühlen, sollte die Front des Nestes verengt werden, zunächst mit einem 10 cm hohen Brett am Boden des Nestes, welches das Herausscharren der Nesteinstreu verhindert. Für die Seiten bzw. die Decke genügt eine Verengung um 5 bis 7 cm. Von der Verwendung von Apfelsinenkisten ist aus Gründen der schwierigeren Sauberhaltung abzuraten. Die Nester werden entweder mit 60 bis 80 cm hohen Füßen versehen oder mittels stabiler Haken an die Stallwand gehängt. Im letzteren Fall kann die Rückseite offen bleiben, da hier die Stallwand die Funktion der Rückwand übernimmt. In etwa 20 cm Entfernung vor dem Nest sind Anflugstangen anzubringen; sofern diese mittels Scharnieren hochgeklappt werden können, dienen sie gleichzeitig zum Versperren der Nester. Manche Hühner neigen dazu, in den Nestern zu übernachten, besonders wenn diese höher als die Sitzstangen angebracht sind. Dabei werden die Nester durch den Nachtkot stark verunreinigt.

Um den Tieren ausreichend Platz für das Eierlegen und zum Schlafen zu bieten, sind pro Huhn ein Abschnitt von 20 bis 30 cm auf der Sitzstange vorzusehen und ein offenes Nest für je fünf Hennen anzubringen. (Sollten nur fünf Hennen gehalten werden, sind zwei Nester besser.) Bei der Verwendung von Fallennestern sind drei Hennen je Nest zu berechnen. Die Nester können bei Bedarf in zwei bis drei Etagen befestigt werden; oben ist in jedem Fall eine schräge Fläche anzubringen, die ein Auffliegen und Nächtigen der Hennen verhindert. Oft ist in diese Schräge eine Klappe eingebaut, um den Raum oberhalb der Nester für die Aufbewahrung diverser Kleinigkeiten zu nutzen. Es ist zweckmäßig, bei Benutzung von Fallennestern Legeliste, farbige Fußringe usw. ständig griffbereit darin unterzubringen.

Um Parasiten in den Nestern den Aufenthalt zu verleiden, kann man zum Einstreuen frisches Farngrün — es kann aber auch welk oder trocken sein — benutzen. Beim Ausflug aufs Land kann es am Waldrand gesammelt werden; durch den etwas strengen Geruch werden Parasiten vertrieben. In anderen Fällen sollte speziell in der wärmeren Jahreszeit etwas Insektenpulver auf den Nestboden unter die Einstreu gegeben werden.

Die Futter- und Trinkgefäße müssen leicht zu reinigen, stabil und von den Tieren jederzeit gut erreichbar sein. Unter die Tränke wird am besten ein mit einem stabilen Drahtgitter oder einem Holzrost versehener Kasten gestellt, der ein Vernässen der Einstreu verhindert. Dieser Kasten sollte so hoch sein, daß das Wasser beim Scharren der Hennen nicht durch die Einstreu verschmutzt wird. Der Durchmesser muß so gewählt werden, daß die Hennen zum Trinken hinaufspringen und dort stehen können. Es ist grundsätzlich besser, Plastik- oder Steingutgefäße zum Anbieten von Trinkwasser zu verwenden (vor allem, wenn Medikamente oder Vitaminpräparate diesem zugesetzt sind), da Metallge-

fäße leicht oxidieren und dabei giftige Verbindungen entstehen können. Die Stülptränken sind den offenen Wasserschalen vorzuziehen. Hier bietet der Fachhandel verschiedene Größen und Formen an.
Futtergefäße sind im Handel durchweg aus verzinktem Metall in länglichen Trogformen aller Größen (für alle Entwicklungsstufen), als runde, mit Ketten an der Decke befestigte Schwebetröge und als Futterautomaten verschiedener Formen und Größen erhältlich. Mit ein wenig handwerklichem Geschick können aber auch Tröge aus Holz selbst hergestellt werden; auf die leichte Reinigung ist größter Wert zu legen. Lieber mehrere kleine Tröge anbieten! Diese sind einfacher in der Handhabung. Die Auswahl der Futtergefäße richtet sich nach der Tierzahl und der Art der Hühnerhaltung. Für eine kleine Legehennenhaltung bis zu zehn Hennen kommt man mit einem Futtertrog von 50 bis 70 cm Länge aus. Die Breite sollte 20 cm und die Tiefe etwa 15 cm betragen. Damit möglichst wenig Futter von den Hennen aus dem Trog geworfen werden kann, sollten die Seitenwände nach innen überstehen. Drahtbügel in einem Abstand von 7 bis 8 cm auf dem Futtergefäß hindern die Hennen am Hineinsteigen und am Herausscharren des Futters.
Zum ständigen Anbieten von Legemehl oder Legehennenalleinfutter ist auch bei kleinen Beständen ein runder Futterautomat mit geringem Fassungsvermögen empfehlenswert. Die Menge des nachfließenden Futters kann bei den meisten Automaten eingestellt werden. Eine knappe Einstellung ist bei Legemehl zu empfehlen, da die Hennen sonst gern mit dem Schnabel Futter herauswerfen. Die Körnerfutterration wird dann am späten Nachmittag oder abends in die Tiefstreu oder in einen schmalen Trog gegeben. Leichte Rassen erhalten etwa 50 g; für die schweren Rassen sind nur etwa 40 g pro Huhn nötig.
Bei der Küken- und Jungtieraufzucht sind die Tröge dem Alter und der Größe entsprechend auszuwählen; Zwerghühner kommen auch im ausgewachsenen Zustand mit den Troggrößen für Junghennen aus. Trinkgefäße werden nur in zwei Größen benötigt: eine mit kleiner Rinne dient für die kleinen Küken, und später können die gleichen Tränken wie bei den erwachsenen Hennen verwendet werden. Daß die Küken und Jungtiere total von den Alttieren (bei Naturbrut sollte die Glucke möglichst auch von Innenparasiten befreit sein) getrennt aufgezogen werden sollten, wird an anderer Stelle begründet. Auch die Futter- und Trinkgefäße sind deshalb getrennt zu verwenden oder müssen bei einem Wechsel gründlichst gereinigt werden.

Gänse und Enten

Gänse und Enten stellen an den Stall keine hohen Ansprüche: Sie sind bereits mit einem einfachwandigen Holzstall zufrieden. Dieser muß jedoch zugfrei sein und gegen aufsteigende Bodenkälte und -feuchtigkeit isoliert sein. Für eine kleine Entenhaltung kann eine Bretterhütte geringer Größe verwendet werden. Um sich die notwendigen Arbeiten zu vereinfachen, sollte bei niedrigen Hütten das Dach abnehmbar oder eine Teilfläche davon aufklappbar sein. Auch im Winter ist eine ausreichende Lüftung sehr wichtig; deshalb sollten die Fenster, welche im Verhältnis zur Stallgrundfläche bis zur Hälfte kleiner als bei den Hühnerställen sein können, im Sommer grundsätzlich nur aus Drahtgewebe bestehen.
Bei der Planung sollte je nach Größe der zu haltenden Entenrasse pro Tier 1/4 bis 1/3 m^3 veranschlagt werden. Der Stallboden ist gegen eindringende Schädlinge aus Steinen (mit einer Schlackenschicht zur Isolierung) und auszementierten Fugen oder aus Beton mit einem Drahtgewebe herzustellen. Eine Schicht aus zerschlagenem Glas erschwert den Ratten das Einnisten unter dem Stallboden. Für eine grö-

Voraussetzungen für die Haltung

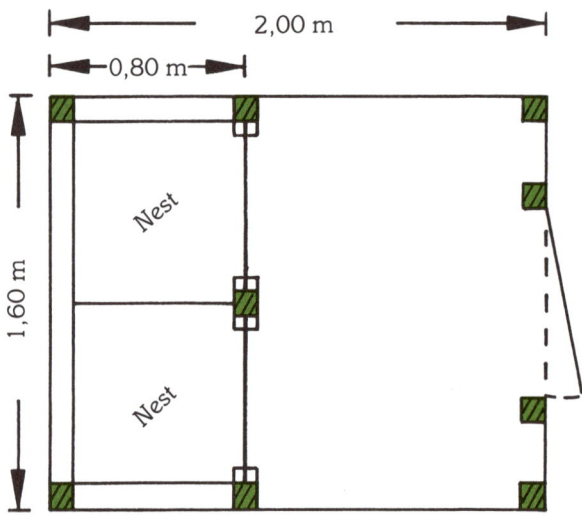

Stall für Wassergeflügel oder Truthühner. In diesem Grundriß ist der Stall für einen Ganter und zwei Gänse gedacht. Der Stall ist einfachwandig; nur im Bereich der Nester sollte er doppelwandig sein. Für Truthühner muß in entsprechender Höhe eine Sitzstange befestigt werden; die Nester werden — wie auch bei Enten — am Stallboden angebracht.

ßere Entenhaltung sowie eine Gänsehaltung sollte der Stall immer eine begehbare Höhe haben.

Die Inneneinrichtung besteht nur bei Zuchtstämmen aus den auf dem Boden angebrachten Nestnischen. Diese werden an die rückseitige Stallwand möglichst halbdunkel gestellt und können oben offen sein. Wichtig sind ausreichend hohe Zwischenwände, damit die sich im Nest befindlichen Gänse oder Enten einander nicht sehen und stören können. Die Grundfläche des Nestes richtet sich nach der Größe der Rasse, sollte bei Gänsen jedoch 80 x 80 cm und bei den Enten ca. 50 x 50 cm betragen. Im Gänsezuchtstall sind die Nestabteile am besten fest einzubauen, da die Gänse bei Streitereien sich gern in ihr Abteil zurückziehen und an dem einmal gewählten Platz festhalten. Darum ist für jede Zuchtgans ein Nest vorzusehen. Enten (mit Ausnahme von Warzen- und Hochbrutflugenten) sind darin weniger wählerisch; trotzdem sollten genügend Legenester angeboten werden. Die Enten schreiten in der Regel täglich in den Morgenstunden zur Eiablage und sollten aus diesem Grund in der Legeperiode bis etwa 10 Uhr im Stall festgehalten werden. Die Nester müssen bei Wassergeflügel besonders dick mit Stroh, Heu und ähnlichem Material eingestreut werden, damit keine Eier zu Bruch gehen und der speziell bei Gänsen und den selbstbrütenden Entenrassen vorhandene Nestbautrieb befriedigt wird.

Sollen Gänse und Enten nur saisonal bis zur Schlachtreife gehalten werden, so wird keine Inneneinrichtung im Stall benötigt. Futter und Wasser werden am besten im Auslauf gereicht, wobei besonders bei Enten auf genügend Abstand zwischen Futtertrog und Wassergefäß geachtet werden muß. Enten haben die Eigenschaft, mit einem Schnabel voll Futter zum Wasser zu laufen, also beides gemeinsam aufzunehmen und dabei viel von dem teuren Kraftfutter zu vergeuden. Ein großer Abstand zwischen Futter und Wasser hilft also Futter sparen.

Gänsezucht oder -haltung bedingt eine Weide, Enten können jedoch auch ohne

Der Stall

Ansicht des Stalls für Wassergeflügel oder Truthühner. Auf ein verglastes Fenster wurde hier verzichtet; der Lichteinfall geht von der vergitterten oberen Hälfte der Tür aus, die auch für den erforderlichen Luftaustausch sorgt. Gegen Kälte sind diese Geflügelarten unempfindlich. Für trockene Einstreu ist zu sorgen.

Grasauslauf gehalten werden. Dann ist aber zur Gesunderhaltung etwas zartes Grünfutter (Salatabfälle usw.) zu reichen. Der Auslaufpflege muß auch die notwendige Beachtung geschenkt werden; sofern kein natürliches Wasser (Bach oder Teich) vorhanden ist, sollte die Wasserschale täglich an einen anderen Platz gestellt werden. Das Wassergefäß sollte dem Wassergeflügel immer die Möglichkeit geben, den Schnabel vollständig einzutauchen. Deshalb sind einfache Schalen — etwa 10 bis 15 cm tief und mit einem Durchmesser von ungefähr 40 bis 50 cm — für das Trinkwasser bestens geeignet. Die Reinigung ist hier schnell erledigt, und wenn die Schale in der Nähe des Zauns steht, kann frisches Wasser von außen mit einer Gießkanne nachgefüllt werden.

Puten und Perlhühner

Ausgewachsene Puten und Perlhühner sind unempfindlich gegen niedrige Temperaturen, sofern der Stall trocken und absolut zugfrei ist. Für die Haltung sind die gleichen Ställe wie bei den Hühnern angegeben zu verwenden. Die Inneneinrichtung hat in einigen Punkten anders auszusehen. So sind die Sitzstangen für die Puten deren Größe entsprechend etwa 8 bis 10 cm stark und in einem Abstand von 70 cm voneinander anzubringen. Die Nester werden niedrig angebracht und sollen für die legenden Puten wie ein Versteck wirken. Dies erreicht man, indem der Einschlupf zum Nest, welches eine Größe von etwa 60 x 70 cm haben sollte, nur 40 cm hoch ist. Die Höhe der Nestrückseite sollte jedoch etwa 80 cm betragen und die Nest-

Voraussetzung für die Haltung

abdeckung nach vorn dementsprechend schräg abfallen.

Perlhühner benutzen Nester des gleichen Typs wie die Hühner; nur sollten diese in Bodennähe aufgestellt werden. Wenn die Nester sich im ruhigsten und halbdunklen Bereich des Stalles befinden, werden auch die in dieser Hinsicht wählerischen Perlhühner sie annehmen.

Für Futter und Trinkwasser sind die gleichen Tröge und Tränken wie bei den Hühnern angegeben verwendbar. Da besonders die Puten außerordentlich viel Frischluft benötigen, sollte ein Teil der Fenster durch Drahtgitter ersetzt werden. Bei der Kükenaufzucht sind die besonderen Ansprüche der Putenküken, wie sie im entsprechenden Abschnitt über Aufzucht aufgeführt sind, zu beachten.

Der Auslauf und seine Gestaltung

Gerade dieser Punkt unterscheidet die Haltung des Geflügels durch den Liebhaber von Federvieh, der neben dem Nutzen den materiell nicht meßbaren Wert der Freude und Erbauung an den Tieren hat, von den Produktionsstätten der schon zu einem Industriezweig angewachsenen Wirtschaftsgeflügelzucht. Dem Gewinn werden die artgemäßen Ansprüche an Bewegungsmöglichkeit und verhaltensgerechte Unterbringung bedingungslos geopfert. Bei der Planung und Gestaltung des Geflügelauslaufs sollte für uns das Wohlbefinden der Tiere immer obenan stehen.

Ein natürlicher oder künstlich strukturierter Rasenauslauf bietet den Jungtieren beste Entwicklungsmöglichkeiten.

Der Auslauf

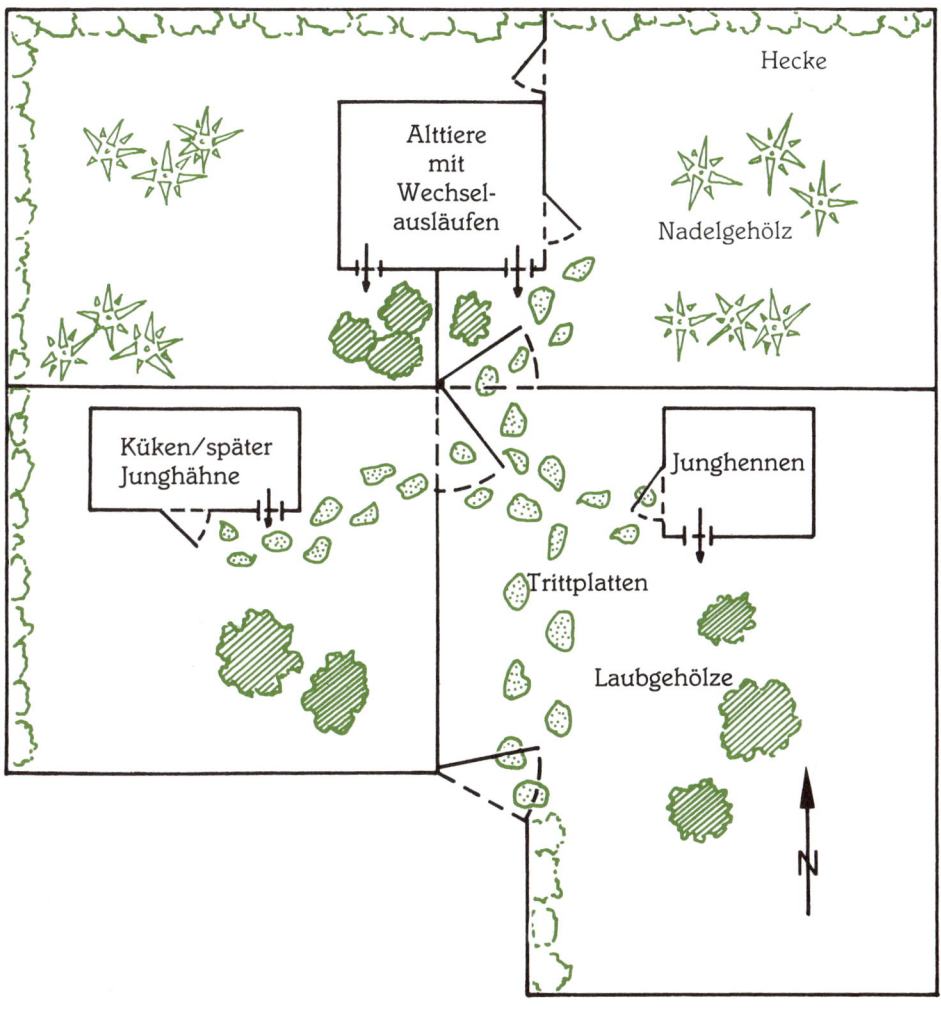

Vorschlag für eine Zuchtanlage. Die Ausmaße sind je nach Gegebenheit variabel; die Ausläufe für Küken und Junghennen können auch für anderes Geflügel genutzt werden. Die Gehölzarten sowie die Hecke können nach Belieben ausgewählt werden; eine Mischung aus Laub- und Nadelgehölzen ist indes ratsam, da letztere auch im Winter ausreichend Windschutz gewährleisten. Die Laubgehölze lassen in der lichtarmen Winterzeit die Sonne ungehindert an den Boden gelangen und spenden im Sommer den gewünschten Schatten.

Voraussetzungen für die Haltung

Hühner und Zwerghühner

Grundsätzlich ist ein grasbewachsener Auslauf mit Baum- und Buschbestand für Hühnergeflügel der optimale Lebensraum. Hier bieten sich nun — je nach Grundstücksverhältnissen — verschiedene Möglichkeiten an. Ist ein alter Obstgarten vorhanden, so haben wir schon fast ideale Verhältnisse für einen Geflügelauslauf. Um schädliche Bodenwinde fernzuhalten, sind Hecken aus immergrünen Gehölzen oder dichtwachsenden Laubbüschen anzupflanzen. Natürlich setzen die zur Verfügung stehenden Flächen auch bei der Gestaltung viel zu schnell Grenzen. Wenn man die ganze Familie für die Geflügelhaltung zu begeistern vermag, kann vielleicht ein Großteil des bisherigen Ziergartens — mit robusten Pflanzen bestanden — unter Einschluß der regelmäßig zu mähenden Rasenfläche den Tieren zum Belaufen angeboten werden. Vor dem Zaun kann eine Bepflanzung mit niedrigen Sträuchern und Blumenstauden diesen optisch kaschieren. Ein schlichter Holzstall — am besten mit einer unauffälligen grünen Farbe gestrichen (Fenster, Beschläge und Dachrand weiß abgesetzt) — wirkt in einem naturnah bepflanzten Garten nicht störend. Eine nicht zu große Herde — vielleicht ein Hahn und sechs bis acht Hennen — kann diesen Gartenteil durchaus immer wieder zu einem Blickpunkt werden lassen. Die große Vielfalt an Formen und Farben bei den Geflügelrassen bietet für jeden Geschmack etwas. Diese Haltungsform ist bisher noch nicht genügend berücksichtigt worden. Lebende Tiere können also durchaus in die Gestaltung eines Gartens als belebendes Element mit einbezogen werden.

Soll der Auslauf den Hühnern ständig Naturfutter bieten, so ist der Grasbestand durch regelmäßiges Mähen oder Beweidung durch Schafe oder Gänse kurz und jung zu halten; überständiges Gras wird von Hühnern nicht aufgenommen. Bei Bedarf ist eine ausgleichende Düngung zu geben. Der von den Hennen abgesetzte Kot enthält reichlich Stickstoff, so daß die Ergänzungsdüngung nur aus Kali, Phosphat und Kalk zu bestehen braucht. Es ist vorteilhaft, diese Mineraldünger im Spätwinter auszustreuen. Phosphat und Kali werden am besten in einer fertigen Mischung gekauft; diese sollte in etwa ein Verhältnis von einem Teil Phosphorsäure zu zwei Teilen Kali haben. Es werden pro m^2 je nach Nährstoffgehalt 200 bis 300 g gestreut. Für die Gesunderhaltung des Bodens ist ein ausreichender Kalkgehalt notwendig. Kalk bindet die im Boden vorkommenden oder entstehenden Säuren und fördert die Tätigkeit der für das Bodenleben so wichtigen Kleinstlebewesen. Von den Tieren mit dem Kot ausgeschiedene Erreger werden durch das Zusammenwirken dieser Bodenbewohner mit den Pflanzen und den Witterungseinflüssen unschädlich gemacht. Kalk sollte bei schweren Böden (d.h. Böden mit hohem Tonanteil) in Form von Branntkalk (dieser wirkt gleichzeitig desinfizierend) und bei leichten Sandböden in kohlensaurer Form gegeben werden. Spätestens alle zwei bis drei Jahre ist eine Kalkgabe von 1 kg je m^2 zu verabreichen; besser ist es, wenn jährlich 300 bis 500 g davon ebenfalls im Spätwinter gestreut werden.

Wenn der Besatz des Auslaufs mit Geflügel zu hoch ist, nutzt auch die beste Pflege nichts. Die Gräser werden von den Tieren aufgearbeitet und können den anfallenden Kot mit den darin enthaltenen Erregern nicht mehr verarbeiten. Für ein harmoni-

---

Fotos rechts: Zwischen Mensch und Tier kann sich ein sehr enges Verhältnis herausbilden. Dabei muß jedem Halter oder Züchter klar sein, daß er die Verantwortung für ein lebendiges Geschöpf übernommen hat.

Der Auslauf

sches Zusammenleben dürfen die folgenden Mindestflächen je Tier nicht unterschritten werden: Zuchttiere sollten 15 m² erhalten, während reine Legehennen mit 10 m² auskommen. Für Küken sind anfangs mindestens 2 m² zu veranschlagen, die im Laufe der Entwicklung auf 8 bis 12 m² zu erhöhen sind. Sollte nur ein begrenzter Auslauf für die Nachzucht vorhanden sein, so ist der laufenden Selektion der Tiere größere Bedeutung beizumessen. Die überzähligen Hähnchen sollten deshalb besser separat ohne Auslauf bis zur Schlachtreife gefüttert werden. Mit kümmernden Junghennen oder solchen mit anatomischen Mängeln sowie Fehlern in den Rassemerkmalen ist ebenso zu verfahren. Sind trotzdem dann noch zuviel Tiere für den Auslauf vorhanden, so sollten die überzähligen möglichst bald verkauft werden.

Eine weitere Alternative bietet die Errichtung von Wechselausläufen; hier wird der vorhandene Auslauf mit einem Zaun, der nicht die Höhe der äußeren Umzäunung erreichen muß, hälftig getrennt. Der Auslauf kann sich dann bei wöchentlichem Wechsel erholen und bis zu einem Viertel Tiere mehr verkraften. Die für die Aufzucht benutzten Gehege sollten danach ungenutzt bleiben oder von anderen Tierarten beweidet werden. Nur dann ist eine gesunde Nachzucht zu erwarten. Wir brauchen nur den Vergleich mit freilebendem Wildgeflügel anzustellen: Die führende Henne sondert sich mit ihren Küken von der Gruppe ab und hält die Gefahr möglicher Infektionen der Jungtiere dadurch gering.

Foto links oben: Das Bankivahuhn ist der Hauptahn unserer Haushühner.
Foto rechts oben: Die Wildpute als Stammform unserer Hauspute lebt in Mittelamerika.
Foto links unten: Auf die Stockente gehen fast alle Hausentenrassen zurück

Um den Tieren im Auslauf Geborgenheit zu bieten, sollten dort einige Sträucher gepflanzt werden. Besonders geeignet sind robuste Arten, die das Scharren der Hühner im Wurzelbereich vertragen. Die Pflanzen sollten der Gegend und dem Boden angepaßt sein; es bieten sich auf wüchsigen Böden der heimische Holunder oder andere Beerensträucher an. Bei letzteren wird man selbst zwar kaum die Beeren ernten (das besorgen die Hühner schon), aber hier steht das Wohl der Tiere ja im Vordergrund. Zu empfehlen sind Johannisbeeren — vor allem die schwarzen — und Himbeeren. Nach der Pflanzung müssen die Hennen mindestens ein Jahr lang vom Wurzelbereich ferngehalten werden; dies wird am besten mit einem Drahtgeflecht und einfachen Stangen bewerkstelligt. Sind die Pflanzen fest verwurzelt, so wird dieser Schutzzaun wieder entfernt. Sofern in der Nähe kleine Feldsteine zu finden sind, sollte die Pflanzscheibe mit diesen ausgelegt werden, um die Scharrtätigkeit der Hennen unter den Sträuchern in Grenzen zu halten. Eine kleine Gruppe von etwa drei Nadelbäumen — eventuell Fichten — als immergrüner Unterschlupf ist bei genügender Größe des Auslaufs auch ratsam.

Kleine Ausläufe sind jedoch von einer Bepflanzung freizuhalten; einige schräggestellte Flächen aus Holz oder Rohrgeflecht unterteilen den Auslauf für die Tiere optisch und erhöhen deren Wohlbefinden dadurch. Bei starker Sonneneinstrahlung werden die Schattenflächen dieser Gestelle gern aufgesucht. Dort kann im Sommer auch das frische Trinkwasser angeboten werden. Sofern die Wetterseite des Auslaufs nicht durch Gebäude oder bestehende Pflanzungen geschützt ist, sollte hier eine Hecke angelegt werden. Laubgehölze haben den Vorteil, im ohnehin lichtarmen Winter mehr Helligkeit hindurchzulassen. Der zur Verfügung stehende Raum ist in jedem Fall mit ausschlaggebend für die zu haltende Geflügelrasse; ist nur wenig Platz vorhanden, sollte eine der Zwerghuhnras-

Voraussetzungen für die Haltung

sen gehalten werden. Unter diesen gibt es heute Züchtungen, die in der Wirtschaftlichkeit mit vielen großen Hühnerrassen unbedingt konkurrieren können. (Möglichkeiten der Gestaltung von kleinen, volierenähnlichen Ausläufen sind im Abschnitt »Platzbedarf der Hühner und Zwerghühner« aufgezeigt worden.) Außerdem sind bei der Anlage die Grundbedürfnisse Windschutz und Sonneneinstrahlung, aber auch genügend Schattenspender sowie einwandfreier Wasserabzug zu berücksichtigen. Durch eine ansprechende Bepflanzung wird alles der Umgebung angepaßt; hierbei sind standortgerechte Bäume und Büsche (d.h. die in der Landschaft vorwiegend wachsenden Gehölze) vorzugsweise zu verwenden. Bei der Zucht und Haltung von Rassen mit lichtempfindlichen Gefiederfarben wie den gelben Farbvariationen ist in den Ausläufen für mehr Schatten zu sorgen, um das Ausbleichen der Federn zu vermeiden. Dazu können in einem Teil des Auslaufs Mais, Topinambur oder Himbeersträucher angepflanzt werden, zwischen denen die Tiere sich gerne aufhalten. Bei Beachtung der Grundbedürfnisse der Tiere sind in der Gestaltung der Ausläufe der Phantasie keine Grenzen gesetzt. Giftige Pflanzen wie Eiben sollten selbstverständlich für die Tiere unerreichbar sein.

Gänse und Enten

Für die Gänsehaltung bildet eine Weide die Grundvoraussetzung. Eine Sumpfwiese eignet sich jedoch nicht dafür: Erstens werden die dort wachsenden sauren Gräser von den Tieren — wenn sie auch Wassergeflügel sind — verschmäht, und zweitens breiten sich bei stehender Nässe Kokzidien (kleine Sporentierchen) und Magenwürmer besonders schnell aus. Für ausreichenden Wasserabzug ist also Sorge zu tragen. Bis zum Alter von drei Monaten sollten die Jungtiere auf jeden Fall auf trockenem Gelände gehalten werden. Für die Düngung gelten die bereits bei den Hühnerausläufen gemachten Ausführungen. Die Umzäunung braucht bei Gänsen nur 1 m hoch zu sein, bei Enten — je nach Rasse — sogar nur etwa 60 cm. Die flugfähigen Entenrassen bilden hier eine Ausnahme. Das Wassergeflügel benötigt in jedem Fall — und bei Wechselweiden auf jeder Weidefläche — für alle Tiere ausreichend Schatten. Besteht keine Möglichkeit, Bäume oder Büsche anzupflanzen, so ist durch Aufstellen von Schilfmatten für Schattenflächen zu sorgen. Ein kleines sauberes Gewässer ist zwar für die Haltung einiger Enten oder Gänse keine Bedingung, für eine erfolgreiche Zucht bei den meisten Rassen aber unbedingt notwendig. Ein das Grundstück berührender Bach würde für die Zucht des Wassergeflügels zwar entscheidende Vorteile bringen, doch können wir mit einem kleinen künstlichen Teich auch gute Ergebnisse erzielen. Sofern man nicht ein Becken aus Beton mit eingelegtem Drahtgewebe bauen will, kann man auf die fertigen Teiche, die der Fachhandel für die Anlage von Wassergärten anbietet, zurückgreifen. Hierbei ist darauf zu achten, daß eine genügend flache Schräge für bequemen Aus- und Einstieg vorhanden ist. Mit Folie ausgelegte Teiche sind in den meisten Fällen nicht lange haltbar, da die Tiere mit Schnäbeln und Krallen den Verschleiß beschleunigen. Recht gute Ergebnisse werden auch bereits bei der Verwendung einer Plastikwanne erzielt, wie sie in Kaufhäusern als Sandkiste für Kleinkinder angeboten wird. Diese haben meistens eine Seitenlänge von 100 bis 120 cm im Quadrat, bei einer Tiefe von etwa 20 bis 30 cm. Eine regelmäßige Reinigung der Wasserbecken ist sehr wichtig. Um sich diese Arbeit zu vereinfachen, sollte die tiefste Stelle des Beckens mit einem Abfluß versehen werden. Je nach Boden- und Wasserverhältnissen ist darunter ein Sickerschacht oder ein Abflußrohr zum nächsten Wasserabzug anzubringen.

Der Auslauf

Puten und Perlhühner

Für Puten und ganz besonders für Perlhühner wäre ein nahezu unbeschränkter Auslauf ideal. Diese Möglichkeit wird aber nur in den seltensten Fällen gegeben sein. Man richte sich deshalb bei der Wahl des Geflügels nach dem zur Verfügung stehenden Platz und beschränke sich gegebenenfalls auch in der Tierzahl. Für Puten ist ein Auslauf mit Weide und Baumbestand (Buchen und Eichen) am natürlichsten. 50 m² Auslauffläche ist je aufzuziehende Pute zu berechnen; für den Zuchtstamm sind sogar 100 m² pro Tier erforderlich. Der Zaun muß bei Puten 2 m hoch sein; bei Perlhühnern, die etwa 30 m² Auslauf pro Tier benötigen, ist der Auslauf auch nach oben abzusichern, wenn andernfalls Schäden oder Belästigungen auf Nachbargrundstücken möglich sind. Bei Puten und Perlhühnern sind die gleichen Anforderungen an den Auslauf wie bei den Hühnern zu stellen. Ständig nasse Flächen eignen sich für diese Geflügelarten nicht.

Errichtung des Auslaufs

Bei der Schaffung des Auslaufs beginnt man mit der Einebnung der Flächen, auf denen der Zaun stehen soll. Zunächst werden die Eckpfähle mit den Verstrebungen eingesetzt. Mittels Leinen oder Schnüren werden diese Pfähle nun miteinander verbunden; die nah am Boden gespannte Schnur gibt die Richtung für die in Abständen von 2 bis 2 1/2 m einzusetzenden Pfähle. Eine weiter oben angebrachte Schnur dient der Ausrichtung der Pfosten. Diese sind — je nach Höhe des zu errichtenden Zauns — 50 bis 70 cm tief einzugraben. Werden Holzpfähle verwendet, so müssen diese — sofern sie nicht druckimprägniert sind — mit einem dauerhaften Schutzanstrich versehen werden. Bei Betonpfählen entfällt diese Arbeit; Metallpfähle sind heute meist mit Kunststoff beschichtet, sollten aber der besseren Standfestigkeit wegen mit einem Betonfuß versehen werden. Am einfachsten kauft oder leiht man sich einen Erdbohrer — es gibt solche Geräte auch für manuelle Bedienung — und bohrt die Löcher an den vorgesehenen Stellen. Diese füllt man nun mit frischem Beton und drückt anschließend die Metallpfosten in die noch weiche Masse.

Zum Bespannen des Zaunes eignet sich am besten verzinkter oder kunststoffbeschichteter Maschendraht. Bei einer Höhe von 2 m ist neben dem oberen und unteren Spanndraht auch in der Mitte noch ein solcher anzubringen. Für ausgewachsene Hühner genügt eine Maschenweite von 70 mm; bei Jungtieren und Küken darf sie aber nur 50 mm betragen. Bei den Küken ist der untere Zaunbereich entweder mit sehr engmaschigem Geflecht — sogenanntem Kükendraht — oder (besser noch) mit Holz abzudichten. Der Fachhandel bietet heute außerdem Fertigzäune in verschiedenen Ausführungen; hier ist ein intensiver Preisvergleich unbedingt zu empfehlen. Die Pforten im Zaun sind — je nach Auslaufgröße — ausreichend breit zu bemessen. Normale Pforten sollten 1 m breit sein, damit für die notwendigen Pflegearbeiten ungehinderter Zugang auch mit einer Schubkarre gewährleistet ist. Sollte gelegentlich die Zufahrt mit einem Motorfahrzeug notwendig sein, so wird am besten ein herausnehmbares Zaunfeld von etwa 3 m Breite an der entsprechenden Stelle eingebaut.

Die Zaunhöhe muß der Rasse entsprechen, die man halten möchte. Leichte Hühnerrassen benötigen immer einen 2 m hohen Zaun; die meisten mittelschweren kommen mit 1,5 m, die schweren Rassen mit einem 1 m hohen Zaungeflecht aus. Für einige sehr flugtüchtige Zwerghühner ist zum absoluten Einsperren eine Überspannung des Geheges mit einem Drahtgeflecht oder Netz notwendig.

Welches Geflügel für welchen Zweck?

Hühner

Um bei der Qual der Wahl der geeigneten Hühnerrasse eine kleine Entscheidungshilfe zu geben, werden hier die besonderen Eigenschaften der Rassen beschrieben. Legt man auf ein besonderes Erscheinungsbild oder auf farbliche Schönheit wenig Wert, so sind die auf Höchstleistung gezüchteten Hybridhühner zu empfehlen; jedoch sind diese bei jedem Geflügelhändler erhältlichen Tiere Endprodukte einer Kreuzungsreihe. Nachzucht daraus würde in ihren Eigenschaften stark variieren, und es muß jeweils der Ersatz nachgekauft werden. Für den Geflügelkleinhalter sind die sehr zutraulichen mittelschweren Zweinutzungs-Hybridhühner sehr zu empfehlen. Diese Hennen legen mehr oder weniger braun gefärbte Eier in großer Zahl und können zwei Jahre bei dieser Leistung gehalten werden. Danach sind sie Grundlage für allerlei Feines aus der Küche. Die leichten weißen Hybridhennen sind für die Haltung in Kleinstbeständen wegen ihrer übergroßen Nervosität weniger gut geeignet.

Mittelmeerrassen

Für die Eierproduktion sind alle noch vitalen leichten Hühnerrassen geeignet. In diese Gruppe gehören zunächst alle Rassen aus dem spanisch-italienischen Raum — die *Mittelmeerrassen* — sowie die alten Landhuhnrassen unserer Heimat. Beginnen wir mit einer der ältesten spanischen Hühnerrassen, den **Kastilianern**! Diese sehr fleißige Legerasse kam erst sehr spät nach Deutschland; die vermutlich von ihr abstammenden nachfolgend beschriebenen Rassen haben bereits 100 Jahre früher Einzug in deutsche Geflügelhöfe gehalten. Die Liebhaber der Kastilianer unter den Geflügelzüchtern loben den Legefleiß und die Größe der Eier dieser nur im schwarzen Farbschlag gezüchteten Rasse. Die Läufe, der Schnabel und die Augen dieser leichten Hühner sind von dunkler, fast schwarzer Farbe, die weißen Ohrscheiben an den Seiten des Kopfes und die leuchtend roten Kopfpunkte (Kamm und Kehllappen) bilden einen schönen Kontrast zu dem schwarzen Gefieder mit grünem Glanz. (Unter »Ohrscheiben« versteht man ein im Ohrbereich hervortretendes Hautgewebe, sofern es weiß ist; ist es hingegen rot, so nennt man es »Ohrlappen«.) Die Tiere haben eine stolze, etwas aufgerichtete Körperhaltung und ziehen die Schwanzfedern bis zu einem Winkel von 90° zur Rückenlinie an.

Das älteste der wahrscheinlich auf der Grundlage der Kastilianer gezüchtete Rassehuhn ist das **Spanierhuhn**. Das hervorstechendste Merkmal dieser Rasse ist der weiße Überzug der gesamten Gesichtspartie. Dieses weiße Gesicht bildet einen reizvollen Kontrast zu dem roten Kamm und den Kehllappen sowie dem schwarzen, grün glänzenden Gefieder. Auch diese Rasse gibt es nur im schwarzen Farbschlag. Durch die heute nur noch schmale Zuchtbasis ist die Legeleistung nicht mehr so hoch wie früher; das große Ei jedoch ist fest in der Erbmasse verankert, so daß bei entsprechender Zuchtauslese auch die Leistung wieder erhöht werden kann. Diese Rasse ist — bedingt durch ihre großen Kopfpunkte — relativ frostempfindlich und dementsprechend unterzubringen.

(Unter »Kopfpunkte« versteht man Kamm, Ohrscheiben bzw. -lappen und Kehllappen.)

Aus der gleichen Erbmasse stammen auch die **Minorka**. Ebenso wie ihre weißgesichtigen Vettern sind auch sie in England als Rasse vervollkommnet worden. Leider hat man dabei auf Kosten immer größerer weißer Ohrscheiben und der entsprechenden anderen Kopfpunkte die enorme Leistungsfähigkeit etwas vernachlässigt. (Dieses Schicksal war schon einigen ehemaligen Moderassen beschieden.) Die Minorka sind hochgestellte, großrahmige Hühner mit eleganter Körperhaltung. Bei dieser Rasse sind neben dem schwarzen Farbschlag mit schwarzen Läufen und dunklen Augen auch Weiße mit fleischfarbigweißen Läufen und roten Augen zugelassen. Außerdem gibt es neben den Tieren mit Einfachkamm auch solche mit den kältebeständigeren Rosenkämmen. Ein Rosenkamm ist ein flaches, auf dem Kopf aufsitzendes Fleischgebilde mit kleinen perlartigen Hautauswüchsen.

Ebenfalls aus den Kastilianern sind die **Andalusier** entstanden. Diese Rasse ist stets als klassisches Beispiel für die intermediäre Vererbung der Farbe dargestellt worden und dürfte fast jedem noch aus dem Biologieunterricht so bekannt sein wie die rote und weiße Wunderblume von Gregor Mendel. Einzigartig war damals die Farbe dieser Hühner, das Andalusierblau. Die Grundfarbe ist ein im Ton variierendes Taubenblau mit dunklem Federsaum. Das Schmuckgefieder des Hahnes ist genetisch bedingt dunkler und wirkt fast schwarz. Aus blauen Elterntieren erhält man zur Hälfte blaue Nachzucht, je ein Viertel ist entweder schwarz oder schmutzigweiß (sog. reinerbiges Blau). Verpaart man diese schwarzen und weißen Tiere miteinander, erhält man nur blaue Nachzucht, die aber im Farbton einmal heller und einmal dunkler ist. Die Tiere dieser Rasse sind nicht schwerer als die Ausgangsrasse Kastilianer, haben aber eine elegantere Körperhaltung mit flachem Schwanzwinkel. Die Ohrscheiben sind wie bei allen Mittelmeerrassen weiß, die Augen- und Lauffarbe ist dunkel. Tiere aus vitalen Zuchten weisen eine gute Legeleistung auf.

Die zweite Gruppe der Mittelmeerrassen bilden die **Italiener** und die **Leghorn**. Beide Rassen haben italienische Landhühner als Vorfahren und sind als sehr gute Legehühner bekannt. Gemeinsame Kennzeichen sind neben der gestreckten eleganten Form die gelben Lauffarben und — wie allen Mittelmeerrassen eigen — weiße Ohrscheiben und weiße Schalenfarbe der Eier. Während die Italiener in Europa zur Rasse gezüchtet wurden, sind die Leghorn in Amerika zum damaligen Leistungshuhn »Nr. 1« geworden. Die heutige Wirtschaftsgeflügelzucht hat in den Leghorn und den daraus gezüchteten Legehybriden ihre Grundlage.

Die Leghorn gibt es nur im weißen Farbschlag; im Ausstellungskäfig präsentieren sie sich in gestreckter Form, mit zarten

Italienerhühner zeigen gute Legeleistungen.

Knochen und Kopfpunkten sowie einer üppigen Schwanzpartie.

Die Italiener hatten mit dem rebhuhnfarbigen Farbschlag als ehemals leistungsfähigstem Legehuhn bei Auslaufhaltung die stärkste Verbreitung. Erst mit der ganzjährigen Stallhaltung wurden sie von den Leghorn verdrängt. Der rebhuhnfarbige Hahn ist das, was sich jeder Laie unter dem bunten Herrn der Bauernhühnerschar vorstellt. Die Rassegeflügelzüchter haben aus dieser Rasse fast alle bei Hühnern möglichen Farbvariationen gezüchtet, außerdem neben den ursprünglichen Einfachkämmigen auch die Rosenkämmigen. Der Liebhaber von farbenfreudigem Geflügel hat bei dieser Rasse die große Auswahl. Bedingt durch die Ahnen bei der Züchtung der verschiedenen Farbschläge ist die Leistung unterschiedlich. Leistungsmäßig sind die Rebhuhnfarbigen, die Gold-, Silber- und Orangefarbigen, die Weißen, Schwarzen und auch die Kennfarbigen am besten durchgezüchtet. »Kennfarbig« heißt dieser Farbschlag, weil man bei ihm Hahn und Henne schon am Flaumgefieder der Küken exakt unterscheiden kann (was ansonsten nicht möglich ist.)

Die kennfarbigen Italiener weisen auf rebhuhnfarbiger Grundfarbe die Sperberzeichnung auf.

Nordwesteuropäische Rassen

Die nächste Gruppe der Legerassen sind die in den verschiedenen Regionen bodenständigen *nordwesteuropäischen Rassen*. Leider sind diese durch die »Moderassen« vernachlässigt worden; bei entsprechender züchterischer Arbeit hätten auch deren gute Legeleistungen verbessert werden können. Sie waren der jeweiligen Landschaft und Witterung angepaßt und brachten bei einfachster Haltung sehr gute Eierträge. Wegen der Haltungs- und Fütterungsbedingungen begann die Legeperiode meist erst Anfang März beim Erreichen der optimalen Lichtverhältnisse und beim Auftreten jungen eiweißreichen Freifutters in der Natur. Diese Rassen legten dann ohne Pause bis in den Herbst sehr fleißig. Wie fast alle Legerassen neigten auch diese kaum zum Brütigwerden (brütig = zum Brüten bereit).

Gemeinsam sind den nordwesteuropäischen Rassen neben der weißen Eischale weiße Ohrscheiben, langes Gefieder und meist blaugraue Läufe. Aufgrund ihrer besonderen Zeichnung ist bei den »Sprenkelrassen« auf gemeinsame Vorfahren zu schließen; daher sind diese sich in ihren Nutzeigenschaften auch sehr ähnlich. Diese Rassen sind **Ostfriesische Möwen, Brakel, Westfälische Totleger, Friesenhühner** und **Hamburger** Sprenkelhühner. Bei den Hamburgern gibt es außerdem noch die Lackzeichnung; darunter versteht man jeweils am Ende der Feder befindliche runde, schwarze Tupfen mit grünem Glanz. Die Sprenkel-, Flocken- oder Lackzeichnung kommt ebenso wie die bänderartige Zeichnung der Brakel auf silberweißer oder goldbrauner Hauptfarbe vor. Hamburger Hühner gibt es außerdem noch in Schwarz, Weiß und Blau. Alle genannten Rassen haben eine mehr oder weniger elegante schlanke Landhuhnform. Diese Rassen entwickeln ihre beste Leistung bei möglichst geräumigen Grünausläufen; ideal wäre ein nahezu unbeschränkter Auslauf, da sie dann viel Naturfutter aufnehmen und die Haltung verbilligen. Nah verwandt mit den vorgenannten Rassen sind die **Lakenfelder,** bei denen das Rumpfgefieder weiß, die Hals- und Schwanzfedern jedoch fast schwarz sind. Diese Rasse hat in den letzten Jahren einen neuen Aufschwung erfahren und mehr Vitalität bekommen.

Eine weitere bodenständige Rassengruppe sind die **Bergischen Kräher,** die **Bergischen Schlotterkämme** und die **Krüper.** Wenn man den Überlieferungen glauben darf, sollen die Vorfahren dieser Rassen (speziell der Kräher) bereits bei den Kreuzzügen aus dem Nahen Osten mitgebracht worden sein. Die besondere Eigenschaft der Kräher wurde durch »Wettkrähen« gefördert; dazu wurde (und wird) in jedem Frühjahr die Länge des Krährufs der Hähne dieser Rasse bewertet. Diese Eigenschaft gibt es unseres Wissens sonst nur noch bei einigen japanischen Hühnerrassen. Die Bergischen Kräher stellen aus diesem Grund ein besonderes Kulturgut dar, das es zu erhalten gilt. Die Schlotterkämme haben vermutlich auch spanische Hühner unter ihren Ahnen und daher den großen Einfachkamm, der bei den Hennen seitlich umkippt und beim Umherlaufen »schlottert«. Mit dem spanischen Erbgut sind eine höhere Legetätigkeit und schwerere Eier in diese Rasse gebracht worden. Sie waren daher früher ein beliebtes Legehuhn im Bergischen Land. Leider ist auch diese Rasse züchterisch vernachlässigt worden und zählt heute zu den Raritäten der Geflügelzucht. Eine einzigartige Zeichnungsart — die sog. Dobbelung — finden wir bei diesen Rassen. Diese Zeichnung ist die gröbste Form der Säumung; inmitten der sonst schwarzen Feder befindet sich ein goldbrauner oder weißer Fleck. Das Hals- und Schwanzgefieder ist schwarz. Beim Hahn ist aus genetischen Gründen der Hals ebenso gelb oder weiß gezeichnet wie der Sattelbehang.

Während bei den Krähern nur der Schwarz-gelbgedobbelte Farbschlag anerkannt ist, gibt es die Schlotterkämme in Schwarz-Gelbgedobbelt, Schwarz-Weißgedobbelt, Schwarz und Gesperbert. Um bei den Krüpern gleich mit den vorhandenen Farbschlägen zu beginnen: Es gibt sie außer in den Farben der Schlotterkämme noch in Weiß. Die Krüper sind ein alter Landhuhnschlag mit verkürzten Läufen. Diese Kurzbeinigkeit ist durch eine Mutation entstanden und in reinerbiger Form nicht lebensfähig; reinerbige Krüper sterben bereits während der Brut ab. Es sind von den zu erwartenden Küken also zwei Drittel kurzbeinig, ein Drittel hat normale Läufe. Die Krüper haben einfach Stehkämme, eine gestreckte Walzenform und eine normale Legeleistung. Letztere ist bei den Farbschlägen etwas unterschiedlich, jedoch sind die kurzbeinigen Tiere auch mit kleineren Ausläufen zufrieden.

Ein recht gutes Leistungshuhn ist auch das **Rheinländerhuhn,** das seinen Ursprung in den robusten Eifeler Landhühnern hat. Diese Rasse besitzt einen kälteunempfindlichen kleinen Rosenkamm und einen gestreckten, kastenförmigen Körper, der den für die Leistung wichtigen Organen genügend Platz bietet. Obwohl die ersten Farbschläge die Rebhuhnfarbigen und die Weißen waren, sind die Schwarzen heute am stärksten verbreitet. Aber hier hat sich die perfekte »Ausstellungsschönheit« auf Kosten der Leistung ausgewirkt. Dies ist bei vielen Rassen zu beobachten; trotzdem gibt es zahlreiche Zuchten mit guten Leistungen auch im schwarzen Farbschlag. Sehr große Eier sollen die Rebhuhnfarbigen und auch der jüngste Farbschlag »Silberhalsig« legen. Außerdem gibt es noch blaue und gesperberte Rheinländer.

Eine weitere Rasse mit überwiegend Legehuhneigenschaften sind die **Deutschen Sperber,** ein etwas höher gestelltes Landhuhn mit Einfachkamm — der bei der Henne seitlich umkippt —, weißen Läufen und der namengebenden Federzeichnung.

Ein sehr leichtes Landhuhn mit einer Verlustmutation als Rasseeigenart stellen die schwanzlosen **Kaulhühner** dar. Diese Rasse besitzt ebenfalls Einfachkämme und kommt in fast allen Landhuhnfarbschlägen vor.

Ein interessantes Huhn ist auch das **Thüringer Barthuhn** mit seinem ausdrucksvollen Federbart. Dieses recht frühreife und wetterharte Legehuhn hat einen Einfachkamm und wird in zahlreichen Farbschlägen gezüchtet. Besonders reizvoll sind die Getupften mit goldbrauner oder silberweißer Hauptfarbe und schwarzen Tupfen. Die Form ist etwas gedrungen, aber sehr harmonisch.

Von den nordwesteuropäischen Rassen reicht der Bogen über die *Barthühnerrassen* eigentlich nahtlos bis hin zu den *Haubenhuhnrassen*. Diese sind bereits im Mittelalter regional entstanden und wegen ihrer Besonderheit auf den Handelswegen mitgeführt und dadurch verbreitet worden. Durch Kreuzungen mit den jeweils bodenständigen Landhühnern entstanden damals viele Rassen.

So sind die **Appenzeller Barthühner** auch aus Kreuzungen mit dem Ziel entstanden, ein der rauhen Alpengegend angepaßtes Legehuhn zu schaffen, das sich ein Großteil des Futters in dem weiträumigen Gelände selber sucht. Der flache Rosenkamm bietet dem Frost nur wenig Angriffsfläche, und der glatte, ungeteilte Bart schützt Kehle und Gesicht. Dieses nur im schwarzen Farbschlag vorkommende Huhn hat weiße Ohrscheiben, die aber vom Bart verdeckt sind, und legt weiße Eier.

Haubenhühner und Verwandte

Wesentlich leichter und lebhafter sind die **Appenzeller Spitzhauben**. Besonders auffallend ist an dieser Rasse die Spitzhaube; diese besteht aus festen, aufrechtstehenden Federn, die auf einer Schädelaufwölbung wachsen. Der Kamm setzt sich hier nur aus zwei kleinen runden Hörnern zusammen. Feine mittelgroße Kehllappen und weiße Ohrscheiben vervollkommnen die Kopfpunkte dieser Hühner. Auch die zugelassenen Farben dieser Rasse sind sehr attraktiv; neben schwarzen sind silber-schwarzgetupfte und gold-schwarzgetupfte Spitzhauben vorhanden. Die schwarzen Tupfen sind hier nicht kreisrund, sondern mehr halbmondförmig. Sofern dieser Rasse kein freier Auslauf geboten werden kann, ist ein auch nach oben gesichertes Gehege zu empfehlen. Bei freiem Auslauf wird sehr viel Futter selbst gesucht, und die Tiere entwickeln ihre volle Leistung, die jedoch bezüglich des Eigewichts nicht mit den Leistungsrassen konkurrieren kann. Im Winter ist — wie bei vielen Landhuhnschlägen — nur mit einer geringen Leistung bei normaler Unterbringung zu rechnen.

Eine der ältesten *Haubenhühnerrassen* sind die **Paduaner**, benannt nach ihrem Ursprung, der Landschaft um Padua in Oberitalien. Die Körperform dieser Rasse entspricht der des leichten Landhuhns; gemeinsam mit den **Holländer Weißhauben** zeigen die Paduaner die vollendetsten Hauben, welche ihre Basis auf der knöchernen Schädelaufwölbung — der sog. Protuberanz — haben. Zusätzlich haben alle Haubenhühner (gekoppelt mit der Anlage der Schädelaufwölbung) höher geweitete Nasenlöcher. Die Haube muß nicht übermäßig groß sein, sondern kompakt, dicht und gut gefüllt. Rassen mit vollen Hauben sollten bei nassem Wetter in überdachten Ausläufen gehalten werden. Sofern keine Ausstellungen beschickt werden sollen, ist es ratsam, zur besseren Sicht den Hühnern die Hauben seitlich mit der Schere zu stutzen. Bedingt durch die Federstruktur ist die Haube beim Hahn dünner und lockerer. Die Paduaner haben einen Bart und werden in den einfachen Farben Schwarz, Weiß und Blau sowie Silberweiß und Goldbraun mit schwarzem Federsaum gezüchtet; nicht zu vergessen sind die Ledergelben mit cremeweißem Saum (Chamois). Noch attraktiver — durch ihre weißen Hauben — sind die Holländer Weißhauben; diese werden in Schwarz, Weiß, Blau, Schwarz-Weißgescheckt und Gesperbert gezüchtet. Die Legeleistung ist heute zwar dem Zierwert untergeordnet, aber trotzdem noch als ansehnlich zu bezeichnen. Die Haubenhühner sind speziell auf den Gemälden alter holländischer Meister verewigt

Französische Haubenhuhnrassen sind die **Houdan** und die **Crève Coeur**; sie sind in erster Linie auf Fleischnutzung gezüchtet und haben eine lange und breite Land-

Hühner

huhnform mit voller Brust. Beide Rassen sind bärtig, die Crève Coeur haben (aus der Erbmasse der Paduaner) einen Hörner- oder — bei Verästelung der Hörner — einen Geweihkamm. Den Houdan ist als Rassemerkmal der aus zwei flachen, mäßig gezackten Kammblättern bestehende Schmetterlingskamm und als Erbe der Dorking die nach rückwärts gerichtete fünfte Zehe eigen. Sie gibt es bei uns in Schwarz-Weißgescheckt, Weiß und Perlgrau, die Crève Coeur sind in den Farbschlägen Schwarz, Blau, Weiß, Perlgrau und Gesperbert zugelassen.

Die **Sultanhühner,** die aus Osteuropa oder dem Orient stammen sollen, sind von ihrer Erscheinung her zwischen den Hühnern und den Zwerghühnern einzuordnen. Sie haben eine kurze, gedrungene Landhuhnform, eine kaum mittelhohe Stellung und neben der vollen Rundhaube einen Vollbart und gut befiederte Läufe mit verlängerter Schenkelbefiederung, den Stulpen. Diese fünfzehige Rasse wird nur in Weiß gezüchtet und ist ein ausgesprochenes Zierhuhn mit kultureller Bedeutung. In letzter Zeit ist es wieder etwas häufiger auf den Geflügelschauen zu sehen, nachdem man vor einigen Jahren um die Existenz dieser Rasse bangen mußte.

Die **Brabanter** — eine bereits im Mittelalter bekannte Rasse — sollen im Gegensatz zu den vorgenannten keine Vollhaube, sondern eine Helmhaube mit nach oben gerichteten Federn tragen. Bei uns ist nur die holländische Zuchtrichtung, neben der auch noch eine belgische Zuchtlinie vorkommt, zulässig. Neben Schwarz, Blau, Perlgrau, Weiß und Gesperbert sind auch die Farbschläge Silberweiß- und Goldbraun mit schwarzer halbmondförmiger Zeichnung am Federende sowie Ledergelb mit cremeweißer Zeichnung sehr beliebt. Diese Rasse im leichteren Landhuhntyp weist durchweg eine gute Legeleistung auf; der aus zwei Hörnern bestehende Kamm sowie der dreigeteilte Bart sind weitere Rassemerkmale.

So eigenartig es auch klingt: Es gibt Haubenhühner ohne Haube. Die mit den Brabantern nahe verwandten **Eulenbarthühner** haben zwar die aufgeworfenen Nasenlöcher, aber keine Haube. Der Kamm besteht wie bei den Brabantern aus zwei Hörnern. Der namengebende Vollbart soll schleierförmig Gesicht und Kehle verhüllen und darf für Ausstellungen keine Teilung — wie bei den Brabantern gefordert — aufweisen. Leistungsfähigkeit und Farbschläge sind wie bei den Brabantern; nur die Standhöhe ist etwas niedriger.

Eine weitere holländische Rasse, die zu den Haubenhühnern ohne Hauben gehört, sind die **Breda.** Dieses relativ hochstehende Huhn hat als besonderes Merkmal Fußbefiederung und stark verlängerte Schenkelfedern, die »Stulpen«. Vom Kamm ist nur noch eine kleine, mit roter Haut ausgekleidete Vertiefung mit wulstigem Rand vorhanden. Die Haube ist nur mehr an der borstenartigen Befiederung hinter dem Napfkamm zu erkennen. Die Ohrscheiben sind klein und von weißer Farbe. Der mittellange Körper hat eine hoch angesetzte, volle Brust, die neben normaler Legeleistung auf einen guten Braten schließen läßt. Nach Aussage einiger Züchter ist bei dieser Rasse auch ein recht zuverlässiger Bruttrieb vorhanden. Heute kann man die Breda auf den Ausstellungen — speziell auf den Sonderschauen für seltene Hühnerrassen — in den Farben Schwarz, Blau, Perlgrau, Weiß und Gesperbert finden.

Eine alte französische Rasse sind die **La Flèche;** der Kopfschmuck dieser ebenfalls etwas höher stehenden Rasse sind die parallel und möglichst senkrecht über den Augen stehenden Kammhörner. Die Haube ist nur noch an den borstenähnlichen Schopffedern hinter dem Kamm zu erkennen. Neben einer ansehnlichen Legeleistung wird dieser hauptsächlich im schwarzen Farbschlag vorkommenden Rasse auch eine gute Fleischleistung nachgesagt. Daher wird der leicht aufgerichtet getragene Körper breit, vollrumpfig und lang verlangt. Die Ohrscheiben sind weiß; es gibt außer den schwarzen auch weiße, blaue und gesperberte La Flèche.

Ebenfalls mit den Haubenhühnern verwandt sind die **Augsburger Hühner.** Außer in Augsburg und Umgebung ist diese Rasse auch im Schwarzwald erzüchtet worden. Das einzigartige Rassemerkmal — der Becher- oder Kronenkamm — ist aus der Verbindung von Hörnerkamm und Einfachkamm entstanden. Dieses mittelschwere und auch mittelhoch stehende Huhn gibt es nur im schwarzen Farbschlag; zu der Farbe bilden die weißen Ohrscheiben und der rote Kamm einen schönen Kontrast. Von den Ausgangsrassen her — schwarze Italiener und schwarze La Flèche — ist die Anlage zu guter Legeleistung bei ansehnlichem Fleischertrag gegeben.

Zwischentyp-Rassen

Zu den Rassen mit betonter Legenutzung neben einem ausreichenden Fleischertrag gehören auch die **Sachsenhühner.** Diese Rasse gehört auf den westdeutschen Geflügelausstellungen zur Zeit zu den Raritäten. Verschiedene Rassen haben für diese Züchtung Pate gestanden, so vermutlich die Minorka und auch die Langschan. Von den letzteren stammt wahrscheinlich die hellgelbe bis hellbraune Eischalenfarbe, die trotz der weiß geforderten Ohrscheiben vorhanden sein soll. Den Kopf ziert ein zarter Einfachkamm; durch das besonders üppige Sattelgefieder geht die ansteigende Rückenlinie ohne Absatz in den vollen, jedoch nur mittellangen Schwanz über. Die Lauffarbe ist beim schwarzen Farbschlag schwarzgrau bei dunklen Augen, bei den Weißen und Gesperberten hell fleischfarbig bei roten Augen. Importe aus der DDR lassen auf eine Belebung der Zucht hoffen.

Die aus der Nähe Hamburgs stammenden **Ramelsloher** wurden etwa seit 1870 aus den für die »Stubenkükenproduktion« (Winterleger, deren Küken in beheizten Zimmern gemästet wurden und bereits Ostern zu hohen Preisen an die wohlhabende Hamburger Bevölkerung verkauft werden konnten) geeigneten Hühnern aus den Vierlanden unter Einkreuzung der hellen Fehlfarben der Andalusier und vermutlich noch gelber Cochin erzüchtet. Diese etwas hochgestellten Hühner sollen neben dem langgestreckten walzenförmigen Körper eine volle Brust und einen einfachen Stehkamm haben. Die Ohrscheiben sind bläulichweiß, die Augenfarbe ist dunkel, Schnabel und Läufe sind von blauem Farbton. Sie sind ebenfalls auf den Geflügelausstellungen nur noch wenig anzutreffen — durchweg mit weißem Gefieder, obwohl auch der gelbe Farbschlag zugelassen ist.

In der gleichen Gegend beheimatet sind die **Vorwerkhühner,** zu deren Herauszüchtung am Anfang des Jahrhunderts neben gelben Ramelslohern und den Lakenfeldern mit ihrem schwarzen Hals- und Schwanzgefieder vermutlich auch gelbe Hühner asiatischen Ursprungs verwendet worden sind. Die gelblich geforderte Eischale sowie die oft rot geränderten weißen Ohrscheiben erhärten diese Vermutung. Diesem kräftigen Huhn mit gedrungener Form wird eine recht gute Leistung nachgesagt. Das schwarze Hals- und Schwanzgefieder mit etwas gelben Farbeinlagerungen sieht zusammen mit dem gelben Körpergefieder recht reizvoll aus. Der kleine Einfachkamm darf bei der Henne hinten leicht umkippen. Rote Augenfarbe und blaugraue Lauffarbe sind gefordert.

Aus der Steiermark stammen die alten Landhuhnrassen **Altsteirer** und **Sulmtaler.** Beide Rassen hatten ehemals wirtschaftlich eine große Bedeutung und wurden — dem Zuchtziel entsprechend — in Herdbuchzuchten leistungsmäßig gefördert. Die leichteren Altsteirer sind vorwiegend Legehühner und im wildbraunen (der Rebhuhnfarbe ähnlich) sowie weißen Farbschlag anerkannt. Die Sulmtaler sind kom-

Hühner

pakter, tiefrumpfiger und schwerer; sie sind auf beste Mastfähigkeit gezüchtet und kommen nur in der Weizenfarbe vor. Beiden Rassen ist der Federschopf auf dem Hinterkopf eigen, der durch die geschlechtsbedingte Federstruktur beim Hahn nur aus einem kleinen Federbüschel besteht. Der Hennenkamm wird durch den stärker entwickelten Schopf nach vorn zu einem Wickelkamm zusammengeschoben. Diese Rassen haben eine ausgesprochene Landhuhnform, fleischfarbene bis weiße Läufe und rote Augen; die Ohrscheiben werden weiß gefordert, haben aber nicht selten einen rötlichen Rand. Bei diesen Rassen kommt es häufiger vor, daß die weiße Farbe der Ohrscheiben auf das rote Gesichtsfeld übergreift. Dieser grobe Fehler ist jedoch nur bei Ausstellungstieren von Bedeutung. Die Eier der Altsteirer sind elfenbeinfarbig, die der Sulmtaler rahmfarbig bis hellbraun.

Ein interessantes Huhn aus England: die **Dorking,** welche bis in die Zeit vor Christi Geburt dort nachweisbar sind. Die Dorking haben vielen Rassen ihre Eigenschaften vererbt. Neben dem langen und schweren Körper ist die fünfte Zehe, welche über der vierten Zehe frei nach hinten steht, ebenso ein markantes Rassemerkmal wie reichliche und lange Befiederung. Die Dorking besitzen recht gute Masthuhneigenschaften; die Legeleistung soll nach Aussage einiger Züchter auch zufriedenstellend sein. Die kulturelle Bedeutung dieser Rasse sollte jedoch für den Erhalt und die Reinzucht ausschlaggebend sein. Die Dorking haben je nach Farbschlag einen großen Einfachkamm oder einen Rosenkamm; zugelassen sind die Farbschläge Silbergrau mit Einfachkamm, Dunkel mit Einfach- oder Rosenkamm, Weiß und Gesperbert mit Rosenkamm und Rot mit Einfachkamm. Bei den einfachkämmigen Hennen werden die Kämme umliegend getragen. Die Lauffarbe dieser Hühner ist fleischfarbig, die Augen sind orangerot.

Aus den USA stammen die **Dominikaner,** über deren Entstehungsgeschichte nichts Näheres bekannt ist. Diese älteste nordamerikanische Rasse hat eine etwas gestreckte Landhuhnform auf mittelhoher Stellung. Es gibt nur gesperberte Dominikaner mit gelber Lauffarbe und feinen Rosenkämmen. Die Ohrlappen sind rot, die Augen orangerot; die Schalenfarbe der Eier wird bräunlich verlangt. An der Entstehung der Wyandotten haben sie großen Anteil. Die Dominikaner können einen Grasauslauf recht gut nutzen, da sie behende in allen Winkeln nach Naturfutter suchen.

Bemerkenswert ist die Entstehungsgeschichte der **Nackthalshühner.** Sie haben ihren nackten Hals durch eine Verlustmutation erhalten, denn bei Kreuzungen mit normalbefiederten Hühnern setzt sich der nackte Hals — bis auf ein Federbüschel in der Mitte der Vorderseite des Halses — stets durch. Die im Landhuhntyp stehenden Hühner tragen ihren gestreckten, walzenförmigen Körper leicht angehoben; nicht nur der sichtbar nackte, mit roter Haut versehene Hals und die Kropfpartie sind unbefiedert, sondern auch die bei anderen Hühnern mit Flaumfedern besetzten Hautpartien sind kahl. Diese Partien werden jedoch vom übrigen Gefieder bedeckt. Die robusten Nackthälse wurden in Siebenbürgen und in Deutschland rassemäßig durchgezüchtet; sie vertragen trockene Kälte sehr gut und sind als fleißige Legehühner bekannt. Feuchte Kälte bekommt ihnen — wie allen Hühnern — nicht. Es ist zwar auch der Rosenkamm zulässig, jedoch sind die auf den Ausstellungen gezeigten Tiere meistens mit einem kleinen und aufrechten Einfachkamm versehen; die Ohrlappen werden rot gefordert, die Augen orangerot. Die zumeist präsentierten Schwarzen haben ebenso wie die Blauen eine schwarzgraue bis schieferblaue Lauffarbe, die Farbschläge Weiß, Gesperbert, Rot und Gelb sind mit fleischfarbenen Läufen versehen. Neben einer stattlichen Anzahl recht schwerer Eier wird den Nackthälsen auch nachgesagt, daß sie einen schmackhaften Braten abgäben, da das Fleisch sehr kurzfaserig sein soll.

Eine weitere Kuriosität sind die aus Südamerika stammenden **Araucanahühner** (Farbfoto S. 102). Vermutlich stammen sie von den von den Bewohnern der Südseeinseln gehaltenen Hühnern ab, welche die Westküste Südamerikas (das heutige Chile und Peru) mittels Floß erreichten und besiedelten. Durch uns unbekannte Gründe (vielleicht Nahrungsmangel, kriegerische Auseinandersetzungen, Vulkanausbrüche) können Ureinwohner der Südseeinseln zum Verlassen ihrer Heimat veranlaßt worden sein. Als Nahrungsvorrat sind bei der Fahrt ins Ungewisse sicherlich auch lebende Hühner mitgenommen worden. Wahrscheinlich ist bei der durch die geringe Ausgangsbasis bedingten stärkeren Inzucht die bei unseren Haushühnern einmalige Mutation, die grünlich-hellblaue Eischalenfarbe, entstanden. Natürlich kann diese Hypothese nicht wissenschaftlich belegt werden. Die Dominanz dieser Mutation ist jedoch erwiesen und hat zur Formenvielfalt dieser Rasse im Ursprungsgebiet beigetragen. Nach der Eroberung Südamerikas durch die Spanier wurden sicherlich Hühner aus dem Mittelmeerraum eingekreuzt; es ist anzunehmen, daß auch in der jüngeren Vergangenheit »modernere« Hühnerrassen auf Handelswegen in das Ursprungsgebiet der Araucanahühner gelangten und mit den dortigen Landhühnern vermischt wurden. Die Mutation der blauen Eischalenfarbe, die im Gegensatz zur braunen die gesamte Kalkschale durchfärbt, setzt sich bekanntlich immer durch. Diese Hühnerrasse wurde erst um 1880 bei einem Indianerstamm in Chile entdeckt. Neben Tieren mit »Federbommeln« (das sind mit Federn besetzte Hautanhängsel an den oder in der Nähe der Ohrlappen) gibt es Tiere mit zusätzlichem oder ausschließlichem Federbart sowie viele mit der uns bereits von den Kaulhühnern bekannten Mutation der Schwanzlosigkeit.

Durch seine starke Federausprägung besticht der Kopf der Araucana.

Außerdem waren die Farben fast alle Landhuhnschläge vorhanden. Das gemeinsame Rassemerkmal war und ist das hellblaue, grünlich-blaue bis türkisfarbene Ei. Um für Austellungszwecke zu einem einheitlichen Erscheinungsbild zu kommen, sieht der Ausstellungsstandard der Rassegeflügelzüchter in Deutschland nur den schwanzlosen Typ als Araucana vor. Die Tiere sollen Bommeln und/oder Backenbart aufweisen; erstere sind meist nicht gleichmäßig ausgebildet. Der Kamm ist ein unregelmäßiger Erbsenkamm; bei Bartbildung sind meist keine Kehllappen sichtbar. Die Lauffarbe soll bei den meisten Farbschlägen weidengrün bis grünlichgelb sein, bei überwiegend schwarzem Gefieder auch schwarzoliv. Die Augen sind rot bis orangerot. Dieses etwas leichtere Landhuhn ist trotz seines lebhaften Wesens sehr zutraulich und ein recht fleißiger Leger. Die Küken werden von den Hennen oft selbst erbrütet und sorgfältig aufgezogen. Für den Hühnerhalter, der keinen Wert auf Reinrassigkeit legt, können auch Tiere mit Schwanz verwendet werden; hält

Hühner

man diese interessanten Hühner nur der Eier wegen, so kann man von Ausstellungszüchtern die immer wieder einmal anfallenden schwänzigen (d.h. mit Schwanz versehenen) Tiere oft günstig erwerben. Züchteradressen findet man in den Fachzeitschriften »Geflügel-Börse« und »Deutscher Kleintierzüchter«; außerdem werden über die Sondervereine oder auf den Geflügelausstellungen Möglichkeiten zum Erwerb spezieller Hühner geboten.

Kämpfer und verwandte Rassen

Die wahrscheinlich ältesten Hühnerrassen sind die *Kampfhuhnrassen* aus den Heimatländern des Bankivahuhns. Es ist anzunehmen, daß die ersten gezähmten Hühner neben ihrem für die Ernährung des Menschen noch geringen Nutzen kultischen Zwecken und als Opfer für die Götter dienten. Dabei spielte der natürliche Kampftrieb der Hähne sicher eine besondere Rolle. So haben sich im Laufe der Jahrtausende die verschiedenen Kampfhuhnrassen bzw. -schläge entwickelt.

Zu den ältesten Kampfhuhnrassen zählen die Asil mit ihren verschiedenen regionalen Schlägen im vorderindischen Raum und die Kämpfer im hochgereckten Malaientyp. Die bei uns auf den Schauen gezeigten **Malaien** (Farbfoto S. 102) haben ihre extrem hochgestellte Figur mit der charakteristischen, nach oben gebogenen Rückenlinie erst durch die englischen Züchter erhalten. Der Urmalaie hat sicher eine den Shamo-Kämpfern ähnliche Form gehabt. Die Einfuhr von Kampfhühnern im Malaientyp ist bereits in der ersten Hälfte des vorigen Jahrhunderts vorgenommen worden und als Auftakt für die Schaffung neuer Rassen mit enormer Vitalität zu werten. Neben dem Hauptfarbschlag Gold-Weizenfarbig sind noch acht weitere Farben anerkannt, von denen in den letzten

Einen raubvogelartigen Blick hat die Malaienkampfhenne.

Jahren die Porzellanfarbigen, Weißen, Rotgesattelten, Schwarzen und Gesperberten gelegentlich auf den Ausstellungen gezeigt wurden. Von den Malaienhennen ist eine Legeleistung von bis zu 120 bräunlichen Eiern zu erwarten, jedoch benötigt der großrahmige kräftige Körper sehr viel Kraftfutter. Die Augen sind gelblichperlfarbig und die Läufe gelb; der Kamm ist ein Wulstkamm.

Die **Shamo-Kämpfer** wurden speziell in Japan aus den Kampfhühnern im Malaientyp entwickelt. Es ist ein ausgesprochenes Kampfhuhn mit kräftigem Körper und festem Stand. Die Körperhaltung ist aufgereckter und der Hals länger als beim Malaien. Im Gegensatz zu den Malaien mit ihrem einer Walnußhälfte ähnlichen Wulstkamm wird bei den Shamo ein flacher, dreireihiger Erbsenkamm gefordert. Die Kehllappen sollen bei beiden Rassen nur sehr gering entwickelt sein, um dem Gegner beim Kampf kaum Angriffspunkte zu bieten. Die Shamohenne bringt jährlich zwei bis drei Gelege von bis zu 20 Eiern; sie brütet zuverlässig und führt ihre Küken sehr lange.

Welches Geflügel wofür?

Jedes fremde Wesen, das ihrer Nachzucht zu nahe kommt, wird angegriffen.
Für alle Kampfhuhnrassen ist die stark entwickelte Muskulatur — besonders die Brust- und Schenkelpartie — charakteristisch, und hierin liegen — neben ihrer Bedeutung als Regenerator der Lebenskraft anderer Hühnerrassen — ihre besonderen, wirtschaftlich bedeutsamen Eigenschaften. In Japan werden verschiedene Kampfhuhnrassen — von den größten bis zu den kleinsten — als »Shamo« bezeichnet. Wir verstehen hier nur den großen japanischen Kämpfer darunter.
Die **Asil** aus dem vorderindischen Raum fallen ebenfalls regional sehr unterschiedlich aus und werden in ihrer Heimat zusätzlich mit den Landschaftsbezeichnungen benannt. Für unsere Ausstellungen sind nur die Asil des »Rajah«-Schlags zugelassen. Sie sind sehr muskulös und haben breite, aufrecht getragene Körper auf festem, knapp mittelhohem Stand. Die Kampflust ist bei dieser Rasse selbst bei den Hennen stark ausgeprägt, so daß verschwollene Köpfe in einem größeren Bestand an der Tagesordnung sind. Diese Kämpfer wurden — ebenso wie edle Pferde und Elefanten — seit Jahrtausenden an indischen Fürstenhöfen gehalten. Von erfolgreichen Blutlinien wurde kaum einmal ein Tier abgegeben, und die ständige unerbittliche Auslese auf Kampf- und Lebenskraft hin hat diese Rasse nahezu inzuchtfest werden lassen. Die Hennen bringen pro Jahr oft nur zwei Gelege und ziehen ihre Nachzucht in vorbildlicher Weise selbst auf. Es ist ein reines Sporthuhn von hoher kultureller Bedeutung. Der Kopf ist verhältnismäßig klein, der Schnabel jedoch kräftig und raubvogelartig gebogen; Kamm und Kehllappen sind kaum entwickelt, der dreireihige Erbsenkamm nur beim Hahn in geringem Maße. Wie bei fast allen Kampfhuhnrassen hat Lebenskraft, Typ und Form Vorrang vor Farbe und Zeichnung. Bei den Asil sind Rotbunte, Wildfarbige und Fasanenbraune am häufigsten zu sehen. Gelbe Lauf- und möglichst helle (weiße) Augenfarbe sind Standardforderungen.
Aus den Asil wurden in England — speziell in Cornwall — die bulligsten Kampfhühner, die **Indischen Kämpfer,** gezüchtet. Aufgrund ihres hohen Körpergewichts und ihrer flachen, breiten Stellung sind sie für den Kampf nicht geeignet, obwohl ihr starker Schnabel fürchterlich zubeißen kann. Wegen ihrer starken Bemuskelung und der raschen Gewichtszunahme sind die Indischen Kämpfer (auch als »Cornish« bekannt) für die Erzüchtung der heute so bekannten Masthybriden in der Wirtschaftsgeflügelzucht von großer Bedeutung. Es sind schwere, sehr breitgestellte und enorm starkknochige Hühner mit knappen, nahezu dürftigen Schwanzfedern und kräftigem Kopf auf verhältnismäßig schlankem Hals. Wie bei allen Kampfhühnern werden auch bei den Indischen Kämpfern rote Ohrlappen verlangt; die Augen sollen möglichst perlfarbig oder hellgelb sein. Bei den besonders »mastigen« (schweren) Tieren sind oft auch die knapp geforderten Kopfpunkte — besonders der dreireihige Erbsenkamm — recht stark entwickelt. Die fasanenbraune Farbe mit ihrer einmalig schönen, mehrfach lanzettförmig gezeichneten Feder ist bei dieser Rasse zuerst vervollkommnet und später auf andere Rassen übertragen worden. Daneben finden wir auf den Ausstellungen oft auch Tiere im rot-weißen Farbschlag. In der Praxis werden von den Züchtern diese beiden Farbschläge miteinander verpaart und gute Ausstellungstiere erzielt. Von den Hennen dieser Rasse sind etwa 60 bis 80 bräunliche Eier zu erwarten. Bei Brütigkeit können es aber auch weniger sein. Aufgrund der extremen Schwere eignen sich die Hennen nicht besonders gut für die natürliche Brut und Aufzucht.
Auch in Europa sind — wenn auch später und zunächst in einem anderen Typ — Kampfhühner gezüchtet worden. Bei diesen war der Bankivatyp vorherrschend;

Hühner

von ähnlichem Typ sind die Kampfhühner in Spanien und Portugal sowie in West- und Nordwestfrankreich, Belgien und England. Am bekanntesten sind die Altenglischen Kämpfer, die heute auch für Ausstellungszwecke gezüchtet werden. Da bereits vor unserer Zeitrechnung die Römer in England Kampfhühner vorfanden, ist anzunehmen, daß diese Kampfhühner ähnlichen Typs ihren Ursprung in den von handeltreibenden Seefahrern mitgeführten Hühnern haben. Diese Kämpfer sind im Gegensatz zu den vorher beschriebenen Kampfhühnern aus Fernost nur schnelle Sporenkämpfer, deren Gefechte oft schon in der ersten halben Minute entschieden sind.

In Belgien hat man nach dem Erscheinen der Malaien in Europa diese in die bodenständigen Kampfhühner eingekreuzt und dadurch die riesigen und schweren Belgischen Kämpfer (Farbfoto S. 102), von deren regionalen Schlägen bei uns die **Lütticher** und die **Brügger Kämpfer** auf den Ausstellungen zugelassen sind, geschaffen. Der Lütticher Kämpfer ist etwas schlanker und trägt den Körper etwas aufrechter als der Brügger Kämpfer; außerdem soll dieser Schlag nur einfachkämmig vorkommen. Durch Vermischung der Schläge untereinander in Belgien sind die Grenzen etwas verwischt; die Ausstellungszüchter haben jedoch durch straffe Zuchtauslese wieder einfachkämmige Stämme geschaffen. Den Hähnen werden meist der Kamm und die Kehllappen vor Erreichen der Geschlechtsreife kupiert, damit die rauflustigen Gesellen sich nicht so arg verletzen können. Die Brügger Kämpfer sollen flache Erbsenkämme haben; die Augen beider Rassen sollen möglichst dunkel und die Läufe blaugrau sein. Der längliche Kopf ist mit einem kräftigen, an der Spitze gebogenen Schnabel versehen. Eine besondere Eigenart stellt das Vorhandensein von Sporen an den starken Läufen auch bei manchen Hennen dar. Den Hennen wird eine fleißige Legetätigkeit bei hohem Eigewicht nachgesagt. Es werden auf den Ausstellungen oft Tiere der verschiedenen Wildfarben — wie Birkenfarbig, Braunbrüstig, Goldhalsig und Silberhalsig — sowie deren Blauvariationen oder aber einfarbig Blaue oder Schwarze gezeigt. Bei überwiegend schwarzem Gefieder sind auch die Läufe entsprechend dunkel und die Gesichtshaut schwarzrot.

Unter den europäischen Kampfhühnern haben die **Altenglischen Kämpfer** (Titelfoto) die größte Verbreitung erfahren. Besonders durch die britischen Kolonien wurden diese Hühner über die ganze Welt verbreitet. Dabei entstanden in einigen Ländern eigenständige Schläge, wie zum Beispiel in Australien oder für den »Hahnenkampfzirkus« in den USA. Die Altenglischen Kämpfer sind eine der ältesten Hühnerrassen Europas und haben in England über dreißig Farbvariationen. Sie galten früher als das englische Huhn schlechthin und waren dort auf vielen Farmen beheimatet. Neben ihrer robusten Natur und recht guten Legeleistung wurde der feine Braten dieser festfleischigen Tiere überall geschätzt. Den Hähnen werden kurz vor Erreichen der Geschlechtsreife die Kämme und Kehllappen kupiert; hält man nur einen Hahn, so kann diese Maßnahme auch unterbleiben. Ein kupierter Hahn wirkt jedoch immer bedeutend rassiger. Die Altenglischen Kämpfer haben ein lebhaftes Temperament, sind andererseits Fremden gegenüber sehr vorsichtig. Bei ruhiger Behandlung werden sie dem Pfleger aber bald zutraulich entgegenkommen und ihm die Leckerbissen aus der Hand nehmen. Sie brüten zuverlässig und verteidigen ihre Küken selbst gegen Greifvögel. Bei regelmäßigem Eiersammeln wird die Brutlust in Grenzen gehalten. Von guten Hennen können bis zu 200 Eier jährlich gelegt werden, in Ausnahmefällen auch noch mehr.

Dieses sehr muskulöse und festfleischige Huhn hat einen nur mittellangen Körper, in der Form einem mittelgroßen Landhuhn ähnlich. Von oben gesehen ist der Körper herzförmig, vorn am breitesten und durch die muskulösen Flügel besonders betont. Die straffe, glanzreiche Befiederung läßt die Konturen des Körpers gut in Erscheinung treten, so auch die muskulösen Schenkel mit dem gut gewinkelten Stand. Die verhältnismäßig kurze, abgedrehte Form mit relativ langem Hals, vollem Halsbehang und starken Steuerfedern mit fester und gut gebogener Besichelung der Schwanzpartie (beim Hahn) verleiht dieser sehr beweglichen Rasse eine harmonische Erscheinung. Die Vielzahl der Farbschläge besticht durch ihre leuchtende Buntheit; es sind fast alle möglichen Farbkombinationen anerkannt. Auf den Ausstellungen in der Bundesrepublik wurden in den letzten Jahren die Farbschläge Goldhalsig, Silberhalsig mit Orangerücken, Birkenfarbig und Orangebrüstig sowie deren Blauvariationen und vereinzelt Rotgesattelte gezeigt. Die Augenfarbe dieser Farbschläge wird bis auf jene mit überwiegend schwarzen Federn feurig rot gefordert. Bei den Dunkleren werden dunkle Augenfarbe bei dunkelrotem Gesicht und schwarzgrüner bis schwarzgrauer Lauffarbe verlangt. Sonst sollen die genannten Farbschläge jedoch weidengrüne Läufe zeigen, die bei gutlegenden Hennen durch den Entzug des gelben Fettfarbstoffs grau werden. Der kleine einfache Stehkamm und die Kehllappen bestehen aus feinem Gewebe. Es sind nach der Musterbeschreibung des Mutterlands neben den genannten Lauffarben auch weiße und gelbe Läufe bei fast allen Farbschlägen zulässig.

Etwa ab 1850 sind aus den Altenglischen Kampfhühnern durch Einkreuzung von Malaien die **Modernen Englischen Kämpfer** entstanden. Die Körperform dieser im Stand den Malaien ähnelnden Rasse mit ihren kantigen Schultern und dem flachen Rücken gleicht einem umgedrehten Bügeleisen. Die knappe, straffe Befiederung, der schmalfedrige, flachgetragene Schwanz und der lange, schlanke Hals mit dem feinen langgezogenen und flachen Kopf sind ebenso wie die etwas abfallende Körperhaltung für dieses elegante, schnittige Sporthuhn charakteristisch. In ihrer Verbreitung sind die Modernen Englischen Kämpfer jedoch immer nur auf einen kleinen Kreis passionierter Sportzüchter beschränkt geblieben. Die bei uns gezeigten Farbschläge entsprechen denen der Altenglischen Kämpfer; die Läufe sind je nach Farbschlag weidengrün, gelb oder schwarzoliv.

Weitere Rassen verdanken ihre Existenz der Verbindung von Malaien mit Landhühnern. Im deutsch-niederländischen Grenzgebiet zwischen Bentheim und Enschede entstanden so die **Kraienköppe,** deren Hähne zunächst auch für Hahnenkämpfe benutzt wurden. Als Ausstellungsrasse traten sie 1925 zum erstenmal auf deutschen Geflügelausstellungen in Erscheinung. Sie haben eine kräftige Landhuhnform auf mittelhoher Stellung und werden in Silberhalsig und Goldhalsig gezüchtet. Der besonders in den Kopfpunkten zum Ausdruck kommende kämpferische Einschlag ist ein Rassemerkmal und muß vorhanden sein. Die Farben sind leuchtend und hell; daher ist in beiden Farben eine schmale silbergraue oder goldige Säumung der Rückenfedern der Hennen zulässig. Die Kraienköppe erbringen eine sehr gute Legeleistung; bei optimaler Haltung und Fütterung werden 200 bis 220 Eier je Henne und Legejahr erzielt. Von Vorteil ist bei dieser Rasse ein möglichst unbegrenzter Auslauf, wo sehr viel Naturfutter aufgenommen wird. Der mit einem kleinen Wulstkamm und Kehllappen geringer Größe versehene Kopf bietet der Witterung nur wenig Angriffspunkte und sollte leuchtend rot sein. Die Augen sollten möglichst feurig orangerot, die Läufe gelb sein. Bruttrieb ist bei dieser Rasse kaum vorhanden.

Eine besonders durch die starken Kopfpunkte beeindruckende Rasse sind die aus Rußland stammenden **Orloff.** Sie stehen in ihrer Erscheinung zwischen Malaien und kräftigen bärtigen Landhühnern und wur-

Hühner

Voller Backen- und Kehlbart sind besondere Rassemerkmale des Orloffhahns.

den in ihrem Ursprungsgebiet — dem europäischen Teil der heutigen Sowjetunion — früher auch zu Hahnenkämpfen benutzt. Die aufgerichtete Körperhaltung, der breite Kopf mit dem kräftigen gebogenen Schnabel und den wulstigen Augenbrauen sowie dem starken Kehl- und den vollen Backenbärten geben dieser Rasse ein besonderes Gepräge. Sie sind um 1884 erstmals nach Deutschland eingeführt worden. Durch ihre volle Befiederung und den kleinen Wulstkamm sind sie gegen kalte Witterung recht unempfindlich. Bei uns sind die Rotbunten, deren Zeichnung auf mahagonifarbener Grundfarbe einer groben Porzellanfarbe ähnelt (Federenden schwarz mit weißen Tupfen), am stärksten verbreitet. In den letzten Jahren wurden auf den Großschauen verstärkt auch mahagonifarbene und weiße Orloff gezeigt; außerdem sind auch schwarze und gesperberte anerkannt.
Zwei kleine Kampfhuhnrassen aus Japan sind in den vergangenen Jahren in die Musterbeschreibungen für Rassegeflügel aufgenommen worden: die **Tuzo** und **Yamato** (Farbfoto S. 102). Es handelt sich um reine Sportrassen, die durch ihre geringe Größe und ihr ruhiges Temperament auch mit kleinen Ausläufen vorliebnehmen. Brut und Aufzucht der Küken kann man unbesorgt den zuverlässigen Hennen überlassen. Während die Tuzo bei gleicher Größe insgesamt schlanker und eleganter sind, beeindrucken die Yamato durch breite und stark aufrecht getragene muskulöse Körper mit sehr kurzer Befiederung. Der kleine, dreireihige Erbsenkamm sitzt dicht auf dem breiten Schädel auf; die älteren Yamato wirken durch ihr knorriges, faltiges Gesicht besonders urig. Besonderes Rassemerkmal ist die außerordentlich feine Schuppung der Läufe.
Eine besondere Gruppe sind die den Kämpfern nahestehenden Langschwanzhühner. Eine uralte Rasse sind die von den Sundainseln stammenden **Sumatra**. Diese Rasse verkörpert den Kämpfertyp noch am stärksten, steht etwas über mittelhoch und soll eine überreichliche, volle und dennoch feste Befiederung aufweisen. Die festen, langen Sichelfedern sollen sich erst in der zweiten Hälfte in sanftem Bogen nach unten senken. Das dieser Rasse eigene tiefschwarze Gefieder mit dem käfergrünen Glanz ist durch Einkreuzung auf viele andere Rassen übertragen worden. Die Sumatra haben eine schlanke, fasanenartige Form. Die Kopfpunkte sind auch in der Geschlechtsreife überwiegend schwärzlich; lediglich der Erbsenkamm und manchmal die Kehlfalte sind bei voller Reife leuchtend rot. An Eierleistung sind bei dieser Rasse mit hohem Zierwert und kultureller Bedeutung etwa 100 bis 120 Stück zu erwarten. Die Hennen brüten und führen die Küken recht gut. Die Augen sollen dunkelrotbraun, die Läufe schwarzoliv sein; die Fußsohle wird gelblich gefordert.
Aus der Karibik — von der Insel Kuba — stammen die in den USA verfeinerten Langschwanzkämpfer **Cubalaya,** welche in der Bundesrepublik in den letzten Jahren für die Geflügelschauen zugelassen wurden. Wie vielen Kämpfern ist auch die-

Welches Geflügel wofür?

sen der Erbsenkamm eigen. Eine Besonderheit dieser Rasse stellt der Schleppschwanz dar, der nach unten auseinandergespreizt getragen wird und in Perfektion einem Hummerschwanz ähnelt. Der etwas gedrungenere Körper wird abfallend getragen und steht mittelhoch. Diese Rasse ist hierzulande bisher in einer zimtbraunen Weizenfarbe vorhanden und als Sporthuhn einzuordnen.

Bereits zu Beginn der organisierten Rassegeflügelzucht waren die **Jokohama** aus Japan bekannt. Wenn man jedoch Abbildungen in alten Geflügelbüchern mit unseren heutigen Jokohama vergleicht, kann man die Vervollkommnung dieser edlen Langschwanzhühner durch europäische Züchter erst richtig erkennen. Neben der eleganten hochgestellten Form ist der rotgesattelte Farbschlag mit der feinen Perlzeichnung auf den roten Federpartien des sonst weißen Huhnes ein Meisterwerk der Züchtungskunst. Es gibt diese Rasse auch im weißen Farbschlag. Der kleine Wulstkamm, die Ohrlappen und die kaum sichtbaren Kehllappen an der Kehlfalte sind rot und bilden gemeinsam mit den rot gefordeten Augen und den gelben Läufen und Schnäbeln einen schönen Kontrast. Besonders auf grünem Rasenauslauf ist diese Rasse eine Augenweide. Neben dem hohen Zierwert kann man von den Hennen bei guter Versorgung etwa 80 bis 100 Eier im Jahr erwarten.

Langschwanzhühner in Vollendung sind die **Phönix**. Sie kommen in der Bundesrepublik wie auch in Japan — dem Heimatland — in zwei Zuchtrichtungen vor: den normal mausernden (das Federkleid wechselnden) Shokuku und den Onagadori, bei denen die Sichelfedern und der Sattelbehang der Hähne bei besonderen Haltungsmethoden ständig weiterwachsen und jährlich etwa um 1 m länger werden. In Japan werden diese Rassen auf besonderen Zucht- und Pflegestationen als nationales Kulturdenkmal erhalten und gefördert. Private Züchter werden mit Prämien unterstützt; in den Pflegestätten sind die schönsten Hähne — mit Schwanzlängen bis zu 17 m — gegen eine Gebühr zu besichtigen. Für die Haltung dieser Hähne sind besondere Käfige entwickelt worden, welche die Schwanzfedern vor Beschmutzung und Beschädigung schützen. Die Haltung dieser Tiere ist sehr aufwendig und kann nur wenige begeistern. Die Hennen mausern jährlich und können in normalen Hühnerställen untergebracht werden; der Zuchthahn erreicht meist nur eine Schwanzfederlänge von 1 m, da die Federenden bei den natürlichen Bewegungen abschleifen oder abbrechen. Die Hennen dieser Zierrasse bringen es jährlich meist auf zwei bis drei Gelege mit insgesamt etwa 60 Eiern. Farbschläge und Kopfpunkte werden hier nicht so streng beurteilt wie bei den nachfolgend beschriebenen Phönix-Shokuku, bei denen es neben den auch hier zulässigen Farbschlägen Gold-, Silber- und Orangehalsig sowie Weiß auch die Wildfarbigen gibt.

Die Phönix-Shokuku sind in den letzten zehn Jahren, nachdem die Verzwergung dieser Rasse sehr viele neue Interessenten gefunden hatte, in Vitalität, Form und Größe stark verbessert worden. Das hat sich auch auf die Legetätigkeit positiv ausgewirkt, obwohl von einer Zierrasse keine Wirtschaftlichkeit verlangt werden kann. Die Kopfpunkte der Phönix werden relativ klein und zierlich gefordert, die Ohrscheiben weiß und der Kamm fein und mit kurzen Zacken versehen (im oberen Drittel des Kammblatts).

Die Hennen haben eine schlanke Landhuhnform und tragen die reichentwickelten Schwanzfedern nur etwas über der Waagerechten. Die Gefiederfarben sollen immer leuchtend sein. Die Schwanzfedern dieser Rasse sind besonders zahlreich; es kommt nicht so sehr auf die Breite der einzelnen Feder an, sondern auf eine möglichst hohe Anzahl fester, biegsamer und möglichst langer Federn. Dieses ausschlaggebende Rassemerkmal sollte sowohl bei

Hühner

der Zucht wie auch bei der Beurteilung auf Ausstellungen an erster Stelle stehen.

Rassen im asiatischen Typ

Die stärkste Belebung der Geflügelzucht wurde ab 1840 durch die Einfuhr der schweren asiatischen Hühnerrassen — vornehmlich der **Cochin** — ausgelöst. Man sprach in den folgenden Jahrzehnten von einem regelrechten »Cochinfieber«, durch das leider auch einige bewährte und bodenständige Rassen in Vergessenheit gerieten. Selbstverständlich hatten die ersten »Cochin-China« — wie sie damals genannt wurden — mit dem Aussehen der jetzt auf unseren Ausstellungen gezeigten Cochin wenig gemeinsam. Die entscheidende die Wirtschaftlichkeit beeinflussende Eigenschaft dieser neuen Rasse war neben der Größe und dem hohen Gewicht die Winterlegetätigkeit. Durch Kreuzungen mit leichteren, bodenständigen Rassen entstanden vollkommen neue Rassen mit besten Leistungseigenschaften. Die Cochin, wie sie sich uns heute präsentieren, stellen große, massige Hühner mit üppiger Befiederung, vollem und tiefem Körper auf kräftigen, reich befiederten Läufen dar. Den Kopf ziert ein verhältnismäßig zarter Stehkamm, die Ohrlappen sind rot, und die Kehllappen sollen nicht sehr stark entwickelt sein. Die Augen werden orangerot und die Läufe gelb gefordert; bei überwiegend schwarzer Gefiederfarbe ist auch eine mindestens weidengrüne Lauffarbe zulässig. An die Legeleistung der oft brütig werdenden Hennen dürfen keine hohen Erwartungen gestellt werden: Von guten Hennen werden 120 bis 140 gelbbraune Eier gelegt. Jedoch sind die anfallenden Schlachttiere sehr fleischig.

Die **Brahma** sind etwa in der Mitte des vorigen Jahrhunderts in Nordamerika aus Cochin und Malaien entstanden. Sie haben von den Malaien den hohen Stand und die zarten Kopfpunkte erhalten; die Cochin steuerten den vollen Körper, die reichliche Federfülle und die befiederten Läufe bei. Diese Rasse ist gegenwärtig die weitaus größte auf unseren Geflügelausstellungen. Die Hähne können über 5 kg, die Hennen 4,5 kg schwer werden. An die Eierleistung können in etwa die Erwartungen wie bei den Cochin gestellt werden; der Hauptnutzen liegt auch bei dieser Rasse in der Fleischmasse. Der Stall, seine Einrichtung und der Auslauf müssen der Größe dieser Tiere entsprechend bemessen sein. Letzterer braucht wegen der Behäbigkeit der Tiere nicht die anfangs angegebene Quadratmeterzahl je Tier aufzuweisen, jedoch ist der Pflege des Auslaufs wegen der üppigen Fußbefiederung eine größere Bedeutung beizumessen. Der Erbsenkamm dieser Rasse ist — wie auch die Kehllappen — nur klein; zwischen den Kehllappen befindet sich eine gut ausgebildete Kehlfalte als rasseeigentümliches Merkmal. Die starkknochigen Läufe werden sattgelb gefordert, die Augen orangerot. Diese Rasse gibt es mittlerweile in fünf Farbschlägen.

Vermutlich haben die aus Nordchina um 1872 nach England erstmals eingeführten **Langschan** und die aus Südchina stammenden Cochin gemeinsame Vorfahren: Die ähnlichen, hochgestellten Formen und die mehr oder weniger ausgeprägt befiederten Läufe lassen darauf schließen. In Deutschland wurde durch Einkreuzungen von u.a. auch Minorka eine eigene glattfüßige Zuchtrichtung geschaffen, die rasch viele Freunde fand und bei uns die englische, »Croad Langschan« genannte Zuchtrichtung fast ganz verdrängte. Erst in den letzten Jahren haben auch die Croad Langschan wieder etwas größere Verbreitung gefunden. Die Deutschen Langschan werden in den Farben Schwarz, Blau gesäumt, Braunbrüstig und Weiß gezüchtet, die Croad Langschan in Schwarz und Weiß. Das Gefieder der Schwarzen hat einen schönen käfergrünen Glanz. Die Läufe der

Welches Geflügel wofür?

Schwarzen und Blauen sind schwarz bis blaugrau, die Augen schwarzbraun; bei den Weißen ist bei orangeroter Augenfarbe die Lauffarbe schieferblau bis bläulichweiß. Besonders die Croad Langschan sind als Leger großer bräunlicher Eier bekannt; nach Aussage einiger Züchter wurden von sehr guten Hennen 180 und auch mehr Eier im Jahr gelegt. Wegen des großrahmigen Skeletts ist auch bei dieser Rasse während der Aufzucht auf ausreichende Mineralstoffversorgung zu achten; sehr empfehlenswert ist eine Beifütterung von Knochenschrot oder von in Fleischereien beim Zersägen der Knochen enstehendem Abfall.

Von einem besonders begabten englischen Züchter wurde in der zweiten Hälfte des letzten Jahrhunderts eine nach dem Entstehungsort benannte Rasse mit bedeutenden wirtschaftlichen Eigenschaften herausgebracht. Diese Rasse namens **Orpington** ist aus Cochin, Langschan, Minorka und einigen anderen Rassen entstanden und stellt ein vielseitiges Wirtschaftshuhn dar. Besonders ist die Frohwüchsigkeit zu loben; neben einer ausgezeichneten Legeleistung ist die Fleischproduktion hervorragend. Die früher willkommene Brutlust wird heute von den Züchtern nicht so sehr geschätzt, da die Eierproduktion darunter leidet. Durch die ständige züchterische Beeinflussung entstand die heute für diese Rasse typische Würfelform. Dazu gehört heute auch ein tiefer Stand; jedoch soll das Gefieder genügend Abstand zum Boden haben. Wegen ihrer Neigung, bei energiereicher Fütterung schnell zu verfetten, sollten die Orpington stets knapp gefüttert werden. Den legenden Hennen sollte am besten nur Legemehl zur freien Verfügung und als Körnerfutter etwas (20 g je Tier und Tag) Hafer gegeben werden. Fette Hennen legen schlecht und bringen kaum befruchtete Eier. Die Orpington haben einen kleinen Stehkamm, rote Ohrlappen und orangerote Augen; die Läufe sind fleischfarbig bis weiß oder bei dunklem Gefieder grauschwarz (dann auch dunkle Augen). Auch die Haut dieser Hühner ist weiß. Es sind zehn Farbschläge für Geflügelschauen anerkannt.

In Australien wurden nach dem Ersten Weltkrieg aus den Orpington die auf hohe Legeleistung gezüchteten **Australorps** entwickelt. Nachdem diese Rasse in den 50er Jahren als Wirtschaftsrasse in den Geflügelhöfen Einzug hielt, ist sie — bis vor einigen Jahren nur in Schwarz anerkannt — auch als Ausstellungshuhn ständig verfeinert worden. Australorps sind heute fast auf jeder Geflügelschau zu finden, da sie neben dem hohen Eierertrag auch einen guten Braten liefern und in ihrem schwarzen, grün glänzenden Federkleid immer adrett aussehen. Vor einigen Jahren ist diese Rasse auch in Weiß zugelassen worden. Wie alle mittelschweren Rassen benötigen auch die Australorps keine großen Ausläufe und nur eine Umzäunung von 1 1/2 m Höhe. Grünfutter wird jedoch immer dankbar angenommen und dient der Gesunderhaltung.

Eine amerikanische Züchtung sind die etwa um 1860 entstandenen **Plymouth Rocks**. Sie waren robuste, wetterfeste Leistungshühner und verbreiteten sich schnell auch in Europa. Die zuerst entstandenen Gestreiften wurden in Farbe und Zeichnung immer mehr verfeinert; dies ging zuletzt auf Kosten der Leistung bei diesem Farbschlag. Obwohl wegen ihrer perfekten Streifung immer noch am beliebtesten, sind die gelben, weißen und schwarzen Plymouth Rocks frühreifer und etwas wirtschaftlicher. Außerdem ist diese Rasse mit kleinem Stehkamm, roten Augen und gelben Läufen noch in der Rebhuhnfarbe der asiatischen Rassen anerkannt; auf rotbrauner Hauptfarbe sind speziell die Rumpffedern der Hennen mehrfach schmal in schwarzer Farbe gebändert. Dieser Farbschlag ist leider selten. Die großen Hühner legen in den leistungsbetonten Farbschlägen 180 gelbliche bis bräunliche Eier; gelegentlich sind auch höhere Lei-

stungen erzielt worden. Auch der Fleischertrag ist recht gut. Die Tiere haben ein sehr ruhiges Temperament, eine gestreckte Körperform auf verhältnismäßig breiter Stellung und eine nur kurze Schwanzpartie.
Eine jüngere wirtschaftlich bedeutsame Hühnerrasse mit einer etwas gröberen Streifung sind die **Amrocks**. Wie aus dem Namen unschwer zu erkennen, stammen diese Hühner auch aus Amerika. Bei ihnen sind eine hohe Eierleistung und ein ansehnlicher Fleischertrag durch jahrzehntelange Zuchtwahl fest verankert. Dieses reichlich mittelschwere Huhn mit gelben Läufen, kleinem Einfachkamm, roten Ohrlappen und orangeroten Augen bildet auf grüner Rasenfläche dank seiner grauweißen Streifung auf schwarzer Hauptfarbe ein erfreuliches Bild. Die Hennen dieser Wirtschaftsrasse legen bei optimaler Ernährung 220, Spitzenhennen bis zu 250 Eier pro Legejahr. Die Eier sind von gelbbrauner Farbe und mittlerer Größe; Brutlust ist kaum vorhanden. Die Eintagsküken sind bei dieser Rasse je nach Geschlecht am Daunenkleid zu erkennen; die Lauffarbe der Eintagshähnchen ist heller und der helle Kopffleck um etwa ein Drittel größer als bei den Eintagshennchen. Diese Rasse hat ebenfalls ein ruhiges Temperament und benötigt nur eine niedrige Umzäunung. Bei allen gesperberten und gestreiften Rassen sind die Hähne, da sie den Faktor für die hellen Querstreifen auf den Federn doppelt besitzen, farblich heller als die Hennen. Frühreif sind die Amrocks ebenfalls: Die Hennen beginnen im Alter von fünf Monaten mit dem Legen.
Aus Südengland stammen die **Sussex**, deren ehemalige wirtschaftliche Bedeutung in den vielseitigen Nutzungseigenschaften lag. Neben der ausgezeichneten Mastfähigkeit ist die gute Legeleistung zu loben. Gegen Ende des letzten Jahrhunderts wurde besonders von den kleineren Geflügelzüchtern die Brutlust dieser Rasse mit guter Winterlegetätigkeit geschätzt. Durch die Verwendung der Brutmaschinen und die

Beim Sussexhahn sind die kontrastreichen Farben besonders reizvoll.

künstliche Aufzucht wurde die Brutlust überflüssig, und durch entsprechende Zuchtwahl ist diese natürliche Eigenschaft weitgehend zurückgedrängt worden. Die Jahreseierleistung konnte dadurch erhöht werden. Zuchten des führenden hellen Farbschlags kommen auf durchschnittliche Jahresleistungen von etwa 200 gelbbraunen Eiern. Charakteristisch für diese außerdem noch in den Farbschlägen Rot-Columbia, Gelb-Columbia, Bunt und Braun gezüchtete Rasse ist die wuchtige Kastenform. Ober- und Unterlinie verlaufen parallel und nahezu waagerecht. Der Stand ist mittelhoch, die Läufe sind fleischfarbig-weiß, und den Kopf ziert ein knapp mittelgroßer einfacher Stehkamm. Die Ohrlappen müssen rot sein, und die Augen werden orangerot gefordert. Die Sussex sind auch international recht gut verbreitet. Die Columbia-Zeichnung besteht aus schwarzen Schaftstrichen im Halsbehang und weitgehend schwarzem Schwanzgefieder. Die Schwanzpartie ist bei dieser Rasse nur mittellang.
In der zweiten Hälfte des letzten Jahrhunderts wurden besonders in der Nähe der

Welches Geflügel wofür?

Städte mit wirtschaftlicher Bedeutung und entsprechend kaufkräftiger Bevölkerung Hühnerrassen durch Kreuzungen geschaffen, die dem Bedarf der wohlhabenden Bevölkerung an zartem Jungmastgeflügel gerecht wurden. So entstanden auch die **Sundheimer** im badischen Kreis Kehl. Dieses ehemalige Masthuhn hat sich zu einer anerkannten Rasse weiterentwickelt, während die meisten regionalen Masthuhnschläge durch die Notzeiten der Weltkriege und der nachfolgenden Jahre sowie durch die beginnende Wirtschaftsgeflügelzucht mit ihren speziellen Hybridrassen ausgestorben sind. Von den eingekreuzten Brahmas haben die Sundheimer die Farbe (Columbia-Zeichnung auf weißer Hauptfarbe) und die mit kleinen Federn außenseits besetzten Läufe behalten. Sie stellen heute schnellwüchsige sog. Zwiehühner (Nutzung in beiden Richtungen) dar, die etwas leichter und niedriger im Stand sind als die zuvor beschriebenen Sussex. Die Sundheimer haben einen kleinen Stehkamm, rote Ohrlappen und orangerote Augen; die Läufe werden fleischfarbig gefordert. Der mittellange Rumpf muß breit und tief sein, damit genügend Fleisch angesetzt werden kann. Da auch bei dieser Rasse die Brutlust durch züchterische Maßnahmen gebremst wurde, sind von gut durchgezüchteten Hennen 180 der schönen braunen Eier zu erwarten. Wie fast bei allen Zwiehuhnrassen genügt auch den Sundheimern ein kleinerer Auslauf mit nur 1 1/2 m hoher Umzäunung. Um einer Verunreinigung des überwiegend weißen Gefieders vorzubeugen, ist ein Rasenbewuchs des Auslaufs ratsam.

Das **Lachshuhn** ist aus der alten französischen Masthühnerrasse Faverolles in Deutschland als Zwiehuhn gezüchtet worden. Die Faverolles führen vermutlich durch Einkreuzungen das Blut verschiedener guter Mastrassen wie Brahma (befiederte Läufe), Houdan (Bartbildung und fünfte Zehe) und Dorking (fünf Zehen). Die deutsche Zuchtrichtung hat neben der guten Mastfähigkeit eine zufriedenstellende Legeleistung aufzuweisen, und dementsprechend groß ist die Verbreitung. Besonders auffällig ist an dieser Rasse neben dem tiefstehenden trapezförmigen Körper die namengebende Farbe lachsrosa. In diesem Farbschlag sind der Hahn und die Henne außerordentlich verschieden gefärbt. Während der Hahn überwiegend schwarzes Gefieder mit elfenbeinfarbenen Hals- und Sattelbehangfedern und braunrotem, messingfarben gesäumtem Rücken- und Schultergefieder besitzt, zeigt die Henne in ihrem Gefieder gar kein Schwarz. Sie ist an der Unterseite cremeweiß; Hals-, Rücken- und Flügelfedern sind lachsrot mit weißlichem Saum und ebensolchem Federschaft. Besonders interessant sieht der weißliche Bart der Henne im Kontrast zum schwarzen Bart des Hahnes aus. Außerdem ist noch der weiße Farbschlag zugelassen. Die Läufe sind weiß, die Augen werden orangerot gefordert. Der einfache Stehkamm ist klein, und die verkümmerten Kehllappen sind durch den vollen Bart verdeckt. Diese zutraulichen Hühner bieten auf kurzem grünen Rasen einen besonders schönen Anblick.

Eine belgische Masthuhnrasse sind die **Mecheiner**. Diese überwiegend im gesperberten Farbschlag gezüchtete Rasse ist sehr selten geworden. Diese Fleischhühner haben als »Brüsseler Poularden« einen großen Namen gehabt. Der große, breite und tiefe Körper wird waagerecht getragen und steht auf verhältnismäßig niedrigen, außen leicht befiederten Läufen. Auch diese Rasse weist einen einfachen kleinen Stehkamm und rote Ohrlappen sowie orangerote Augen auf. Die Eierleistung ist bei dieser Rasse im Zuchtziel der Masthuhneigenschaft nachgeordnet. Neben den grob Gesperberten sind auch Weiße für die Geflügelschauen anerkannt. Die fleischfarbigen Läufe dürfen bei den Hennen einen grauen Anflug haben.

Einen größeren Züchterkreis haben sich die heute als **Niederrheiner** bezeichneten

Blausperber, die aus Nordholländischen Blauen gezüchtet wurden, erhalten können. Diese Rasse wurde in neuerer Zeit um den Farbschlag Blau erweitert; außerdem sind die Farbschläge Gelbsperber, Kennfarbig und Birkenfarbig anerkannt. Diese Rasse verkörpert einen leistungsfähigen Zweinutzungstyp mit nur mittellangem, aber tiefem Körper und gerundet ansteigender Rückenlinie. Der Stand wird mittelhoch verlangt; die Kopfpunkte mit dem einfachen Stehkamm sind gut entwickelt. Die Augen sind orangerot und die Läufe dem Farbschlag entsprechend fleischfarbig, mit mehr oder weniger dunklem Anflug. Abgesehen von einer guten Fleischnutzung erbringt diese Rasse eine verhältnismäßig hohe Eierleistung; die Schalen sollen gelbbraun gefärbt sein.

Gegen Ende des letzten Jahrhunderts wurden in den USA die **Wyandotten** erzüchtet. Als erster Farbschlag wurden die Silberwyandotten anerkannt. Diese haben auch heute noch einen verhältnismäßig großen Züchterkreis; vermutlich trägt die aparte Zeichnung (weiße Hauptfarbe mit schwarzem Saum) dazu bei. Der weiße Farbschlag hat dann in kurzer Zeit weltweite Verbreitung als Wirtschaftshuhn gefunden. Die Wyandotten haben witterungsunempfindliche Rosenkämme, gelbe Läufe und rote Augen. Der geräumige Körper ist allseits gut gerundet und bietet den für die Legeleistung wichtigen Organen ausreichend Platz. Diese Rasse ist in fast allen Geflügelfarben anerkannt und bietet von daher für jeden Geschmack etwas. Wie so oft sind einige der ehemals sehr wirtschaftlichen Farbschläge einseitig auf »Ausstellungsschönheit« hin gezüchtet worden und haben dabei an Leistungsfähigkeit verloren. Hier sollte man sich vor der Anschaffung einer Rasse bei Züchtern eingehend wegen der gewünschten Eigenschaften erkundigen. Tiere, die im Körper zu kurz und kugelförmig sind, haben meist Schwierigkeiten bei der Fortpflanzung und können auch kaum die gewünschte Eierleistung erbringen. Die Farbe der Eierschale schwankt je nach Farbschlag zwischen cremegelb und braun. Die Legeleistung liegt zwischen 140 und 220 Eiern im Jahr. Nähere Auskünfte können die jeweiligen Sondervereine den Interessenten erteilen.

Eine Rasse wurde nach besonderen wirtschaftlichen Merkmalen seit 1907 in Deutschland erzüchtet: das **Deutsche Reichshuhn**. Um Witterungseinflüssen wenig Angriffspunkte zu bieten, wurde ihm ein kleiner Rosenkamm, der fest auf dem Schädel aufsitzt, angezüchtet. Die Form ist gestreckt und backsteinförmig, bei flacher Haltung des relativ kurzen Schwanzes. Die Augen dieser Hühner sind orangerot und die Läufe fleischfarbig, da damals weißhäutiges Schlachtgeflügel bevorzugt wurde. Diese recht wirtschaftliche Rasse ist in den Farbschlägen Weiß, Hell, Gelb-Columbia (schwarze Schwanzfedern und Halszeichnung), Gestreift, Rot, Schwarz und Silber anerkannt. Es kann mit 180 bis 200 Eiern pro Henne und Jahr gerechnet werden. Wegen der nur geringen Flüchtigkeit braucht die Umzäunung lediglich 1 1/2 m hoch zu sein.

In den Niederlanden wurden aus wirtschaftlichen Gründen und zur Befriedigung der Nachfrage nach den beliebten dunkelbraunen Eiern durch Kreuzungen verschiedener Rassen asiatischen Ursprungs Hühnerschläge mit recht guter Legetätigkeit und ebenfalls gutem Fleischnutzen erzüchtet. Aus diesem Rassengemisch entwickelten sich zwei heute sehr beliebte Zwiehuhnrassen. Zuerst seien die **Barnevelder** genannt, dessen beliebtester Farbschlag die Doppeltgesäumten sind. Hier hat jede Feder auf schwarzem Grund zwei braune Zeichnungsfelder, die von der doppelten schwarzen Säumung lanzettförmig eingefaßt werden. Beim Hahn hat diese Zeichnung zumindest verdeckt vorhanden zu sein; wenn seine Feder von unten betrachtet wird, muß sie dort wie bei der Hennenfeder zu sehen sein. Auf diese Anlage ist speziell bei Zuchthähnen besonders zu

Welches Geflügel wofür?

achten. Diese Zeichnung finden wir sonst nur bei den fasanenbraunen Indischen Kämpfern. Die Barnevelder sind mittelschwer und haben einen geräumigen Körperbau; die Form ist etwas gedrungen, die Rückenlinie ist hohlrund ansteigend und ohne Winkel. Der breite Körper läßt außerdem eine optimale Fleischnutzung zu. Den Kopf ziert ein einfacher Stehkamm, die Augen sind orangerot gefordert, und die Läufe sollen gelb sein. Bei letzteren ist — besonders bei den doppeltgesäumten Hennen — meist ein dunkler Anflug vorhanden. Die Barnevelder sind außerdem in Schwarz, Weiß und Dunkelbraun anerkannt. Als Zuchtziel ist ein glänzendes dunkelbraunes Ei von mindestens 60 g Gewicht verankert. Es ist deshalb besonders beim Zuchthahn darauf zu achten, daß er aus einer Henne stammt, die dieses Rassemerkmal besitzt. Wegen des hohen Eigewichts ist die Zahl der pro Jahr gelegten Eier etwas geringer; gute Zuchten kommen aber auf eine Jahresleistung von etwa 180 Stück.

Ähnlichen Ursprungs sind die **Welsumer**; sie unterscheiden sich von der vorgenannten Rasse in Form und Farbe. Ihre Form ist gestreckt-walzenförmig. Diese Rasse ist bisher nur rost-rebhuhnfarbig, jedoch sind in den letzten Jahren auch orangefarbige Tiere vorgestellt worden. Die Rost-Rebhuhnfarbe stellt eine aufgehellte Rebhuhnfarbe mit höherem Braunanteil dar; beim Hahn ist auch die nach außen schwarz wirkende Brustfeder mit einem braunen Mittelteil versehen. Kopfpunkte und Lauffarbe sind wie bei den Barneveldern. Diese wetterharte Zweinutzungsrasse hat als Hauptrassemerkmal das schwere, stumpf-dunkelbraune Ei. Eier von über 70 g sind bei dieser Rasse keine Seltenheit. Es ist darauf zu achten, daß nur Eier zur Brut verwandt werden, die dem Zuchtziel entsprechen. Zu schwere Eier eignen sich nicht für die Brut; vielmehr sollten hierzu Eier mit einem Gewicht zwischen 60 und 70 g ausgesucht werden. Bedingt durch das hohe Eigewicht legen Welsumerhennen meist nur etwa 160 Eier im Jahr; bei niedrigerem Eigewicht konnte eine höhere Eizahl festgestellt werden. Wichtig ist bei dieser Rasse — wie bei vielen kräftigen Zweinutzungsrassen —, daß die Tiere nicht überfüttert werden. Es ist zweckmäßig, auch das Legemehl portioniert zu reichen und die abendliche Körnerfutterration besonders knapp zu bemessen. Nach Aussagen erfahrener Züchter sind dadurch bessere Legeleistungen und auch Brutergebnisse zu erwarten. In den USA wurden bedeutende Wirtschaftsrassen gezüchtet, die weltweit Anerkennung gefunden haben und Grundlage für viele Hybridrassen der modernen Geflügelwirtschaft sind. Neben den bereits bei den leichten Legerassen beschriebenen Leghorn sind dies die **Rhodeländer,** die zu Anfang der zweiten Hälfte des vorigen Jahrhunderts durch Einkreuzung von roten malaiischen Kämpfern in vorhandene Landhuhnschläge — vorwiegend in Rhode Island — entstanden sind. Diese Rasse wurde gleich zu Anfang des 20. Jahrhunderts in Deutschland eingeführt und setzte sich wegen der Doppelnutzung — neben hoher Legeleistung braunschaliger Eier auch ein ansehnlicher Fleischertrag — in der wirtschaftlich orientierten Geflügelzucht durch. Dieser Rasse ist eine hohe Winterlegetätigkeit eigen; durch Züchtung auf immer gleichmäßigere und dunklere Gefiederfarbe mit intensiv glänzendem Lack wurde jedoch der Legebeginn etwas hinausgezögert. Die Junghennen der Rhodeländer beginnen heute im Alter von etwa sechs Monaten mit der Eiablage. Die Rasse ist sehr beliebt und hat einen großen Züchterkreis. Bei der Anschaffung von Rhodeländern sollten wegen der doch etwas unterschiedlichen Leistungen die in dieser Hinsicht kontrollierten Zuchten bevorzugt werden. Bei der Zuchtstammzusammenstellung muß auf Ausgleich — besonders in farblicher Hinsicht — geachtet werden; an Tiere mit dunkler und lackreicher Farbe sollten Tiere mit hellerem Farbton und gesunder, breiter Feder gepaart werden, da bei Verpaarung zweier dunkler Lacktiere in der Nachzucht sehr viele Küken überwiegend unbefiedert sind oder haarige bzw. gelockte Federn bekommen. Rhodeländer kommen heute nur noch in der dunkelroten Farbe vor; der Kamm ist ein einfacher Stehkamm. Es sind aber auch rosenkämmige Rhodeländer zugelassen. Die Augen sollen von orangeroter Farbe sein, die Läufe werden gelb verlangt. An Eierleistung sind in guten Zuchten je Henne etwa 200 Stück mit bräunlicher Schale zu erwarten. Die Tiere fliegen schlecht, so daß die Umzäunung nur etwa 120 bis 150 cm Höhe haben muß.

Aus den Rhodeländern entstand in den USA ein vollendetes Leistungshuhn — vollendet in Legeleistung wie auch in Fleischnutzung. Es ist die Rasse **New Hampshire,** die nach dem Zweiten Weltkrieg auch nach Deutschland kam und bald einen großen Züchterkreis fand. Es ist ein frohwüchsiges und frühreifes Huhn mit robuster Gesundheit. Ursprünglich hatten diese Tiere nur braunes Gefieder; dies wurde durch Einkreuzung und Selektion in Richtung Goldbraun verfeinert, um diese Rasse auch für Ausstellungszüchter interessant zu machen. Bereits anfangs der 50er Jahre wurde in Deutschland und gleichzeitig auch in den USA der weiße Farbschlag herausgezüchtet. Dieser hat jedoch nie die Popularität der Goldbraunen erreicht. Neben der kompakten Form mit der leicht hohlrunden und ansteigenden Rückenlinie ist den New Hampshire ein einfacher Stehkamm, der etwas größer als bei ihren Vorfahren — den Rhodeländern — ist, eigen. Die Läufe sind wie bei diesen gelb und die Augen orangerot. Bei den Goldbraunen sind das schwarze Schwanzgefieder und die leichte schwarze Tropfenzeichnung der Halsfedern bei den Hennen besonders attraktiv. Trotz der Züchtung auf Schönheit ist von den New-Hampshire-Hennen eine Legeleistung von 200 und mehr großen bräunlichen Eiern jährlich zu erwarten. Die Junghennen beginnen oft bereits mit viereinhalb bis fünf Monaten mit der Legetätigkeit. Die New Hampshire dürfen nur wenig Körnerfutter erhalten; 30 g pro Tier und Tag reichen vollkommen. Legemehl darf allerdings in Mehlform zur freien Aufnahme angeboten werden. Bei reichlichen Körnerfuttergaben verfetten die Hühner sehr schnell und versagen in der Leistung.

In den 50er Jahren wurde in der DDR aus Wyandotten, Rhodeländern und New Hampshire die neue Rasse **Dresdener** herausgezüchtet. Diese vereint die Wirtschaftlichkeit der vorgenannten Wirtschaftsrassen mit dem kälteunempfindlichen Rosenkamm der Wyandotten und hat außerdem eine sehr gefällige harmonische Körperform. Die Dresdener sind inzwischen in vier Farbschlägen anerkannt: neben den zunächst erzüchteten goldbraunen und weißen Tieren gibt es schwarze und — seit einigen Jahren — auch rost-rebhuhnfarbige. Die hohe Legeleistung hat dieser Rasse einen beständigen Züchterkreis beschert.

Eine neue Hühnerrasse im Zweinutzungstyp wurde in den 70er Jahren im Raum Bielefeld erzüchtet. Dieses sehr wirtschaftliche Huhn hat den Namen **Bielefelder Kennhuhn** erhalten; bereits die Eintagsküken können wegen ihrer unterschiedlichen Daunenfärbung unzweideutig nach Hennen- und Hahnenküken unterschieden werden. Dieses große Huhn hat einen gestreckten Körperbau mit langem, geradem Rücken und zeigt kaum Schenkel. Den kräftigen Körper kann man fast als vierschrötig bezeichnen. Den Kopf ziert ein einfacher Stehkamm; Augen werden orangerot und Läufe gelb gefordert. Die Kennfarbe kann man am besten wie folgt beschreiben: Auf rost-rebhuhnfarbiger Grundfarbe ist über den ganzen Körper eine hellgraue Sperberzeichnung verteilt. Diese Rasse ist sehr frohwüchsig und darf nicht zu stark mit Körnerfutter gefüttert werden; hier gilt die gleiche Empfehlung wie für Orpington oder New Hampshire. Bei optimaler Fütterung kann man pro

Welches Geflügel wofür?

Henne bis zu 220 schwere braune Eier erwarten. Aufgrund der Leistungsfähigkeit und des doch recht attraktiven Äußeren ist dieser Rasse eine recht weite Verbreitung vorauszusagen.

Zwerghühner
Verzwergte Rassen

Bei den Zwerghühnern existieren zwei große Gruppen: zum einen die verzwergten Rassen und zum anderen die eigentlichen Zwerge (Urzwerge). Bei den verzwergten Rassen handelt es sich im Prinzip um nichts anderes als um die Großrasse in verkleinerter Form. Zwar gibt es im Detail mehr oder weniger große Unterschiede, jedoch sind diese in aller Regel nur für den Preisrichter auf Geflügelausstellungen offenkundig. Aus diesem Grund soll bei der Rassebeschreibung der Zwerghühner auf eine Darstellung der verzwergten Rassen verzichtet werden. Informationen zu diesen Rassen werden bei der jeweiligen Großrasse gegeben. Allerdings existiert nicht zu jeder Großrasse ein Zwergentyp. Bekannt sind folgende verzwergte Rassen: Malaien, Indische Kämpfer, Belgische Kämpfer, Altenglische Kämpfer, Moderne Englische Kämpfer, Orloff, Kraienköppe, Jokohama, Phönix, Brahma, Deutsche Langschan, Orpington, Australorps, Plymouth Rocks, Amrocks, Sussex, Lachshühner, Sundheimer, Niederrheiner, Wyandotten (Farbfoto S. 101), Deutsche Reichshühner, Barnevelder (Farbfoto S. 68), Welsumer, Rhodeländer (Farbfoto S. 101), Deutsche Sperber, New Hampshire, Dresdener, Araucana, Nackthälse, Sulmtaler, Altsteirer, Vorwerkhühner, Kastilianer, Andalusier, Minorka, Italiener, Leghorn, Paduaner, Holländer Weißhauben,

Durch ihren federlosen Hals fallen die Zwerg-Nackthalshühner sehr stark auf.

Zwerghühner

Ein gestreifter Zwerg-Wyandottenhahn zeigt die markantesten Merkmale seiner Rasse.

Houdan, Brabanter, La Flèche, Augsburger, Rheinländer, Bergische Kräher, Brakel, Ostfriesische Möwen, Lakenfelder, Hamburger, Thüringer Barthühner und Kaulhühner. Eine im Großtyp nicht vertretene Rasse sind die Ruhlaer Zwerg-Kaulhühner. Sie gehören zu den nachfolgend aufgeführten »Eigentlichen Zwerghühnern«. Das Gewicht der Zwerge schwankt zwischen 800 und etwa 1000 g. Das Eigewicht liegt im Bereich von 30 bis 40 g.

Eigentliche Zwerghühner

Völlig abweichend von den verzwergten Rassen — nämlich in der Großrasse überhaupt nicht vertreten — sind die Urzwerge oder — korrekter ausgedrückt — die eigentlichen Zwerghühner.

Den Anfang dieser Rassen machen die **Seidenhühner** (Farbfoto S. 68). Sie sind nachweisbar seit 700 Jahren bekannt. Nach Marco Polos Reiseberichten lebte das Seidenhuhn schon bei den Chinesen als Haustier. Um 1780 gelangte es nach Europa und im folgenden Jahrhundert nach Deutschland. Da es nicht fliegen kann, ist es als Huhn für niedrig eingezäunte Gehege geradezu ideal. Seine Zutraulichkeit macht es ohnehin beliebt. Viele Züchter schätzen auch seine Brutlust und Brutzuverlässigkeit. Sein Hauptmerkmal ist das seidenweiche, zerschlissene und haarartige Gefieder, von dem sich sein Name ableitet. Hinsichtlich der Form ähnelt es einem abgerundeten Würfel. Die Läufe und die Außenzehen sind leicht befiedert (»bestrümpft«). Als Besonderheit weist es direkt über der Hinterzehe einen längeren fünften Zeh auf. Unter dem Gefieder, das in den Farben Weiß, Schwarz, Blau, Wildfarbig und Silbergrau vorkommt, hat es eine dunkle Haut. Auch das Fleisch ist viel dunkler als beim anderen Haushuhngeflügel. Geschmacklich tendiert es in Richtung Wildbret. Auf einer Schädelwölbung sitzt ein gutentwickelter Schopf. Im Gesicht trägt es einen Backen- und Kinnbart oder aber ist völlig bartfrei. Eine Besonderheit stellt der Maulbeerkamm dar. Es ist ein querliegender maulbeerartiger Kamm mit einer blauroten Farbgebung. Der Hahn wiegt etwa 1 000 g, die Henne 200 g weniger. Die Eier sind 35 g schwer. Für die Kunstbrut eignen sich die Eier weniger gut, um so besser jedoch ist die Naturbrut.

Die Herkunft des **Zwerg-Strupphuhns** liegt im Dunkeln. Geschichtlich taucht es vielerorts auf. Die Federn sind »struppartig« (d.h. gekräuselt oder gekrümmt) nach oben gedreht und von weicher Struktur, so daß sie in gewisser Weise an die des Seidenhuhns erinnern. Für die Festigung der schönen Struppstruktur soll man nach Züchteraussagen ab und zu einmal einen gefiedermäßig glatten Hahn einkreuzen.

Obwohl die **Cochin** auch in der Großrasse existieren, haben die Zwerge mit diesen nichts gemein. Sie stammen aus China und wurden dort seit langer Zeit als Haushuhn gehalten. Erst in diesem Jahrhundert erlebte diese Rasse in Deutschland einen starken

Welches Geflügel wofür?

Aufwärtstrend. Durch zahmes und zutrauliches Wesen eignen sich Zwerg-Cochin genauso wie das Seiden- und Strupphuhn für ein niedrig umzäuntes Gehege und wirkt dabei auf einem Rasenauslauf besonders attraktiv. Wirtschaftlichkeit darf man bei dieser Rasse nicht erwarten. Vom Erscheinungsbild her wirkt dieses Huhn wie ein abgerundeter Federball, das heißt, die äußeren Umgrenzungslinien des Körpers sollen in einen Ball passen. Die Federstruktur ist locker und gleichzeitig stark ausgeprägt. Die recht kurzen Läufe sind an der Außenseite mit langen Federn besetzt, genauso wie die Außen- und Mittelzehe (»Belatschung«). Den Kopf ziert ein kleiner Stehkamm. An Farbschlägen haben Zwerg-Cochin ein breites Spektrum. Gelb, Weiß, Schwarz, Schwarz-Weißgescheckt, Blau, Perlgrau, Gesperbert, Gelb-Gesperbert, Rebhuhnfarbig, Braungebändert, Birkenfarbig, Dunkel, Silberhalsig, Hell, Gelb-Columbia und Weizenfarbig sind die Farbschläge. Mit 850 g beim Hahn bzw. 750 g bei der Henne ist dieser Zwerg recht leicht. Das 30 g schwere Ei hat eine braune Farbe.

Ein besonders kurioser Zeitgenosse ist der kleine **Chabo**. Der Hahn wiegt 600 g, die Henne ist um 100 g leichter. Das Alter der Rasse wird auf über 1 000 Jahre geschätzt; ihre Heimat liegt in China und Japan. Auffällig ist bei diesem kleinen Gesellen die Kurzbeinigkeit, welche beim Tretakt Schwierigkeiten bereitet. Gleichzeitig beinhaltet die Kurzbeinigkeit bei Reinerbigkeit einen Letalfaktor. Das bedeutet, daß sich der Embryo im Brutei nur bis zu einem bestimmten Stadium entwickelt und dann abstirbt. Folglich schlüpfen hierbei keine Küken. In der Zucht muß man deshalb auch mit längerbeinigen Tieren arbeiten. Vom Gesamteindruck her sind die Läufe so kurz, daß der Körper fast auf dem Boden streift. Die Flügel berühren mit ihren Spitzen den Boden. Den Schwanz tragen beide Geschlechter ungefähr im rechten Winkel angehoben, wobei beim Hahn die Hauptsicheln den Kopf um ein Drittel überragen. Der Kamm ist enorm groß und berührt beim Hahn zuweilen den Schwanz. Bei der Henne kann sich der Kamm umlegen. Folgende Farbschläge sind in Deutschland anerkannt: Weiß, Schwarz, Blau, Siro (weiß mit schwarzem Schwanz), Gelb mit schwarzem Schwanz, Butschi (schwarz mit weißen Tupfen), Gesperbert, Schwarz-Goldhalsig, Schwarz-Silberhalsig, Rebhuhnfarbig, Dunkel, Silber-Weizenfarbig, Entenflügelhahn, Gold-Weizenfarbig und Porzellanfarbig.

Aller Wahrscheinlichkeit nach kommen die **Bantam** aus dem Bezirk Bantam auf Java. Bereits in der zweiten Hälfte des 19. Jahrhunderts wurde dieser Urzwerg im schwarzen Farbschlag in Deutschland eingeführt. Die weiteren Farbspielarten Weiß, Gesperbert, Schwarz-Weißgescheckt, Hell, Gelb, Blau, Porzellanfarbig, Gelb-Columbia und Goldhalsig züchtete man in England und Deutschland. Dieses kecke und temperamentvolle Huhn zeigt fließende und runde Körperformen. Der Hahn hat einen vollbesichelten Schwanz, wobei die Sicheln halbkreisförmig gebogen sind. Charakteristisch sind die herabhängenden Flügel. Als Kopfpunkte fallen die großen, weißen und runden Ohrscheiben sowie der relativ große feingeperlte Rosenkamm auf. Sind der Hahn und die Henne, die 600 g bzw. 500 g wiegen sollen, zu groß, so verlieren die Tiere ihre Eleganz und Schnittigkeit.

Im 19. Jahrhundert erzüchtete der englische Pferde- und Rinderzüchter Sir John **Sebright** die nach ihm benannten Zwerghühner. Auch hier werden fließende und harmonische Linien verlangt. Ecken und Kanten stören bei diesem zierlichen Huhn. Der Hahn hat kein ausgesprochenes Prachtgefieder, weshalb man bei ihm von einer sog. »Hennenfiedrigkeit« spricht. Die Flugfreudigkeit und das Temperament können bei den Sebright oft lästig werden. Die Legeleistung liegt bei etwa 100 Eiern pro Jahr, wobei das Ei 30 g wiegt. Die Flügelhaltung und die Kopfpunkte entsprechen weitgehend denen der Bantam, jedoch sind die Ohrscheiben bedeutend kleiner. Als Farbschläge sind Gold und Silber zugelassen. Jede Feder trägt einen schwarzen, grünglänzenden Saum.

Die Ahnen der **Antwerpener Bartzwerge** hatten ihre Heimat in Belgien und den Niederlanden. In Belgien erfolgte die endgültige Herauszüchtung. Hahn und Henne lassen ihre Flügel herabhängen. Der Hahn trägt den Schwanz sehr hoch, fast senkrecht; bei der Henne zeigt er eine etwas tiefere Haltung. Das Gesicht ziert ein voller Backen- und Kinnbart, der die Kehllappen verdeckt. Im Hinterhalsbereich wölbt sich das Halsgefieder zu einer Mähne. Formlich beeindruckt vor allem die volle, runde und herausgedrückte Brust. Ein keilförmiger Rosenkamm mit Perlung verleiht dem 600 bis 700 g schweren Huhn eine besondere Ausstrahlungskraft. An Farbschlägen kennen wir schwarze, weiße, perlgraue, gesperberte, wachtelfarbige, blau-wachtelfarbige, schwarz-weißgescheckte, porzellanfarbige, gelb-columbiafarbige, blaugesäumte, rotgesattelte und blau-porzellanfarbige Tiere.

Den Antwerpener Bartzwergen sehr ähnlich sind die Watermaalschen Bartzwerge. Sie wurden Anfang dieses Jahrhunderts in Watermaal (Belgien) erzüchtet. Im Gegensatz zu den Antwerpener Bartzwergen haben sie einen nach hinten gerichteten Schopf auf dem Kopf, und der Rosenkamm hat einen dreigeteilten Kammdorn. Der 700 g schwere Hahn und die um 100 g leichtere Henne sind in zahlreichen Farbschlägen anerkannt.

Von federfüßigen Zwerghühnern berichtete schon im Jahr 60 n. Chr. der römische Agronom Columella. Wahrscheinlich handelte es sich aber dabei nicht um die Rasse der **Federfüßigen Zwerghühner**. Diese entstanden nachweislich erst im 18. und 19. Jahrhundert in Europa. Wie der Name schon sagt, sind die Läufe dieser Tiere stark befiedert. Aus diesem Grund verlangen diese Zwerge eine besondere Pflege. Der Auslauf sollte aus kurzem Rasen oder Sandboden bestehen. Die Küken brauchen mehr Platz als die anderer Rassen, da bei zu dichter Besetzung die Fußgefiederentwicklung leidet. Gewichtsmäßig entsprechen sie den Antwerpener Bartzwergen, ebenso in der Schwanz- und Flügelhaltung. Den Kopf ziert jedoch kein Rosenkamm, sondern ein kleiner Stehkamm mit gleichmäßigen Zacken. Das Gesicht ist federfrei oder aber von einem vollen Backen- und Kinnbart bedeckt. Vom Wesen her sind sie — wie die Antwerpener Bartzwerge — keck, aber zutraulich. An Farbschlägen ist dieses Huhn zahlreich vertreten. Anerkannt sind Porzellanfarbig, Blau-Porzellanfarbig, Perlgrau mit weißen Tupfen, Perlgrau, Schwarz-Weißgescheckt, Schwarz, Gelb, Gelb mit weißen Tupfen, Weiß, Gesperbert, Hell, Goldhalsig, Silberhalsig, Birkenfarbig und Zitronen-Porzellanfarbig.

Aus dem Lütticher Raum kommen die **Basetten**, die seit den 30er Jahren bei uns bekannt sind. Bei ihnen handelt es sich um kräftige, kaum mittelhoch gestellte Zwerghühner in Landhuhnform mit aufgerichteter Haltung. Vom Wesen her sind die Basetten sehr lebhaft, aber dennoch zutraulich. Mit 160 Eiern pro Jahr — wobei sie sich als gute Winterleger erwiesen haben — sind sie ausgezeichnete Rasseleistungshühner der Zwergform. Ihre Vitalität bringt auch gute Schlupf- und Aufzuchtergebnisse. Der breite Rumpf mit dem stark angezogenen Schwanz typisiert dieses Zwerghuhn. Ein einfacher Stehkamm, der bei der Henne im hinteren Teil umklappt, ziert den Kopf mit den weißen Ohrscheiben. An Farbschlägen sind nur die Wachtel- und Silber-Wachtelfarbigen anerkannt. Der Hahn bringt 900 g, die Henne 800 g auf die Waage.

Bereits im 18. Jahrhundert existierten die **Holländer Zwerge** in ihrem Heimatland. Allerdings wurde dieses alte Zwerghuhn Nordwesteuropas erst 1906 als eigene Rasse anerkannt. Die Zutraulichkeit, Anspruchslosigkeit und Vitalität ließen es besonders bei Züchtern mit wenig Platzangebot beliebt werden. Das Gewicht bei Hahn und Henne schwankt zwischen 500 und 550 g bzw. zwischen 400 und 450 g. Das ausgewogen wirkende Huhn mit seiner vollen Brust und dem stark angezogenen Schwanz wirkt in seiner Haltung keck. Die abwärts gerichteten Flügel sind ein Rassemerkmal. Ein fünfzackiger Stehkamm und die weißen mandelförmigen Ohrscheiben kennzeichnen den attraktiven Kopf. Farbschlagmäßig herrscht eine breite Palette vor. Bekannt sind die Schläge Goldhalsig, Silberhalsig, Orangehalsig, Blau-Goldhalsig, Rotgesattelt, Schwarz, Weiß, Blau, Gesperbert, Lachsfarbig-Weizenfarbig und Kennfarbig.

Das langgestreckte, fasanenartig anmutende **Deutsche Zwerghuhn** wurde in Deutschland aus rasselosen Landzwerghühnern und aus Phönix erzüchtet und 1917 zum erstenmal gezeigt. Den walzenförmigen, schlanken und langen Körper trägt der Deutsche Zwerg annähernd waagerecht mit festanliegenden Flügeln. Sein Körper ist doppelt so lang wie hoch. der 700 g schwere Hahn hat einen leicht angehoben getragenen Schwanz mit voller und breiter Besichelung. Die um 100 g leichtere Henne trägt ihren Schwanz etwas schmaler, aber leicht angezogen. Den Kopf zieren ein kleiner Stehkamm, der dem des Bankivahuhns gleicht, und herzförmige Ohrscheiben. Seine Robustheit und Vitalität haben dieses in vielen Farben vorkommende Huhn sehr beliebt werden lassen. Die Farbschläge sind Wildfarbig, Goldhalsig, Orangehalsig, Silberhalsig, Blau-Goldhalsig, Blau-Silberhalsig, Rotgesattelt, Weiß, Schwarz, Porzellanfarbig, Hell und Gelb-Columbia sowie Perlgrau.

Gänse

Bei den Gänsen unterscheiden wir zwischen schweren und leichten Rassen. Bevor man sich für einen Rassetyp entscheidet, muß man sich darüber im klaren sein, daß die schweren Rassen zwar mehr Gewicht auf die Waage bringen, demgemäß aber auch mehr Futter benötigen. Tiere mit 5 bis 6 kg Gewicht liegen in der Kosten-Nutzen-Rechnung am günstigsten.

Die Heimat der **Emdener Gans** liegt in Ostfriesland. Sie ist auf eine hohe Gewichtsleistung durchgezüchtet. 11 bis 12 kg beim Ganter bzw. 10 bis 11 kg bei der Gans gelten als ideal. Dank ihrer Masse trug sie in Polen und Rußland wesentlich zur Ausbreitung von Mastgänsen bei. Seit Beginn ihrer Herauszüchtung erfuhr sie bis zu ihrer heutigen Form zahlreiche Einkreuzungen. Leistungsmäßig bringt diese Gans oft 70 Eier und mehr. Leider leiden unter dieser hohen Legeleistung der Brut- und Gösselaufzuchttrieb, so daß die Bruteier künstlich oder mit Hilfe von Puten- bzw. Hühnerglucken erbrütet werden müssen. Im Gesamteindruck erscheint die weiße, schwere Gans groß mit schwanenartig geformtem Hals, massigem, langem Körper und doppelter »Bauchwamme« (hängende Bauchfalten), die hinten geschlossen sein muß und den Erdboden nicht berühren darf. Der Kopf ist schlank und gestreckt, die Stirn abgeflacht.

Die **Pommersche Gans** erreicht — je nach Geschlecht — 7 bis 8 kg. Bei ihr ist der Brutinstinkt recht gut ausgeprägt, und sie brütet ein bis zwei Gelege von je zehn bis zwölf Eiern selbst aus. Die Heimat dieser Gans, die in den Farben Weiß, Grau und Gescheckt vorkommt, liegt — wie der Name bereits sagt — in Pommern. Im Gegensatz zur Emdener Gans erfuhr sie relativ wenige Einkreuzungen. Besonders begehrt ist ihr Fleischansatz an den Keulen und an der Brust. Formlich handelt es sich um eine große, schwere Gans mit abgerundetem eiförmigen Körper und tiefer, breiter

Gänse

Brust sowie ausgeprägten Schultern und einfacher Bauchwamme. Den Körper trägt sie waagerecht. Der Kopf zeigt eine deutliche Stirn. Bei den Graugescheckten sind der Kopf und bis zur Hälfte der Hals, die Schultern leicht übergreifend auf die Flügel, der Unterrücken, das Schenkelgefieder und die Steuerfedern dunkelgrau. Die letztgenannten Gefiederareale weisen zusätzlich einen weißen Saum auf.

Die **Toulouser Gans** stammt aus Südwestfrankreich, wo es sie seit dem 14. Jahrhundert gibt. Rassisch durchgezüchtet wurde sie allerdings in England. Obwohl das Gewicht laut Rassestandard beim Ganter mit 9 bis 10 kg und bei der Gans mit 8 bis 9 kg angegeben wird, ist bei entsprechender Mast ein Gewicht von 12 bis 15 kg zu erreichen. Je mehr Gewicht eine Gans mit sich bringt, desto schlechter werden allerdings Befruchtung und Legeleistung. Etwa 40 Eier, die ungefähr 200 g wiegen, sind für diese Rasse normal. Obwohl die Brutlust bei diesen Gänsen noch vorhanden ist, zeigen sie sich in der Zuverlässigkeit unzureichend. Als Federlieferant eignet sich die graue Toulouser Gans besonders gut. Vom Gesamteindruck wirkt sie massig. Auf dem kräftigen Hals trägt sie einen breiten und kurzen Kopf mit Stirnansatz; am Kopf selbst ist eine gut entwickelte »Kehlwamme« (befiederte Kehlhautfalte) zu erkennen. Die doppelte, hinten geschlossene Bauchwamme reicht bis auf den Boden.

Den Anfang der leichteren Gänse macht die **Diepholzer Gans**, die nicht auf hohes Gewicht, sondern auf Beweglichkeit durchgezüchtet wurde, was bezüglich des Weidegangs große Vorteile brachte. Gleichzeitig legte man auf die Erhaltung der Brutlust und das zuverlässige Führen der jungen Gössel größten Wert. So beginnt diese Rasse meist schon im Herbst mit der Eiablage. Bei Wegnahme der Eier legt sie ein zweites und drittes Gelege. Die geschlüpften Gössel sind recht robust und widerstandsfähig. Nicht zuletzt hat der zuweilen rauhe niedersächsische Landkreis

Diepholzer Gänse sind speziell als Weidetiere gezüchtet worden.

Diepholz, aus dem sie stammt, zu ihrer Robustheit beigesteuert. Trotz ihrer Zugehörigkeit zur leichten Rassegruppierung bringt diese Gans immerhin 7 kg (Ganter) bzw. 6 kg (Gans) auf die Waage. Ihre Körperhaltung ist leicht aufrecht und vermittelt dadurch einen stolzen Eindruck. Weder Kopf noch Bauch tragen eine Wamme. Der Kopf ist mittellang mit flacher Stirn und sitzt auf einem aufrecht getragenen Hals. Sie kommt nur im weißen Farbschlag vor. Die äußerst attraktiv wirkende **Lockengans** (Farbfoto S. 135) stammt aus Südosteuropa und trat wahrscheinlich als Mutation bei gewöhnlichen Landgänsen auf. Die Bezeichnung »Lockengans« geht auf das Rassemerkmal der Lockenbildung zurück, wobei es sich um verlängerte, spiralig gedrehte Federn handelt. Diese oft ungewöhnlich langen Federn haben nur einen 2 bis 3 cm über die Haut hinausragenden festen Schaft. Von da ab ist er weich, biegsam und in einzelne Fasern gespalten. Die breiten Federfahnen verlieren ihren Zusammenhang und verdrehen sich leicht, wodurch die Form der Lockenbildung entsteht. Bei manchen Tieren sind nur die Rückenfedern lockig, bei anderen das ganze Gefie-

Welches Geflügel wofür?

der, mit Ausnahme der Brust und des Halses. Das Gefieder ist insgesamt sehr weich, der Kopf relativ klein. Der Körper wirkt voll und breit, aber totzdem kurz. Das Gefieder ist von reinem Weiß. Mit 5 bis 6 kg bzw. 4,5 bis 5 kg erscheinen Ganter und Gans recht leicht. Ihr weißes Ei wiegt etwa 120 g. Die Legeleistung liegt bei 25 bis 40 Eiern.

Während die bisher vorgestellten Gänse alle auf die Graugans zurückgehen, fließt in der **Celler Gans** das Blut der Schwanen- und der Graugans als Ahnenformen. Ihre direkte Herkunft beruht auf braunen und braungescheckten Landgänsen. Ihre geschichtliche Entwicklung spielte sich in der Umgebung von Celle (Niedersachsen) ab. Mit 5 1/2 bis 6 1/2 kg beim Ganter bzw. 4 bis 6 kg bei der Gans ist sie gewichtsmäßig mit der Lockengans zu vergleichen. Vom Typ her ist sie eine mittelgroße, bewegliche Gans mit gut gerundeter Brust und einfacher Bauchwamme. Die Haltung erscheint leicht aufgerichtet, der Kopf ist kräftig und erinnert etwas an den langgezogenen Kopf der Schwanengans. Das Gefieder muß hell lederbraun sein und bis zum Bauch hin in ein Weiß übergehen. Das lederbraune »Mantelgefieder« (Rumpfgefieder) ist schmal hell gesäumt.

Die in China aus der Schwanengans erzüchtete **Höckergans** (Farbfoto S. 135) kam im 18. Jahrhundert nach Europa. Mit 5 bzw. 4 kg — je nach Geschlecht — und einem straffen Gefiederkleid wirkt diese Gans relativ klein. Ihre Ansprüche sind recht gering, mit Vorliebe nimmt sie jedoch Grünkost zu sich. Dank ihrer Vitalität läßt die Befruchtung der Bruteier keine Wünsche offen. In mehreren Gelegen erbringt sie eine jährliche Legeleistung von etwa 50 Eiern. Typisch für die Höckergans ist die trompetenartige Stimme, welche beim Ganter etwas höher als bei der Gans klingt. Ein äußeres Rassemerkmal ist der langgestreckte Kopf mit dem mittellangen Schnabel, über dessen Basis sich ein halbkugelförmiger Höcker erhebt. Mit zunehmendem Alter der Gans nimmt auch der Höcker an Größe zu. Der Hals erscheint dünn und schwanenartig gebogen. Den langgestreckten Rumpf mit den breiten Schultern trägt sie aufrecht; das Hinterteil ist bogig ausgeformt. Sie kommt in den Farben Grau und Reinweiß vor. Beim grauen Farbschlag sind der Schnabel und der Höcker schwarz, beim weißen rötlichgelb. Das graue Gefieder der Höckergans hat oft ein bräunliches Erscheinungsbild, wobei Schultern, Flügel und Schenkel rahmweiß gesäumt sind. Vorderhals und Oberbrust sind weißlich-fahl. Die Brust zeigt eine fahl-braune Farbgebung. Vom Oberkopf bis zu den Schultern zieht sich auf dem Hinterhals ein dunkelbrauner Streifen (»Aalstrich«) entlang. Bauch und Hinterteil erscheinen weiß; die grauen Schwanzfedern haben weiße Ränder.

Wie bei der Celler Gans fließt in den Adern der **Steinbacher Kampfgans** das Blut der Grau- und Schwanengans (bzw. der Höckergans). Im letzten Drittel des 19. Jahrhunderts wurde sie in Thüringen als

Foto ganz rechts oben: Der imposante Kopf des Malaienhahns charakterisiert die Kämpfergruppe.

Foto links oben: Das Helmperlhuhn stellt die Ausgangsbasis unserer Hausperlhühner dar.

Foto links unten: Das Gros der Hausgänse hat in der Graugans seine Stammeltern.

Foto rechts unten: Die asiatische Schwanengans brachte ihr Erbgut nur teilweise in die Hausgänsezucht ein.

Kampfgans herausgezüchtet. In Wettkämpfen gingen die Ganter unter Flügelschlägen und Schnabelbissen solange aufeinander los, bis einer der Rivalen kampfunfähig war. Heute ist die Steinbacher Kampfgans nur noch ein Ausstellungstier mit 6 bis 7 kg Gewicht beim Ganter und 5 bis 6 kg bei der Gans. Die Legeleistung ist mit etwa 20 Eiern recht gering. Ein Charakteristikum stellt ihr langer Schnabel dar, der an der Basis leicht bogig erscheint und ein schwarzes »Gebiß« zeigt (hornige zähnchenartige Erhebungen auf den Leisten des Unterschnabels). Ihren kräftigen mittelgroßen Körper bewegt sie gewandt und stolz, ganz in der Art eines Gladiators. Die Körperhaltung ist leicht abfallend. Eine leichte Bauchwammenbildung — insbesondere bei weiblichen Alttieren — ist zulässig. Das Gefieder liegt gut und eng an, wodurch die Gans sehr elegant erscheint. Farblich ist sie in den Varianten Hellblau und Grau anerkannt. Kopf, Hals, Brust, Rücken und Schnabel sind jeweils farbig, wobei die Schulter-, Flügel- und Schenkelfedern weiß gesäumt sind, genauso wie die grauen Schwanzfedern. Bauch und Steiß erscheinen weiß.

Foto links oben: Beim Seidenhuhn sind die Federn sehr stark zerschlissen. Das Gefieder ähnelt dem Fell von Säugetieren.

Foto links unten: Die Zwerg-Barnevelder sind eine gute Legerasse.

Enten

Für die Fleischproduktion geeignete Rassen

Die **Aylesburyente** ist ein massiges, jedoch nicht plump erscheinendes Tier. In England wurde sie für Mastzwecke erzüchtet. Demgemäß läßt sie sich leicht mästen und ist durch ihre Frühreife frühzeitig schlachtbar. Weitere positive Merkmale sind ihre Robustheit und Vitalität. Das Gewicht liegt beim Erpel bei 3 1/2 kg, die Ente ist um 1/2 kg leichter. Obwohl die Aylesburyente zu den Mastenten gehört, deren Fleisch sehr schmackhaft ist, legt sie immerhin 60 bis 100 Eier pro Jahr, mit einem Gewicht von 80 g. Die Schalenfarbe schwankt zwischen Weiß- und Grüntönen. Die Gefieder- und Hautfarbe ist ein reines Weiß. Den tiefen, breiten und langen Körper trägt die Aylesburyente waagerecht. Die Brust ist voll und gut geformt, ebenso der nicht hängende Bauch. Der lange, relativ schmale Kopf hat starke Wangen, die den Kopf jedoch nicht dick erscheinen lassen. Der blaßrosa farbene Schnabel und die dunklen Augen kontrastieren mit dem weißen Gefiederkleid sehr gut. Die grobknochigen, dunkelgelben Läufe werden mit zunehmendem Alter immer orangefarbener.

Die **Rouenente** (Farbfoto S. 136) zeigt ein angenehmes, ruhiges Wesen und ist sehr wetterhart und robust. Wie die Aylesburyente legt das massige Tier 70 bis 90 Eier jährlich, wobei es erst spät mit dem Legen beginnt. Als gute Fleischenten bringen der Erpel 3 1/2 kg und die Ente 3 kg Lebendgewicht mit, welches in der ausgesprochenen Mast noch stark gesteigert werden kann. In ihrem wildfarbigen Äußeren gleicht sie den wilden Stockenten, d.h. ihren ursprünglichen Ahnen. Erpel und Ente tragen ganz in der Manier der Wildenten ein unterschiedliches Federkleid. Der Rumpf ist lang, breit und tief. Er verkörpert einen sog. Rechteckschnitt. Eine von der

Deutlich ist der Größenunterschied zwischen der massigen Rouenente und der zierlichen Zwergente.

vorspringenden Brust bis zum Hinterteil durchlaufende Hautfalte bildet den Kiel. Der Rücken zeigt eine leichte Wölbung. Der schlanke Kopf hat ein wenig Stirn und zeigt keine »Backen« (leichte Federfülle an den Wangen). Die Farbe des Schnabels differiert bei beiden Geschlechtern. Olivgrün ist er beim Erpel, braungelb mit schwarzen Farbeinlagerungen bei der Ente. Die orangeroten Läufe und Zehen tragen schwarze Krallen. Das 80 g schwere Ei dieser nordwestfranzösischen Rasse differiert farblich zwischen weiß, grünlich und bläulich. Von Frankreich aus gelangte die Rouenente nach England und wurde dort auf Farbe und Größe durchgezüchtet, bevor sie in der zweiten Hälfte des 19. Jahrhunderts nach Deutschland kam. Dem Züchter, der seinen Enten keine Badegelegenheit zur Verfügung stellen kann, sei die Rouenente wärmstens empfohlen.

Eine in Deutschland weitverbreitete Fleischente stellt die **Pekingente** dar. Sie existiert in zwei Zuchtrichtungen. Die Amerikanische Pekingente hebt ihren Körper nur wenig vom Boden ab, während die Deutsche Pekingente eine stark aufgerichtete Haltung hat. Da sie 100 bis 130 etwa 70 bis 80 g schwere Eier legt, wurde sie zu einem erstklassigen Wirtschaftstier. Selbst die Küken sind sehr robust gegen rauhe Witterungseinflüsse. In ihrem Wesen ist sie etwas scheu und stimmlich oftmals recht lautstark. Die Pekingente stammt aus dem nördlichen China und gelangte erst nach Amerika und England. In den USA erzielte man mit Hilfe der Aylesburyente aus der chinesischen Stammform die Amerikanische Pekingente. Anfang des 20. Jahrhunderts kam sie nach Deutschland. Ihren kräftigen Körper trägt sie leicht angehoben. Das reinweiße Gefieder liegt straff an. Der längliche Schädel zeigt eine leichte Stirn. Der lange, hellgelbe bis orangefarbene Schnabel und das dunkle Auge heben sich gut vom weißen Gefieder ab. 3 kg wiegt der Erpel, 2 1/2 kg die Ente.

Die Deutsche Pekingente wurde in den 70er Jahren des letzten Jahrhunderts in Deutschland erzüchtet. Erpel und Ente sind jeweils um 1/2 kg schwerer als ihre amerikanischen Vettern. Der aufgerichtet getragene, massige Rumpf ähnelt einem Rechteck und ist annähernd doppelt so lang wie tief und breit. Schnabel und Kopf zeigen eine kurze und breite bzw. hohe Formgebung. Eine volle und starke Brust ohne »Kiel« (Brustbeinausprägung) und der volle und breite Bauch sowie das gleichartige Hinterteil geben der Deutschen Pekingente vollends das Prädikat der Fleischente. Das weiße Gefieder hat einen gelblichen Anflug.

Die **Cayugaente** fällt durch ihr schwarzes, metallischgrün glänzendes Gefieder auf. Ungemästet erreicht sie — je nach Geschlecht — 2 1/2 bis 3 kg, wobei das Fleisch wildbretartig schmeckt. Die Haut ist sozusagen verbraucherfreundlich weiß. Mit 70 bis 100 weiß- bis grünlichen Eiern, die 75 g schwer sind, weist sie auch eine gute Legeleistung auf. Erzüchtet wurde sie

Enten

Die Pekingente ist eine beliebte Nutzente.

am Cayuga-See im amerikanischen Bundesstaat New York. In den 70er Jahren des 19. Jahrhunderts gelangte sie nach Deutschland. Die mittelgroße Ente trägt ihren abgerundeten Körper fast waagerecht. Auf dem mittelstarken, schön gebogenen Hals sitzt ein kleiner, länglich-runder Kopf mit flacher Stirn. Der Schnabel hat eine olivgrüne Pigmentierung.

Die **Pommernente** ist in verschiedenen europäischen Landstrichen bekannt. Oft trägt sie synonym die Namen Schweden-, Uckermärker- oder Duclairente. In Deutschland wird sie nach ihrem Herkunftsgebiet bezeichnet. Mit 90 bis 120 rund 70 g schweren, meist farbigen Eiern zeigt diese Fleischente auch eine gute Legeleistung. Der Erpel bringt es auf 3 kg Gewicht, die Ente ist um 1/2 kg leichter. Bereits mit zehn Wochen erreichen die Jungtiere ihre Schlachtreife. Die Pommernente ist sehr wetterhart; sehr gern hat sie eine Schwimmgelegenheit. Als Wirtschaftsrasse hat ihr die Pekingente vielerorts den Rang abgelaufen. Dem Gesamteindruck nach handelt es sich um eine schwere Landentenform mit langem, breitem und tiefem Körper, der trotz seiner Größe nicht plump erscheint und waagerecht getragen wird. Die volle und vorstehende Brust, welche in den breiten und tiefen Bauch übergeht, zeigt keine Kielbildung. Der Kopf hat eine flache Stirn und einen langen, breiten Schnabel. Die Pommernente kommt im blauen und schwarzen Farbschlag vor. Dabei hebt sich am Vorderhals und Kropf ein weißer Fleck ab, der auch »Latz« genannt wird.

Die **Sachsenente** wurde in Sachsen während der 50er Jahre aus Kreuzungen von Peking-, Rouen- und Pommernenten erzüchtet und 1958 anerkannt. Die kräftige Landente mit dem langen, breiten Körper und der fast waagerechten Haltung besitzt eine ausgesprochene Wirtschaftlichkeit. Bereits mit zehn Wochen ist diese frohwüchsige und vollfleischige Ente schlachtreif. Zudem überrascht sie durch eine recht gute Legeleistung. Die 80 g schweren Eier sind weiß. Sie kommt nur im blau-gelben Farbschlag vor. Beim Erpel sind Hals und Kopf bis zum geschlossenen weißen Halsring taubenblau. Unterhals, Brust, Flügelbug und Schultern weisen eine rostrote Farbe auf, wobei die Brust leicht silberfarbig gesäumt ist. Unterrücken und Bürzel sind taubenblau. Der Schwanz und die Schwingen zeigen eine mehlige Farbkomponente. Blaugraue Farbtöne weisen der Bauch und die Flügel auf. Bei der Ente sind Kopf, Hals und Brust satt erbsgelb, wobei der Kopf einen weißen Augenstrich hat. Der offene Halsring ist angedeutet. Der Rücken zeigt ein helles Erbsgelb. Bürzel und Schwanz sind leicht blau, die Flügeldecken cremefarbig mit blauer Tönung.

Die **Gimbsheimer Ente** stellt eine junge Entenrasse dar, welche erst 1963 zur Anerkennung kam. Pate standen Amerikanische Peking-, Orpington- und Sachsenenten. Die breite und lange, übermittelgroße Landente mit leicht aufrechter Haltung hat gute Mastfähigkeit und reichlich Fleischansatz. Der Erpel wiegt 3 kg, die Ente 2 1/2 kg. Das gelbliche bis grüne Ei hat ein Gewicht von 70 g. Bis heute hat sich diese Ente aber noch nicht als populäre Rasse etablieren können, obwohl die blaugraue Farbgebung des Gefieders etwas Außergewöhnliches darstellt.

Eine ebenfalls junge Entenrasse, die in den 70er Jahren des 20. Jahrhunderts erzüchtet wurde, stellt die **Altrheiner Elsterente** dar. Förmlich ähnelt sie der Gimbsheimer Ente, und auch im Gewicht gleicht sie ihr. Die reinweiße Grundfarbe ist mit schwarzen Scheckflecken durchsetzt. Dabei erstreckt sich die Scheckzeichnung auf die Kopfplatte, das Schultergefieder — wobei die Zeichnung herzförmig auf die Flügel übergreift — und auf die Oberseite des Schwanzes.

Die **Warzenente** stammt als einzige Hausente nicht von der Stockente, sondern von der südamerikanischen Moschusente ab, die dort bereits im 16. Jahrhundert domestiziert vorgefunden wurde. Rassetypisch sind das nackte warzige Gesicht, der Schnabelhöcker, der lange Schwanz und das Fehlen der »Locken« des Erpels (periodisches sekundäres Geschlechtsmerkmal am Schwanz des Erpels). Der 4 kg schwere Erpel übertrifft die Ente um 1 kg, kann aber auch die 5-kg-Marke leicht erreichen. Das Fleisch ist zwar dunkler als bei den anderen Enten, dafür aber sehr saftig. Die Legeleistung liegt bei maximal 100 Eiern; in aller Regel sind es jedoch bedeutend weniger, da die Enten zuverlässig brüten. Die Warzenente benötigt nicht unbedingt ein Wasserbecken zum Schwimmen und fällt durch ihre nahezu lautlose Stimme nicht unangenehm auf. Manche Tiere neigen zum Fliegen, weshalb bei der einen oder anderen Ente das Stutzen der Flügel angebracht ist. Der Rumpf zeigt eine langgestreckte und sehr breite Form bei waage-

Ein besonders ansprechendes Aussehen hat die gescheckte Warzenente.

rechter Haltung. Die Oberkopffedern sind verlängert und leicht sträubbar. Der Schnabel läuft an der Front hakig aus. Die Umgebung des Auges ist federfrei und warzig. Der Hals macht eine S-förmige Biegung. Es sind die Farbschläge Wildfarbig, Blau-Wildfarbig, Blau, Schwarz, Weiß, Gescheckt und Perlgrau anerkannt.

Legerassen

Eine Legeente erstklassiger Qualität stellt die **Laufente** dar. Ihre Legeleistung erreicht 200 Eier, wobei das 65 g schwere Ei meist weiß, bei den dunkleren Farbschlägen jedoch grünlich getönt ist. Das Legen setzt bereits im Herbst ein und erfolgt über den Winter bis ins Frühjahr. Es wird durch einen großen Auslauf gefördert. Mit 2 kg beim Erpel und 1 3/4 kg bei der Ente ist diese Rasse recht leicht. Da die Laufenten sehr wetterhart sind, eignen sie sich für unsere Breiten ausgezeichnet. Zudem können sie dort als Ersatz für Hühner gehalten werden, wo der morgendliche Hahnenschrei als Ruhestörung empfunden wird. Allerdings neigen die Laufenten durch ihre feinknochigen Läufe leicht zu Beinbeschwerden, was bezüglich der Vitalität und Leistung negative Auswirkungen hat. Die Laufente stammt aus Südostasien und wurde vor etwa 100 Jahren in Deutschland eingeführt. Vom Gesamteindruck her handelt es sich um eine aufrecht gehende, schnittig und symmetrisch gebaute Ente. Leider ist sie sehr leb- und damit schreckhaft. Der schmale, langgesichtige und kantige Kopf mit flacher Stirn geht mit einem scharf gebogenen Knick in einen weinflaschenförmigen Hals über. Dieser wiederum paßt sich harmonisch in den walzenförmigen Rumpf ein. Der Rücken zeigt eine gute Rundung. Der Schwanz stellt eine Verlängerung der Rückenlinie dar. Die Flügel sind in den gutgerundeten Rumpf eingepaßt. Die Farbvarianten zeigen eine mannigfaltige Ausprägung. Anzutreffen sind wildfarbige, forellenfarbige, weiße, schwarze, braune, blaue, erbsgelbe und rehfarbig-weißgescheckte Laufenten.

In England wurde die **Campbellente** erzüchtet. Durch die starke Legeleistung von 180 bis 200 weißen bis grünlichen Eiern erlangte diese Rasse schnell eine große Beliebtheit. Zuweilen überschreiten einige Individuen sogar die 200er Schwelle. Das Bruteimindestgewicht (65 g) wird oftmals übertroffen. Die 2 bis 2 1/2 kg schweren Campbellenten sind zudem frohwüchsig und leicht aufziehbar. Es handelt sich um eine leichtgebaute, schlanke Ente mit etwas aufgerichteter Körperhaltung. Der Rumpf ist länglich und gut abgerundet, wobei Körperober- und -unterseite in der Linienführung einander entsprechen. Es gibt diese Enten khakifarben und weiß. Bei ersterer Farbe handelt es sich um eine braune Farbkomponente mit einem Stich ins Rötliche. Bei der Ente kommt unter dieser Grundfarbe die Wildzeichnungsanlage matt heraus. Beim weißen Farbschlag ist ein reines Weiß bei weißer Haut verlangt.

Die **Streicherente** stammt aus einer Kreuzung von Campbell- und Laufenten. In ihrem englischen Mutterland nennt man sie »Welsh-Harlekin«. In den 20er Jahren fand sie über Dänemark in Deutschland Eingang. Ihren Ahnen entsprechend ist die Legeleistung sehr hoch; das 65 g schwere Ei hat eine weißliche Farbe. Formlich tendiert die leicht gebaute Streicherente mit ihren 2 bis 2 1/2 kg zur Campbellente. Sie wird in der hellsten Wildfarbe, der silberwildfarbigen Tönung, gezüchtet. Beim Erpel ist die Grundfarbe Silbrig-Rahmweiß. Brust, Halsansatz, Nacken und Schultern sind rotbraun mit silberweißer Säumung. Der Unterrücken zeigt eine silbergraue Farbe und weist dunkle Tupfen auf, wobei jede Feder gesäumt ist. Der braunschwarze Kopf schillert grün und trägt einen auf der Rückseite nicht geschlossenen Halsring. Bei der Ente ist die Grundfarbe gelblichweiß, wobei Brust, Halsansatz, Nacken

Welches Geflügel wofür?

Sehr gute Legeleistungen weisen die Campbellenten auf.

und Rücken leicht braungestrichelt sind. Der Unterrücken weist dunkle Tupfen mit weißen Federsäumen auf. Der Kopf zeigt eine bräunlichgelbe Farbkomponente.

In England erzüchtete gegen Ende des 19. Jahrhunderts Sir William Cook die **Orpingtonente** aus Aylesbury- und Pommernenten. Mit 150 bis 180 rund 65 g schweren Eiern ist ihre Legeleistung sehr hoch; gleichzeitig empfiehlt sie sich aber auch durch ihr saftiges zartes Fleisch. Damit stellt sie im eigentlichen Sinn eine Zwierasse dar. Die Ente zeigt eine robuste Konstitution und ein rasches Wachstum. Sie begnügt sich mit relativ wenig Futter und einem kleinen Gehege. Dafür badet sie aber sehr gern, weshalb ein Badebecken unabdingbar ist. Den walzenförmigen Körper trägt sie leicht angehoben. Der Bauch und das Hinterteil sind voll ausgebildet, streifen aber nicht den Boden. Der lange und schmale Kopf hat eine flache Stirn. Das Gefieder der 2 1/2 bis 3 kg schweren Ente zeigt ein gleichmäßiges Ledergelb. Lediglich beim Erpel sind Kopf und Hals schokoladenbraun gefärbt.

Rassen mit hohem Zierwert

Die **Hochbrutflugente** gleicht sehr stark der wildlebenden Stockente. Sie entstand Anfang des 20. Jahrhunderts aus Kreuzungen zwischen Stock- und Hausenten, wobei sie ihre Flugfähigkeit beibehielt. Diese in Deutschland erzüchtete Entenrasse bevorzugt hoch angelegte Nistgelegenheiten. Entflogene Hochbrutflugenten bringen ihr Erbgut in die Stockenten ein, weshalb diese meist nicht mehr artenrein sind und dies schon äußerlich durch eine andere Gefiederfarbe dokumentieren. Mit 1 1/2 kg (Erpel) bzw. 1 1/4 kg (Ente) sind die Hochbrutflugenten recht leicht, aber etwas größer als ihre wildlebenden Ahnen. Der bootsförmige Rumpf zeigt eine flache Unterlinie und eine nur wenig gebogene Oberlinie. Der längliche Kopf weist im Gegensatz zu dem der Stockente nur eine leichte Stirn auf. Zuweilen ziert den Kopf eine kugelförmige geschlossene Haube. Der Hals ist leicht gebogen. Innerhalb von acht bis zehn Wochen sind die Hochbrutflugenten schlachtreif, wobei das zarte Fleisch delikat schmeckt. Ihre Federn sind zur Kissenfüllung gut geeignet. Als Gehegeeinrichtung haben sie Verschlupfmöglichkeiten und eine Badegelegenheit gern. Unter allen Umständen ist ihr Gehege nach oben hin abzuzäunen, damit ein Entfliegen unmöglich wird. Nur so ist einem Verlust an Tieren und einer weiteren Verfälschung der wilden Stockentenpopulation vorzubeugen.

Die wetterharte **Haubenente** stellt eine jahrhundertealte Mutationsform einer in Deutschland und den Niederlanden heimisch gewesenen Landente dar. Mit — je nach Geschlecht — 2 bis 2 1/2 kg Gewicht und 120 Eiern pro Jahr hat sie abgesehen von ihrer ausgesprochenen Schönheit auch einen guten Nutzeffekt. Wie ihr Name schon sagt, trägt sie auf dem Hinterkopf eine kugelförmige, aufrecht sitzende geschlossene Haube. Der gedrungene, fleischige Körper weist eine waagerechte Haltung auf. Der in schönem Bogen getragene Hals geht in einen länglich runden Kopf mit hervortretenden Backen über. Brust und Bauch sind vollfleischig ausgebildet. An Farben kommt die Haubenente in allen Landentenfarbschlägen vor, wobei bei den Farbigen die Haube meist heller gefärbt ist als das restliche Gefieder.

Die Heimat der schwarzen, smaragdgrünglänzenden **Smaragdente** liegt in Brasilien; sie stammt allerdings — wie fast alle Hausenten — von der Stockente ab. Da die Stockente jedoch nicht in Südamerika existent ist, bleibt ihre eigentliche Herkunft im Dunkeln. Der Erpel wiegt 1 kg, die Ente 3/4 kg. Damit stellen die Smaragdenten zusammen mit den nachfolgend besprochenen Zwergenten die leichtesten Rassen dar. Den länglichen, abgerundeten Rumpf tragen sie nahezu waagerecht. Die leicht angehobene Brust ist gut gerundet. Läufe und Schnabel sind der dunklen Gefiederfarbe angepaßt. Zuweilen steigt ihre Legeleistung auf 80 Eier; meist liegt aber die Zahl darunter.

Die **Zwergente** (Farbfoto S. 136) darf nicht viel mehr als 1 kg wiegen. Die züchterischen Anfänge sind unbekannt. Weitläufig war sie als Lockente bekannt (sie zog wilde Stockenten an, die der Jäger dann leicht abschießen konnte), bis sie in England rassisch durchgezüchtet wurde. 1943 wurde sie in Deutschland anerkannt. In der Eiproduktion ist sie den Smaragdenten vergleichbar. Der tiefgestellte, gut gerundete Körper wirkt sehr kurz und klein. Die vollentwickelten Backen des gerundeten Kopfes mit der ausgeprägten Stirn stellen ein Rassemerkmal dar. Wie bei der Hochbrutflugente kann eine Haube auf dem Hinterkopf sitzen. Der Hals weist eine kleine Biegung auf. Wie die Hochbrutflugenten kommt sie in zahlreichen Farben vor. Nicht zuletzt wegen der Farbenvielfalt und der Anspruchslosigkeit ist die Zwergente bei uns sehr beliebt.

Puten

Die Pute — offiziell Truthuhn genannt — kommt nur in einer Rasse vor, dafür aber in zahlreichen Farbschlägen. Mit jedem Farbschlag ist eine Größenbezeichnung gekoppelt. Infolgedessen werden die Puten in schwere, mittelschwere und leichte Farbschläge eingeteilt. Dementsprechend wiegen die schweren Puten als Junghahn 9 bis 12 kg und als Althahn 12 bis 15 kg, als Junghenne 6 bis 7 kg und als Althenne 6 bis 8 kg. Die mittelschweren Truthühner bringen als Junghahn 8 bis 10 kg, als Althahn 10 bis 12 kg, als Junghenne 5 bis 6 kg und als Althenne 6 bis 7 kg auf die Waage. Bei den leichten Farbschlägen wiegen der Junghahn 6 bis 7 kg, der Althahn 7 bis 8 kg und die Jung- und Althennen 4 bis 5 kg. Das Bruteimindestgewicht ist bei allen Farbschlägen mit 70 g angegeben. Die Farben Bronzefarbig, Schwarzflügel und Weiß sind unter den schweren Puten vertreten, Schwarz, Rotflügel und Bourbon unter den mittelschweren Truthühnern, und als leichte Puten zählen Blaue, Rote, Gelbe, Kupferfarbige und Cröllwitzer.

Die Pute zeigt ein großes und kräftiges Erscheinungsbild, wobei der langgestreckte Rumpf besonders über den Schultern sehr breit ist und sich zum Schwanz hin in abfallender Linienführung verjüngt. Die breite und volle Brust zeigt eine gute Ausformung. Besondere Aufmerksamkeit erweckt der nackte Kopf mit seiner blauen bis lebhaft himmelblauen Farbgebung, der von roten Fleischperlen besetzt ist. Am Stirnansatz über dem Schnabel hängt ein besonders beim Hahn ausgeprägter Fleischzapfen, der sich bei Erregung verlängert. Der Kopf des Hahns hat keinerlei Befiederung; bei der Henne zeigt der Scheitel eine spärliche Federbesetzung. Daran kann man Junghenne und Junghahn frühzeitig voneinander unterscheiden. Der Hals ist leicht gebogen und hat im oberen Bereich eine ausgeprägte unbefiederte Hautstelle von rötlichblauer Farbe. An der Brustpartie wachsen sowohl bei den Hähnen als auch bei manchen alten Hennen Haarbüschel in verschieden starker Ausprägung. Die langen und breiten Flügel trägt das Truthuhn hochangesetzt fest am Körper. Der lange, etwas gesenkt getragene Schwanz ist geschlossen bzw. beim Hahn im Affekt fächerartig aufgerichtet. Hennen spreizen ihn dagegen nur. Die Läufe sollen bei den Puten sehr hoch sein, wodurch ihnen eine gewisse Eleganz zukommt.

Bei der Bronzefarbe sind Brust, Hals, Schultern und Flügelbug im Grundton schwarz mit starkem Bronzeglanz, in den Regenbogenfarben schillernd. Die Rückenfedern zeigen ein 1 bis 2 cm breites, gold bis violettrot schillerndes Bronzeband, das am Federende einen schmalen schwarzen und einen breiten kastanienbraunen Streifen hat. Die grauweißen Schwingen weisen eine gleichmäßige und scharfe schwarze Querbänderung auf. Die Schwanzfedern haben am Federende ein 1 bis 2 cm breites Bronzeband, das von einem sandfarbigen bis goldbraunen Streifen abgeschlossen wird.

Die weißen Puten sind reinweiß; nur der Haarbüschel ist schwarz. Ein samtartig glänzendes Schwarz zeichnet den schwarzen Farbschlag aus. Bei den Blauen (Farbfoto S. 135) wird ein gleichmäßiges dunkles oder helles Blau verlangt, wobei schwarze Farbspritzereinlagerungen erlaubt sind. Bei den gleichmäßig gefärbten Roten sind weiße Flügelspitzen zulässig. Ein sattes Ockergelb mit tiefgelbem Untergefieder wird beim gelben Farbschlag verlangt. Die leuchtend satte Kupferfarbe soll beim Kupferfarbschlag lebhaft glänzen. Häufig treten hierbei schwarzblau glänzende Endsäume auf.

Bei den Cröllwitzern ist die Hauptfarbe Weiß, wobei jede Feder einen schwarzen Saum hat, welcher nochmals von einem weißen Saum eingefaßt wird. Je nach Geschlecht und Gefiederbezirk ist die Säumung unterschiedlich stark ausgeprägt.

Beim Rotflügelfarbschlag wird der Gefiedergrundton in einem orangerot bis olivgrün schillernden Dunkellederbraun gehalten, wobei beim Hahn jede Feder schwarz gesäumt ist und bei der Henne sandfarbig bis rötlichbraun. Die Handschwingen sind grauweiß mit kräftigen schwarzen Farbeinlagerungen. Die Armschwingen weisen eine lebhafte rostrote Farbe mit feinen schwarzen Farbspritzern auf. Durch das Schillern der aufgelagerten Goldplatten wirkt der Rotflügeltruthahn sehr attraktiv.

Die Cröllwitzer Pute ist ein besonders schöner Farbschlag.

Beim Bourbonhahn sind alle Federn dunkelbraunrot mit Ausnahme der schwarz gesäumten Halsfedern; bei der Henne fehlen die Endsäume. Die Schwingen sind weiß, genauso wie der Schwanz, wobei dieser am Federende einen roten, weißgesäumten Querstreifen aufweist. Bei der Henne zeigt das Brustgefieder einen kleinen weißen Saum.

Das Schwarzflügeltruthuhn hat eine tiefschwarze Grundfarbe, die je nach Lichteinfall dunkelbronzefarbig bis leuchtend grün schillert. Von der Schulter bis zur Schwanzspitze trägt jede Feder eine sog. Goldplatte. Die Endsäume auf dem Rücken sind beim Hahn schwarz, bei der Henne grünglänzend, auf den Schwanzdeckfedern braun und auf den Schwanzfedern hellbraun. Die Schwingen haben eine schwarze Farbgebung, wobei die Armschwingen einen schmalen weißen Saum aufweisen.

Perlhühner

Die Perlhühner werden hauptsächlich wegen ihres schmackhaften Fleisches und wegen der delikaten Eier gehalten. Zudem stellen sie aufgrund ihres ungewöhnlichen Erscheinungsbildes ein beliebtes Rassegeflügel dar, dessen Schreilaute allerdings meist störend wirken.

Die Haustierform der Perllhühner ist schwerer als die Wildtierform, wobei überraschenderweise der Hahn mit 1,6 bis 2 kg weniger wiegt als die Henne mit ihren 1,8 bis 2,5 kg. Die gelblichen bis braunen Eier haben ein Gewicht von 40 bis 45 g.

Die vollfleischige hochgetragene Brust der Henne ist beim Hahn spitzer. Der Rücken zeigt eine Wölbung und fällt hinten ab. Den aus 16 Federn bestehenden Schwanz trägt das Perlhuhn hängend. Das interessanteste Merkmal stellt der Kopf dar. Er ist kurz und breit, wobei auf dem Scheitel ein horniges, helmartiges, braunes Gebilde (»Helm«) in Dreiecksform mit nach hinten gebogener Spitze sitzt. Das dunkelbraune Auge und der stark gebogene, orangerote Schnabel erhöhen die Attraktivität des nackten bläulichweißen Gesichts. Die Kehllappen sind rot mit einem weißen Fleck.

Als Geschlechtsunterscheidungsmerkmal zeigt der Helm beim Hahn nach hinten, bei der Henne ist er abgestumpft. Die Kehllappen haben beim Hahn eine stärkere Ausprägung und sind im Gegensatz zur Henne nicht glatt. An Farben sind Blaue, Perlgraue, Lavendelblaue, Chamoisfarbene, Weiße, Violette, Azurblaue, Lavendelblaue mit reduzierter Perlung und Chamoisfarbene mit reduzierter Perlung bekannt. Bei den Blauen erscheint die Gesamtgrundfarbe grauschwarz, jede Feder einzeln betrachtet jedoch indigoblau, wobei auf jeder viele weiße Punkte (»Perlen«) sind. Auf dem Rücken, Bürzel und Schwanz sind die Perlen schwarz eingefaßt. Bei den Perlgrauen hat die Feder eine hellgraublaue Grundfarbe, die Perlung statt der schwarzen Einfassung eine blaue.

Welches Geflügel wofür?

Die Lavendelblauen sind in der Grundfarbe zart hellblau. Die chamoisfarbenen Tiere haben eine fahlgelbliche Farbgebung mit satter gelb eingefaßter Perlung. Geschlechtsbedingt zeigt bei den Hähnen die Grundfarbe eine blassere Ausprägung. Die Weißen kommen in einer rahmweißen Grundfarbe mit glänzend silberweißer Perlung vor. Bei den Violetten erscheint das Grundgefieder schwarz-violett, wobei jede Feder tiefschwarz gesäumt ist. Das Körperseitengefieder und die Schwingen weisen eine feine weiße Perlung bzw. Streifung auf. Die Azurblauen sind graublau mit violetter Übertönung, wobei der Hahn eine geschlechtsgebundene dunklere Grundfarbe hat. Die Perlung entspricht den violetten Perlhühnern. Bei den Lavendelblauen mit reduzierter Perlung ist das Grundgefieder zart hellblau mit einem bläulichen Schleier. Die Zeichnungsfarbe entspricht der der Violetten. Die Chamoisfarbenen mit reduzierter Perlung sehen in der Grundfarbe wie die Chamoisfarbenen aus, besitzen jedoch die Perlung der violetten Perlhühner.

Fütterung

Aufbau und Energieversorgung des Körpers

Der Körper unseres Geflügels besteht wie der aller anderen Lebewesen aus einzelnen Zellen, an die sämtliche Lebens- und Stoffwechselvorgänge gebunden sind. Analysiert man den tierischen Organismus hinsichtlich seiner chemischen Grundelemente, so zeigt sich, daß er sich hauptsächlich aus Kohlenstoff, Wasserstoff, Stickstoff, Phosphor, Kalzium, Magnesium, Eisen, Natrium, Schwefel, Jod und vielem mehr zusammensetzt.

Damit der Organismus wachsen und sich entwickeln kann, muß er ständig diese Grundstoffe aufnehmen. Über mannigfaltige Reaktionsstufen baut der Körper die aufgenommenen Substanzen in seinen Körper ein. Dabei finden zahlreiche Auf-, Um- und Abbaureaktionen statt. Dafür, daß das Küken optimal zur Legehenne heranwächst, daß das erwachsene Tier die Mauser gut übersteht oder daß eine hohe Legeleistung erreicht wird, ist eine Fütterung mit hochwertigen Futtermitteln nötig, die dem Körper genau zum richtigen Zeitpunkt die richtigen Nährstoffe zuführt.

Für den sog. Baustoffwechsel — also das Wachstum — sind vor allen Dingen die Eiweiße (stickstoffhaltige Futtermittel) relevant. Kohlenhydrate und Fette unterstützen dagegen mehr den sog. Betriebsstoffwechsel, d.h. die Energiebereitstellung für die Bewältigung der alltäglichen Anforderungen. In ihrer Gesamtheit und in ihrer Wirkung unterstützen und beeinflussen diese Nährstoffe sehr stark einander, so daß man geradezu von einem Wechselsystem einerseits der Nährstoffe untereinander und zwischen dem Körper und den Nährstoffen andererseits sprechen kann.

Grundbestandteile des Futters

Man kennt verschiedene Grundbestandteile, aus denen ein Futtermittel aufgebaut ist. Das Schema auf der folgenden Seite soll dies verdeutlichen.

Überträgt man das allgemeine Schema auf ein konkretes Futtermittel, so bedeutet dies beispielsweise, daß sich die Bestandteile des Gerstenkorns in die Trockenmasse und in den Wasseranteil untergliedern. Bei ihm stehen Wasseranteil und Trockenmasse zueinander im Verhältnis von 14:86%. Der Wasseranteil ist beim Gerstenkorn relativ gering, denn eine grüne Pflanze etwa hat einen Wassergehalt von bis zu 98%. Da das Gerstenkorn aber — wie alle anderen Körner — auch zur Fortpflanzung dient, ist in ihm der Wasseranteil sehr stark reduziert, weil sich dadurch die Lebensvorgänge verlangsamen und damit eine längere Ruheperiode (Lagerung) möglich wird. Die Mohrrübe als stoffwechselaktive Pflanze hat ein gerade umgekehrtes Wasser-Trockenmasse-Verhältnis wie das Gerstenkorn, nämlich 86:14%.

Erwärmt man das jeweilige Futtermittel, so verdunstet alles Wasser, und die Trockensubstanz bleibt übrig. Diese besteht aus organischen, verbrennbaren Bestandteilen und aus anorganischen, unverbrennbaren Anteilen. Die Gerste hat von ihren 86% Trockensubstanz 82,7% organische und 3,3% anorganische Stoffe. Letztere nennt

Fütterung

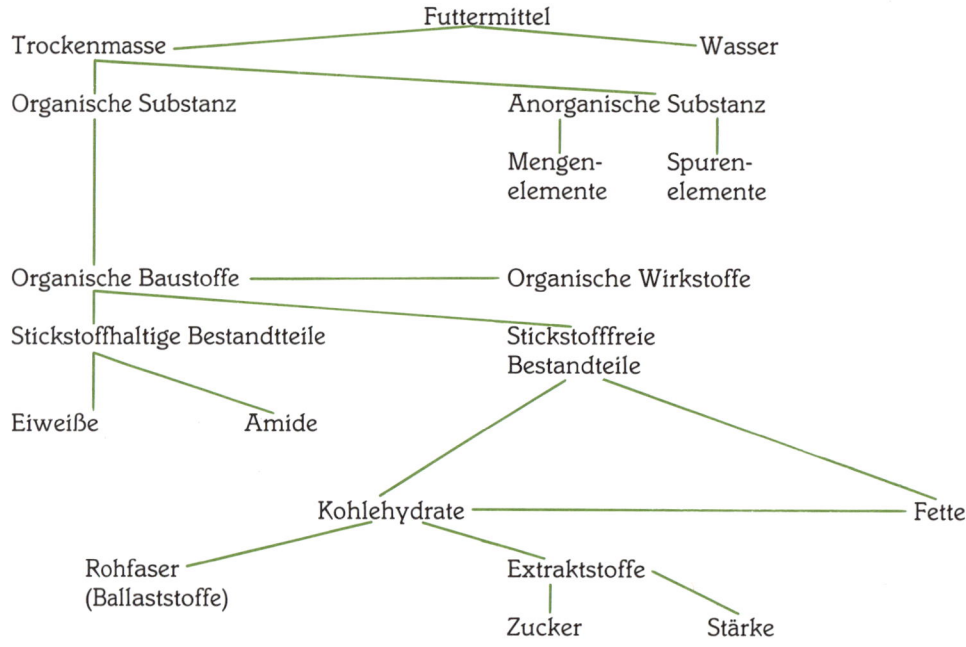

man auch »Rohasche«. Sie untergliedert sich in Mengenelemente wie Kalzium, Phosphat, Kalium, Magnesium, Natrium, Schwefel, Chlor sowie in Spurenelemente wie Eisen, Kupfer, Mangan, Jod, Fluor und vieles mehr. Die organische Masse teilt sich in die Gruppenkomplexe organische Baustoffe und organische Wirkstoffe auf. Unter letzteren verstehen wir die Vitamine, aber auch die Enzyme, Hormone, Antibiotika und ähnliches. Sie greifen sehr stark — wenn auch nur in sehr geringen Konzentrationen — in die Stoffwechselprozesse des Körpers ein. Die organischen Baustoffe untergliedern sich weiter in die stickstoffhaltigen und die stickstofffreien Substanzen. Erstere zerfallen in die Eiweiße und in die nicht eiweißartigen Stoffe der Amide. Sie liefern zusammen die bereits erwähnte Grundsubstanz zum Körperaufbau. Damit sie richtig in die bereits vorhandene Körpermasse eingebaut werden können, ist ein kompliziertes Wechselspiel mit zahlreichen Stoffen nötig, vor allem mit den organischen Wirkstoffen. Der Gruppenkomplex der stickstofffreien Verbindungen, zu dem die Fette und Kohlehydrate gehören, stellt die Energiequelle dar. Die Kohlehydrate untergliedern sich weiter in die Rohstoffbestandteile, die keinen eigentlichen Nährwert haben, sondern nur eine Ballastfunktion erfüllen, und in den Extraktstoffanteil. Dieser besteht aus den leicht verwertbaren Zuckern und der Stärke, welche — wie die Fette — eine gespeicherte Energiequelle darstellen, die bei schlechter Ernährungslage herangezogen werden kann.

Eiweiß

Das Eiweiß macht den Hauptbestandteil jeder Zelle aus und ist das Medium zahlreicher Lebensvorgänge. Es besteht aus kleineren Bausteinen, den sog. Aminosäuren. Von den bekannten 20 Aminosäuren sind etwa zwölf — je nach Tierart — essentiell, was soviel wie »lebensnotwendig« bedeutet.
Einige solcher essentieller Aminosäuren sind im Falle des Geflügels Methionin, Lysin, Threonin oder Glykokoll. Im Gegensatz zu den halbessentiellen (lebenswichtigen) und nicht essentiellen Aminosäuren kann der Geflügelkörper diese nicht selbst herstellen und ist auf ihre Zuführung von außen angewiesen.

Amide

Amide sind vor allem an Ab-, Um- und Aufbauprozessen des Eiweißes beteiligt. Die Amide und Eiweiße faßt man gemeinsam unter dem oft verwendeten Begriff »Roheiweiß« oder »Rohprotein« zusammen. Vor allen Dingen in jungen Pflanzenteilen und im Samen ist ein hoher Amidgehalt zu finden.

Kohlehydrate

Unter dem Begriff »Kohlehydrate« verbergen sich vielerlei Zuckerarten, die — je nach ihrer chemischen Zusammensetzung — in Einfach-, Mehrfach- und zusammengesetzte Zucker untergliedert werden. Ein Einfachzucker ist der bekannte Traubenzucker, ein zusammengesetzter Zucker der Rohrzucker und ein Mehrfachzucker die Stärke, das Insulin oder das Glykogen. Damit der Zucker als Energielieferant für die Muskeln oder als Wärmeproduzent nutzbar ist, muß er in der Form des Einfachzuckers vorliegen. Die Mehrfachzucker dienen als Speichersubstanz und werden zum Beispiel als Glykogen in der Leber abgelagert.

Die Zellulose — ebenfalls ein Mehrfachzucker — rechnet man zur Rohfaser. Sie zeichnet sich durch eine schlechte Nährstofferschließung aus und wird vor allem in den Blinddärmen, wo sie für einige Zeit verbleibt, in geringem Maße aufgeschlossen. Obwohl sie keinen hohen Nährwert besitzt, ist sie für einen optimalen Verdauungsvorgang von Bedeutung.

Fette

Fette erzeugen im Körper Wärme, weshalb sie auch als »Wärmebildner« bezeichnet werden. Als Depotfette lagern sie sich beispielsweise im Unterhautbindegewebe und an den Eingeweiden an. Fette liefern bei der zellulären Verwertung den höchsten Energiewert. Versuche ergaben, daß Fette 2,3mal mehr Wärme erzeugen als die gleiche Menge Kohlehydrate. Neben dem Depotfett verfügt das Geflügel auch über sog. Organfett, das ständig auf-, um- und abgebaut wird. An diesen Stoffwechselprozessen beteiligen sich besonders ungesättigte Fettsäuren, die für den Organismus lebensnotwendig sind und einer ständigen Zufuhr bedürfen. Daher muß jede Futtermischung einen bestimmten Fettanteil bzw. eine bestimmte Fettmischung haben. Zudem ist das Körperfett Trägersubstanz für die fettlöslichen Vitamine A, D, E, F und K.
Fettähnliche Stoffe — die sog. Lipoide — bewirken einen Fetttransport im Körper, erhöhen die Fettverdauung und Resorption oder dienen in Form des Karotins als Provitamin A. Bekannt ist auch das Wachs der Bürzeldrüse, das zum Einfetten des Gefieders dient.

Mineralien

Die Mineralstoffe, welche sich in die Mengen- und Spurenelemente untergliedern, sind für die Gesundheit der Tiere sehr wichtig. Da sowohl die Mengen- als auch die Spurenelemente unerläßlich für das

Fütterung

Funktionieren der tierischen Stoffwechselvorgänge sind, führt ein Mangel an Mineralstoffen zu Wachstums- und Entwicklungsschäden beim Jungtier und zu Leistungsrückgängen beim erwachsenen Tier. Weil die Mineralien ebenso wie die Vitamine für die Geflügelernährung von großer Bedeutung sind, seien sie an dieser Stelle ausführlich beschrieben.

Von großer Wichtigkeit für den Aufbau des Knochengerüsts ist das **Kalzium**. Der Aufbau findet schon im Hühnerei während der Embryonalentwicklung statt. Über eine Embryonalhülle baut der heranwachsende Keimling den Kalk der Eischale teilweise ab und integriert ihn in sein Skelettsystem. Durch diesen Mechanismus steht ihm genügend Kalk zum Knochenaufbau zur Verfügung, und gleichzeitig wird die Kalkschale beim Schlupf leichter aufbrechbar. Daneben gewährleistet das Kalzium die Funktionstüchtigkeit der Körperzellen. Zugleich bewirkt das Mineral eine gute Durchlässigkeit der Zellen für Fette und Eiweiße. Das Blut ist in starkem Maße auf Kalzium angewiesen, da dieses die Blutgerinnung unterstützt. Vor allem wegen der Eischalenbildung steht das Kalzium an der Spitze aller benötigten Mineralstoffe. Bekanntlich besteht die Eischale ja zu 93% aus Kalziumkarbonat. Mit jedem gelegten Ei scheidet der Tierkörper 5 bis 6 g Kalzium aus dem Blutkreislauf ab. Da das Huhn zu keiner ausgeprägten Kalkspeicherung befähigt ist, muß das Defizit durch die Nahrung ausgeglichen werden. Aufgrund dieser Tatsache bietet der Züchter seinen Hühnern zur beliebigen Aufnahme Muschelschrot, Futterkalk oder aber Eierschalen aus eigenen Hühnerbeständen an. In einer niedrigen Dosis kann man auch Chlorkalzium verfüttern. Dazu löst der Züchter im Trinkwasser pro Tier und Tag 0,2 g Chlorkalzium auf. Bei höheren Konzentrationen können Chlorvergiftungen eintreten. Aber auch Fleisch-, Fisch- und Knochenmehle haben hohe Kalziumgehalte. Zusätzlich bieten einige tierpharmazeutische Betriebe Kalziumpräparate an. Abgesehen von der Gewährleistung der Mineralstoffversorgung als solcher muß auch das Verhältnis von Kalzium und Eiweiß aufeinander abgestimmt sein. Bekommen die heranwachsenden Jungtiere ein hochprozentiges Eiweißfuttermittel, so wächst ihre Muskel- und Fleischmasse bedeutend stärker als das Skelettsystem mithalten kann. Als Folge drückt das zu hohe Körpergewicht auf das zu schwache Knochensystem, und Skelettmißbildungen — vornehmlich krumme Zehen — stellen sich ein.

Liegt die Kalziumversorgung stark unterhalb des Mindestbedarfs, so treten Knochenweiche und Knochenbrüchigkeit auf, vor allem dann, wenn zum Kalziumdefizit eine D-Avitaminose (Vitamin-D-Mangelkrankheit) hinzukommt. Aber auch eine überreichliche Versorgung mit Vitamin D führt zu Schäden. Es treten dann zu starke Kalkanreicherungen auf. Baumen Jungtiere zu früh auf, so ist der Druck der Sitzstange auf das Brustbein so stark, daß dieses eine Eindrückung (Delle) erfährt. Die nicht einwandfreie Brustbeinausprägung ist in diesem Falle natürlich nicht vererbbar und wird auf Ausstellungen auch nicht mit Minuspunkten bedacht.

Neben diesem mehr anatomischen Gesichtspunkt spielt das Kalzium auch sehr stark in den Nerven- und Muskelstoffwechsel hinein. Neben Kalium und Natrium spielt das Kalzium eine bedeutsame Rolle in der Reizweiterleitung des Nervensystems. Des weiteren bewirkt es die Muskelkontraktion und hat einen regulierenden Einfluß auf die Herztätigkeit. Bei chronischem Kalziummangel treten Wachstumshemmungen, rachitische Symptome, Lähmungserscheinungen der Extremitäten, Appetitlosigkeit und Entkräftung auf.

Ein weiteres wichtiges Mengenelement ist der **Phosphor**. Er reguliert gemeinsam mit anderen Mineralien den Stoffwechsel — vor allem den der Kohlehydrate und Fette — und stellt den Ausgangsstoff für die körpereigene Energieversorgung dar. Zudem befindet sich der Phosphor in zahlreichen Körpersubstanzen wie dem Zellkern, den Enzymen und Hormonen. Bei der Bildung der ständig zu erneuernden Körperzellen und der Knochensubstanz spielt der Phosphor eine nicht zu unterschätzende Rolle. In den Nukleinsäuren — chemischen Erbsubstanzen — ist er bei der erblichen Informationsübertragung von Bedeutung. Phosphoreiweißverbindungen stellen als sogenannte Phosphorproteine die Ernährung der Embryonen im Brutei sicher.

Neben dem Phosphormineral an sich ist auch sein Verhältnis zum Kalzium relevant. Bei einem Kalziumüberschuß im Blut wird dem Knochen Phosphat entzogen, so daß eine Knochenweiche eintreten kann. Ist zuwenig Kalzium im Blut, tritt ebenfalls eine Erweichung der Knochen ein, die aber deutlich langsamer vonstatten geht als bei einem Kalziumüberschuß.

Bei einem Phosphatmangel treten Wachstumshemmungen und Leistungseinschränkungen sowie Blutarmut und allgemeine Schwäche auf.

Das Verhältnis von Phosphor zu Kalzium sollte bei Jungtieren 1:1,5 betragen. Bei Legehennen ist das Verhältnis von 1:3 günstig und bei Zuchthennen eines von 1:2. Die gleiche Korrelation ist für eine optimale Spermienproduktion des Zuchthahns wichtig. Bei einem falschen Mengenverhältnis treten neben der Osteomalazie (Knochenweiche) Knochenverkrümmungen und Gelenkauftreibungen auf. Zudem funktioniert die Vitamin-D-Versorgung nicht mehr optimal, wodurch die Osteomalazie besonders stark voranschreitet. Auch das Vitamin A spielt in diesen Regelmechanismus hinein. Anhand dieses Mineral-Vitamin-Stoffwechselkomplexes wird die Verflochtenheit der stoffwechselphysiologischen Beziehungen offensichtlich. Reich an Phosphor sind Roggen- und Weizenkleie, Getreidekörner, Fisch-, Fleisch- und Knochenmehle. Allerdings ist der Phosphoranteil der Getreidekörner teilweise unverdaulich.

Natrium und **Chlor** kommen überwiegend in der Körperflüssigkeit des Organismus vor und regulieren deren Transport durch die Körperzellen. Gleichzeitig wirkt das Chlor entscheidend bei der Verdauung im Magen mit. Verfüttert werden Chlor und Natrium meist über das Kochsalz. Dabei darf das Huhn höchstens 1 g pro Tag erhalten. Bereits 2 bis 3 g je Tag verursachen Reizungen der inneren Organe und 4 1/2 g genügen zur Vergiftung des Huhns. Hat das Futtermittel die richtige Natrium-Chlor-Konzentration, so wirkt es appetitfördernd, da es das Futter schmackhaft macht. Das Natrium sorgt für eine gute Nervenfunktion und regelt den Säure-Basen-Haushalt. Da das Chlor über das Ei ausgeschieden wird, bedarf es dessen ständiger Zufuhr. In Garnelen ist Natriumchlorid reichhaltig enthalten.

Das **Kalium** stellt in der Körperflüssigkeit gewissermaßen einen Gegenspieler des Natriums dar und beeinflußt die Tätigkeit des Herzmuskels. Außerdem wirkt es auf die Skelettmuskulatur ein. Auch im Nervensystem erfüllt es eine wichtige Aufgabe. Zudem liegt es in fast allen Körpersubstanzen vor. Da das Kalium über Grünfutter stets zugeführt wird, tritt nur selten ein Mangel auf. Typische Mangelzustände wären Ursache für einen Leistungsrückgang bei Alttieren und für ein schlechtes Wachstum bei Küken. Im Extremfall setzt sogar der Tod ein.

Ein wichtiger Faktor für das Gewebewachstum ist das **Magnesium**. Es wirkt auch im Eiweißumbau und Knochenaufbau mit. Zugleich stellt es einen Bestandteil der Enzyme dar, die Zuckermoleküle aktivieren. Außerdem bindet es überschüssige Säuren.

Bei einem Mangel kommt es zu Blutgefäßerweiterung, Übererregbarkeit, Nierenschäden, Krämpfen, Wachstumsstillstand und langsamer Befiederung. Letztlich kann auch der Tod eintreten.

Eine wichtige Rolle spielt das Magnesium in der sog. Seminalflüssigkeit des Ejaku-

Fütterung

lats, wo es mit dem Kalzium, Natrium, Kalium und Chlorid für gute Befruchtungseigenschaften des Hahns sorgt.

Reich an Magnesium ist das Grünfutter, vor allem Rübenblätter. Aber auch in der Kleie kommt es sehr reichhaltig vor.

Der **Schwefel** bildet einen Baustein der Eiweiße bzw. einiger essentieller Aminosäuren. Diese Aminosäuren sind für energierelevante Stoffwechselprozesse wichtig. Von besonderer Bedeutung ist der Schwefel bei der Mauser. Für den Aufbau der Federn ist eine erhöhte Schwefelzufuhr vonnöten.

Die Fütterung von elementarem Schwefel ist unangebracht, da das Tier diesen nicht aufnehmen kann. Allerdings ist er bei einem leichten Wurmbefall wirksam. Schwefelgaben führen unter Umständen zu Vergiftungen. Über die Aminosäuren Methionin und Cystein und die Vitamine B_1 und Biotin ist er dem Körper zuführbar. Hohe Schwefeldosen sollten mit einer Vitamin-D-Gabe gekoppelt werden, damit keine Knochenweiche auftritt.

Eines der wichtigsten Spurenelemente ist das **Eisen**. Es stellt einen wesentlichen Bestandteil des roten Blutfarbstoffs Hämoglobin dar. Zudem kommt es im Ferritin vor, einem eiweißähnlichen Stoff, der für die Eisenresorption von Bedeutung ist. Gleichzeitig wirkt es bei der Energiegewinnung mit und ist Bestandteil einzelner Vitamine. Bei Eisenmangel tritt eine Eisenmangelanämie auf, und gleichzeitig leiden die Tiere an allgemeiner Schwäche. Eisenmangel ist häufig bei einseitiger kohlehydratreicher Kost oder bei übermäßiger Milchfütterung festzustellen. Bei Parasitenbefall und bei Krankheiten stellt sich ebenfalls schnell ein Eisenmangel ein. Zuführbar ist Eisen über Grünfutter, Fleisch- und Fischmehl. Die oftmals angewandten rostigen Nägel im Trinkwasser sind nicht in der Lage, einem Eisenmangel vorzubeugen. Die Zuführung von Eisenvitriol über das Trinkwasser soll im Tierorganismus blutbildende und stoffwechselfördernde Prozesse positiv beeinflussen. Es existiert aber auch die entgegengesetzte Ansicht, daß dem Eisenvitriol außer einer leicht stopfenden Wirkung bei Durchfall keine besondere stoffwechselphysiologische Bedeutung zukommt.

Kobalt ist ein Bestandteil des Vitamins B_{12} und spielt bei der Blutbildung eine Rolle. Beim Stoffwechsel regelt es zum Teil die Enzymwirkung. Dem Körper ist das Kobalt über Kobaltsulfat oder Vitamin B_{12} zuführbar.

Ein Bestandteil des Insulins, das gemeinsam mit dem Glukagon der Bauchspeicheldrüse den Blutzuckerspiegel regelt, ist das **Zink**. Zudem greift es in den Arbeitsablauf verschiedener Enzyme ein. Wichtig ist es auch für den Aufbau von Horngebilden wie den Krallen. Im Organismus findet man Zink vor allem im Gehirn, in den Drüsen und in den Geschlechtsorganen. Es spielt für das Wachstum und die Tätigkeit von Leber und Nieren eine gewichtige Rolle. Ein Zinkmangel wirkt sich vor allem auf die Geschlechtsfunktion aus. Gut verfütterbar ist es über Zinksulfat.

Kupfer ist in nahezu allen Organen vorhanden. Es garantiert eine gesunde Entwicklung und ein normales Wachstum. Hauptsächlich steht es mit den Mineralien Eisen und Kobalt in Verbindung. So kommt beispielsweise bei Kupfermangel das Eisen im Organismus nicht voll zur Geltung. Wahrscheinlich wirkt das Kupfer auch an der Blutbildung mit. Zuführbar ist es über Grünfutter, Fleisch- und Fischmehl sowie Kupfersulfat.

Mangan ist ein Bestandteil von einigen Enzymen und steht möglicherweise mit der Blut- und Fettbildung in Beziehung. Außerdem spielt es im innersekretorischen Drüsensystem eine wesentliche Rolle. Bei Hennen verbessert es die Legeleistung und bei Küken das Wachstum. Über das Brutei unterstützt Mangan den Schlupfvorgang. Bei einem Mangel sterben viele Embryonen ab, da sie wegen Mißbildungen lebensunfähig sind. Bei geschlüpften Küken äußert sich ein Mangandefizit in der Sprunggelenkskrankheit. Oft sind Flügel und Beine verkürzt. Die Eier zeigen eine schlechte Schalenbildung. Allgemein sprechen schwere Rassen empfindlicher auf einen Manganmangel an als leichte Hühnerrassen. Der Manganbedarf kann über Mangansulfat gedeckt werden.

Jod ist zwar nur in geringem Maße in der Körperflüssigkeit vorhanden, spielt aber dennoch in physiologischer Hinsicht eine wichtige Rolle. Beispielsweise ist es für die Synthese des Schilddrüsenhormons notwendig.

Bei Jodmangel treten bei Embryonen und Küken Wachstumsstörungen auf. Früher gab der Geflügelzüchter zur Steigerung der Legeleistung Jod, das den Eierstock anregen sollte. Dies erwies sich zwischenzeitlich als unrichtig. Vielmehr bewirken zu hohe Jodgaben einen Rückgang der Leistung.

Das **Fluor** ist als Spurenelement umstritten. Bei zu hoher Dosis wirkt es toxisch (giftig).

Silizium, welches vor allem im Gras vorhanden ist, hat eine günstige Auswirkung auf Bindegewebsbildung und Elastizität der Haut.

Zwar sind die Mineralstoffe in den fertigen Futtermitteln wie etwa Legemehl und Legehennenalleinmehl enthalten, aber zuweilen steigt der Bedarf der Hühner über dieses Quantum hinaus. Gerade bei den Mineralstoffelementen Kalzium, Phosphor, Natrium, Mangan und Zink trifft man immer wieder eine Unterversorgung an. Aus diesem Grund sollte der Züchter als Ergänzungsfütterung seinen Hühnern ein Mineralstoffgemisch reichen. Die Futtermittelindustrie bietet dafür zahlreiche Präparate an. Allerdings führt auch ein erhöhter und planloser Einsatz von Mineralien zu Leistungsrückgängen, weshalb das Mineralstoffgemisch maßvoll gefüttert werden sollte. An natürlichen Futtermitteln sind im pflanzlichen Sektor Grünfutterpflanzen aller Art relativ mineralstoffreich, insbesondere an Kalzium, Phosphor, Magnesium, Eisen, Mangan und Kupfer. Im tierischen Bereich enthalten vor allem die Knochen-, Fleisch- und Fischmehle zahlreiche Mineralien. Auch das Blut geschlachteter Tiere hat einen hohen Mineralstoffgehalt.

Bewährt hat sich auch die Bereitstellung eines sog. Taubensteins, der mit Vitaminen angereichert ist. Ihn nehmen die Hühner, Puten und Perlhühner gern auf und decken damit zumindest einen Teil ihres Mineralstoffbedarfs.

Neben den Mineralstoffen benötigen die Tiere für die optimale Verdauung auch kleine Steinchen. In der Freilaufhaltung suchen sie sich diese meist selbst, bei der Stallhaltung indes müssen sie dem Geflügel angeboten werden. Da die Vögel bekannterweise keine Zähne haben, dienen die Steinchen im Muskelmagen als Zahnersatz und helfen das Futter zu zermahlen. Nach einiger Zeit sind die Steinchen durch die Mahltätigkeit abgerundet und werden ausgeschieden, weshalb eine ständige Neuaufnahme nötig ist. Die Steinchen liegen beim Huhn in einer Menge von 4 bis 18 g vor, bei der Ente und Gans zu 10 bzw. 30 g. Die Bereitstellung dieser Steinchen erfolgt in Form von Grit; aber eine Zugabe von Quarzsand erfüllt den gleichen Zweck. Vor allem bei der Fütterung von Körnern ist die Verabreichung von Steinchen wesentlich, wogegen bei einer Versorgung mit Alleinfutter die Steinchenzuführung nicht so wichtig ist.

Vitamine

Unter den Begriff »Vitamine« fallen spezifische organische Substanzen, welche die Stoffwechselvorgänge im Organismus regulieren und in geordnete Bahnen leiten. Der Körper kann in der Regel die Vitamine nicht selbst aufbauen; daher müssen sie mit der Nahrung zugeführt werden. Die benötigten Mengen sind sehr gering, entfalten im Organismus jedoch eine große Wirkung. Einzelne Vitamine werden im Körper durch die Umwandlung aus der inakti-

Fütterung

ven Vorstufe in die aktive Form überführt. Vitamine sind vor allem im Grünfutter enthalten, können aber durch eine vorherige Speicherung auch in der Fleischkost zu finden sein. Beim Fehlen von Vitaminen kommt es zu Mangelerscheinungen, den sog. Avitaminosen.

Bei Hühnern, Enten, Gänsen, Puten und Perlhühnern kann es in bestimmten Situationen (z.B. nach einer Krankheit, bei früher Bruteiproduktion, in der Legephase usw.) zu einem erhöhten Bedarf an Vitaminen kommen.

Ihres Vorkommens wegen untergliederte man die Vitamine bisher in fett- und wasserlösliche. Bezeichnet werden sie überwiegend noch mit Buchstaben, doch neuerdings setzt sich der aus den USA stammende Trend durch, die Vitamine unter der chemischen Bezeichnung aufzuführen. In der nachfolgenden Übersicht sollen daher, um Mißverständnissen vorzubeugen, beide Bezeichnungen einander gegenübergestellt werden.

Fettlösliche Vitamine

Vitamin A = Retinol
Vitamin D = Calciferol
Vitamin E = Tokopherol
Vitamin K = Phyllochinon

Vitamin F ist eine überholte Sammelbezeichnung für spezifische hochungesättigte Fettsäuren.

Wasserlösliche Vitamine

Vitamin B_1 = Thiamin
Vitamin B_2 = Riboflavin
Vitamin B_6 = Pyridoxin
Vitamin B_{12} = Cobalamin
Vitamin B_3 = Niacin (Nikotinsäure)
Vitamin B_5 = Pantothensäure
Vitamin M = Folsäure
Inosit
Vitamin J = Cholin
Vitamin H = Biotin
Vitamin C = Ascorbinsäure
Paraaminobenzoesäure

Fettlösliche Vitamine

Vitamin A fördert Entwicklung und Wachstum des Junggeflügels und die Legeleistung der Alttiere. Es stärkt die Widerstandskraft gegen Infektionskrankheiten und intensiviert den Stoffwechsel der Haut und Schleimhaut. Auch wirkt es dem winterlichen Geflügelschnupfen entgegen.

Ein Mangel an Retinol ruft Appetitlosigkeit und Wachstumsverzögerungen hervor. Der Dotter der Eier ist oft blaß. Bei den Küken sinkt die Schlupffreudigkeit, und der Schlupftermin verzögert sich. Geschlüpfte Küken erscheinen schlapp, matt und ohne Elan. Neben einem blassen Schnabel und Kopf sowie pigmentarmen Beinchen läßt ihre gesamte Konstitution zu wünschen übrig. In der Schnabelhöhe bilden sich häufig weißgelbe Beläge, die sich leicht entfernen lassen. Oftmals stellt der Züchter Augenentzündungen oder tränende Augen fest. Solch anfällige und schwache Tiere werden häufig von Infektionskrankheiten heimgesucht, besonders von Erkältungen und Darmerkrankungen, wobei es zu Durchfallerscheinungen kommt.

Da Vitamin A im Körper in größeren Mengen gespeichert wird, treten bei Mangelzuständen die Krankheitserscheinungen erst spät auf. Das Vitamin kommt in seiner Vorstufe (Provitamin A) in Karotten, Grünfutter, Mais, Milch und tierischen Fetten in ausreichendem Maße vor. Das fertige Retinol kann nur aus dem Tierreich gewonnen werden. Es befindet sich im Fett der meisten Fische, besonders im Lebertran. Der Vitamin-A-Gehalt wird sowohl in mg als auch in internationalen Einheiten (i.E.) angegeben, wobei 0,3 mg 1000 i.E. entsprechen.

Besonders leicht und konzentriert kann der Züchter das Retinol in Form von Lebertran zuführen, am besten auf dem Weg über gepreßtes Mehlfutter oder Körner. Zu diesem Zweck füllt der Züchter das entsprechende Futter in eine Schüssel und versetzt es mit

Grundbestandteile des Futters

Lebertran. Nachdem die Schüssel mit einem Brettchen abgedeckt wurde, schüttelt man das Ganze, damit sich der Lebertran gleichmäßig auf das gesamte Futter verteilt. Anschließend sind die mit Lebertran angereicherten Futterstoffe verfütterbar. Als Dosis rechnet man auf 50 g Körnerfutter oder gepreßtes Mehl 1 g Lebertran. Bezüglich der Aufbewahrung des Lebertrans muß man bestimmte Regeln beachten. Ideal ist ein dunkler und kühler Raum. Die Lebertranflasche ist stets verschlossen zu halten, da sich der Vitamin-A-Gehalt an der Luft und im Licht rasch zersetzt. Aus diesem Grund setzt man Lebertran dem Futter täglich frisch zu und läßt das angereicherte Futter nicht lange stehen, sondern verfüttert es sofort. Es ist darauf zu achten, daß das so dargebotene Futter sogleich aufgenommen wird. Die oftmals angebotene Lebertranemulsion enthält nur zu etwa 50 % Lebertran, weshalb man bei der Verwendung der Emulsion 2 g auf 50 g Futtermittel zusetzen muß.

Vitamin D verbessert den Schlupf und unterbindet die Rachitis. Vor allem im Stadium der Jungtierentwicklung ist das Calciferol von besonderer Bedeutung, da es im Kalzium-Phophor-Stoffwechsel eine wichtige Rolle spielt und bei der Knochenbildung mitwirkt. Bei adulten (erwachsenen) Tieren äußert sich die D-Avitaminose in Form einer Osteomalazie, wobei sich Knochenentkalkungsvorgänge zeigen und eine Störung im Mineralstoffwechsel auftritt. Kranke Tiere sind äußerlich daran erkennbar, daß sie keinen Appetit zeigen und abmagern. Durchfall, hängende Flügel und gesträubtes Gefieder unterstreichen den Befund. Zusätzlich sind die Knochen weich und biegsam, weshalb die Hühner einen unkoordinierten Gang zeigen und häufig auf den Fersengelenken sitzen. In anatomisch-physiologischen Untersuchungen stellte man fest, daß der Knochen nur noch 18 % Kaliumsalz anstatt 66 % enthält. Durch die Entkalkung hat der Knorpelanteil einen doppelt so hohen Anteil am Knochen als im Normalzustand. Folglich werden die Knochen weich und biegsam. Schnabel und Zehen sind häufig gekrümmt, und von seiner ganzen Konstitution her zeigt das Huhn eine hohe Infektionsanfälligkeit. Gleichzeitig bleibt bei Jungtieren das Drüsensystem unterentwickelt, wodurch die Hormonabgabe innerhalb des Körpers nicht mehr voll funktionsfähig ist und eine Disharmonie der Entwicklungs- und Wachstumsvorgänge eintritt. Oftmals endet die D-Avitaminose tödlich. Bei rechtzeitig eingeleiteten Gegenmaßnahmen ist die Krankheit jedoch zu bremsen und zu heilen.

Vitamin D besteht aus einem ganzen Komplex. Man kennt die Vitamine D_1, D_2, D_3, D_4 usw. Dabei ist das Vitamin D_3 das wichtigste und wirkt bis zu 50mal aktiver als das Vitamin D_2. Neben den Vitaminen existieren noch D-Provitamine, die man auch »Sterine« nennt. Je nachdem, ob sie von Pflanzen gebildet werden oder im tierischen Organismus vorkommen, bezeichnet sie der Biologe als »Phytosterine« oder »Zoosterine«. Die Umbildung der Sterine zum Vitamin D vollzieht sich durch die ultravioletten Strahlen der Sonne oder eine entsprechende Wärmequelle.

Damit das Calciferol seine Funktion erfüllen kann, müssen die Mineralsalze Kalzium und Phosphat im richtigen Mengenverhältnis (ca. 2:1) vorliegen. Fehlen diese Salze, so tritt trotz ordnungsgemäßer Vitamin-D-Versorgung eine Rachitis ein. Außerdem spielt auch der Mangel an Vitamin A in diesen Stoffwechsel negativ hinein. Hier wird die Verflochtenheit der stoffwechselphysiologischen Beziehungen offenkundig.

Zur Vorbeugung und Heilung verabreicht man den Tieren Futtermittel mit einem hohen Vitamin-D-Gehalt. Dazu eignen sich Grünfutter, Hefe und Milch. Am wirkungsvollsten ist wohl der Lebertran, der ja neben Vitamin D auch Vitamin A aufweist. Wesentlich ist der Genuß von Sonnenlicht, da die ultraviolette Strahlung den Organismus in die Lage versetzt, die über das Futter aufgenommenen Provitamine in Vitamin D zu verwandeln. Bei einer reinen Stallhaltung ist daher eine Beleuchtung mit ultraviolettem Lichtanteil angebracht. Durch solches Licht verhindert der Züchter nicht nur eine D-Avitaminose, sondern forciert auch das Wachstum, fördert die Legeleistung und reduziert Aufzuchtverluste.

Leicht könnte der Züchter nach dem bisher Gesagten auf den Gedanken kommen, seinen Tieren eine überhöhte Vitamin-D-Dosis zu geben, um sie vor den Gefahren der D-Avitaminose zu schützen. Doch dies wäre ein falscher Schritt, da es hierdurch leicht zu einer Hypervitaminose (»Übervitaminisierung«) kommt. Als Folge treten Durchfall und Appetitstörungen auf. Zudem lagern sich hohe Mengen Kalzium in Blutgefäßen, Herzen, Leber, Nieren und Lunge ab. Eine verminderte Blutversorgung führt zu Gehirn- und Herzstörungen und das Tier verendet an den Folgen einer Sklerose.

Außer dem wissenschaftlichen Namen Tokopherol bezeichnet man das **Vitamin E** auch als »Fruchtbarkeitsvitamin«, da es die Aktivität und Qualität der Spermien, die Befruchtung der Bruteier und die Embryonalentwicklung positiv beeinflußt. Zudem leitet es die Entwicklung der Jungtiere in geordnete Bahnen.

Ein typisches Bild des Vitamin-E-Mangels ist die Enzephalomazie. Die erkrankten Tiere zeigen einen unkoordinierten, zittrigen Gang und ein Zurückwerfen des Kopfes in den Rückenbereich. Verursacht werden diese Ausfallerscheinungen durch eine krankhafte Kleinhirnentwicklung. Oftmals stellen sich schon beim Embryo Disharmonien bezüglich der Entwicklung ein, wodurch die Schlupffähigkeit reduziert wird. Nicht selten versagt der Zuchthahn schon bei der Kopulation.

Reich an Tokopherol sind Grünfutter, angekeimtes Getreide, Mais, Sojabohnen und Keimöle. Gleichzeitig fördert das Vitamin E die Vitamin-A-Verwertung, indem es dieses vor seiner Zersetzung schützt. Günstige Ergebnisse zeitigt eine Vitamin-E-Verabreichung in Form von Weizenkeimölkapseln, besonders bei Zuchthähnen. Vor allem in den kalten Zuchtmonaten Dezember bis März unterstützt dieses Vitamin nachhaltig die Spermienproduktion.

Ein **Vitamin F** als solches existiert nicht, sondern ist vielmehr eine Sammelbezeichnung lebensnotwendiger, ungesättigter Fettsäuren. Der Ausdruck »ungesättigt« spielt in die Chemie der Stoffe hinein. Ungesättigte Fettsäuren sind für den komplikationslosen Stoffwechsel im Organismus notwendig. Sie fördern zudem die Befruchtungspotenz des Hahns. Enthalten ist das Vitamin F vor allem in pflanzlichen Keimölen.

Das **Vitamin K** reguliert den Blutgerinnungsvorgang. Bei einer Vitamin-K-Unterversorgung treten langanhaltende Blutungen auf. Besonders innere Blutungen wirken sich sehr negativ aus.

Unterbunden wird diese Art der Avitaminose durch reichhaltiges Grünfutter und durch Möhren. Zwar synthetisiert die Darmbakterienflora das Vitamin K, doch reicht es beim Geflügel — im Gegensatz zu den Säugetieren — nicht dazu aus, eine Avitaminose zu unterbinden, so daß eine Vitamin-K-Zuführung notwendig ist.

Wasserlösliche Vitamine

Das Vitamin B_1 reguliert den Eiweiß- und Kohlehydratstoffwechsel und den Wasserhaushalt. Der Vitamin-B_1-Bedarf steigt mit wachsender Kohlehydratfütterung (z.B. Weichfutter mit hohem Kartoffelanteil). Kommt es zur Unterversorgung bezüglich des Thiamins, so tritt anfänglich Mattigkeit und Freßunlust auf. Anschließend wird das Gefieder struppig, und die Verdauung funktioniert nicht mehr einwandfrei. Später treten die typischen B_1-Mangelsymptome auf. Dies sind Extremitätenschwäche, unsichere Bewegungskoordination,

Grundbestandteile des Futters

Krämpfe und Lähmungserscheinungen. Typisch bei den Krämpfen ist das Zurücklegen des Kopfes auf den Rücken und das Vorstrecken der Läufe. Der Tod ist bei dieser Erscheinungsform nur noch eine Frage der Zeit. Kommt es dagegen nur zu einem leichten Mangel, so verzeichnet das Tier »lediglich« Wachstums- und Entwicklungsstörungen.

Ein an Thiaminmangel verendetes Tier hat eine schwammige Leber, ein vergrößertes Herz und übergroße Nebennieren. Als Abhilfe und zur Vorbeugung füttert man Vitamin-B_1-haltige Futtermittel, wie z.B. Bierhefe oder angekeimtes Getreide.

Vitamin B_2 beeinflußt das Wachstum der Küken und wird im Organismus in Leber, Nieren und Nebennieren sowie im Blut gespeichert. Im Geflügelkörper wirkt es vor allem auf das Nervensystem. Innerhalb des Stoffwechselumsatzes fördert es Reduktions- und Oxidationsprozesse. Dabei ist zu beachten, daß eine Erhöhung des Futtereiweißes und -fettes auch eine höhere Dosis an Riboflavin erfordert. Ist die Vitamin-B_2-Versorgung unzulänglich, dann zeigen die Jungtiere Appetitlosigkeit und Abmagerung. Als Folge stockt die Entwicklung und das Wachstum. Im fortschreitenden Stadium tritt eine Beinschwäche auf, wobei die Laufextremitäten beim Laufen seitlich wegrutschen, so daß sich die Tiere nur noch auf den Fersengelenken fortbewegen können. Zusätzlich verbiegen sich die Zehen, und die Gelenke schwellen an. Zudem kommt es häufig zum Federfall und zum Durchfall. Beim geschlachteten Tier ist die Leber verfettet und degeneriert. Grünfutter, Getreidekleie, angekeimtes Getreide und Bierhefe helfen einen Riboflavinmangel auszuschalten. Allerdings ist für die Entfaltung der Wirkung des Vitamins B_2 die Anwesenheit von Vitamin B_1 und B_6 notwendig. Ebenso braucht der Körper für die Umsetzung von Riboflavin Eiweißstoffe.

Verlieren die Geflügelarten Federn und zeigen Hautveränderungen am Schnabelansatz, um die Augen (Verkleben der Augen) und am Ständer, dann fehlt vermutlich das **Vitamin B_6**. Durch ein gestörtes Nervensystem werden die Bewegungen unkoordiniert, und es treten Krämpfe und Lähmungserscheinungen auf. Gleichzeitig sinkt die Legeleistung, und die Körpermasse nimmt ab. Allgemein nimmt das Federkleid ein struppiges und »loses« Aussehen an. Physiologisch tritt eine Verminderung der roten Blutkörperchen auf, da eine B_6-Avitaminose die normale Blutbildung unterbindet. Daneben greift Pyridoxin in den Eiweißstoffwechsel ein. Folglich verursacht ein Fehlen dieses Vitamins einen Wachstumsstop. Pyridoxin ist hauptsächlich enthalten in Bierhefe, angekeimtem Getreide, Kleie und Grünfutter.

Das **Vitamin B_{12}** enthält in seinem strukturellen Aufbau das Element Kobalt, das zusammen mit den anderen Bestandteilen die Embryonalentwicklung im Ei und das Wachstum der Jungtiere begünstigt. Zudem erhöht es die Ausnutzung des pflanzlichen Eiweißes, so daß dieses dem tierischen Eiweißgehalt nahekommt. Deshalb bezeichnet man das Cobalamin auch als »tierischen Eiweißfaktor«.

Als klinische Symptome eines Mangels bleiben die Tiere in ihrer Entwicklung zurück, und die Eßlust läßt nach. Das Gefieder zeigt sich im struppigen Zustand, und während der Embryonalentwicklung sterben die Küken um den 17. Bruttag ab.

Um die Cobalamin-Avitaminose zu unterbinden, verfüttert man hauptsächlich Bierhefe, Fischmehl und Milchprodukte. Bei der Tiefstreuhaltung bildet sich durch eine bakterielle Umsetzung das Vitamin B_{12} selbst.

Niacin (»Nicotinsäureamid«) fördert den Bau- und Betriebsstoffwechsel, das heißt, es ist am Um-, Auf- und Abbau von Eiweißen, Kohlehydraten und Fetten beteiligt. Außerdem wirkt es regulierend auf Verdauung und Blutbildung.

Bei einem Mangel kommt es zu einer Stagnation des Wachstums und der Legelei-

Fütterung

stung. Der Verdauungstrakt arbeitet nicht mehr normal, und Durchfallerscheinungen treten auf. Zusätzlich zeigt die Schnabelhöhle Entzündungen. Hautkrankheiten stellen sich ein. Die Beine weisen oft perosisähnliche Symptome auf (vgl. Kapitel »Krankheiten«). Das Gefieder hat einen matten und struppigen Ausdruck. Die Schlupffreudigkeit läßt nach, und die Jungtiere neigen zu einer verlangsamten und stockenden Befiederung.

Zur Abhilfe verfüttert man Bierhefe, Kleie, Milchprodukte und Karotten.

Pantothensäure fördert die Entwicklung des Junggeflügels und die Leistungsfähigkeit der Alttiere. Ein Defizit führt zu Hauterkrankungen, Federausfall (vor allem in der Kopf- und Halsregion) und Fußsohlenverdickung. Gleichzeitig tritt ein Wachstumsstillstand auf. Sezierte Tiere weisen eine verkleinerte Milz und eine fette und fleckige Leber auf.

Zur Verhütung ist vor allem die Verfütterung von Bierhefe, Milchprodukten, Kleie, Körner- und Grünfutter angebracht.

Ein Mangel an **Vitamin H** (Biotin) führt bei Hühnern und Puten zu Wachstumsstagnation und Freßunlust. Gleichzeitig fallen die Federn aus, und es bilden sich schuppige Hautpartien. Die Augenlider können schrumpfen oder verkleben.

Zur Vermeidung einer H-Avitaminose füttern wir Bierhefe, Körnerfutter, Mohrrüben und gemüseartiges Grünfutter.

Cholin dient als Vorstufe des Acetylcholins, welches eine Vermittlerfunktion zwischen Nervensystem und Muskulatur erfüllt. Ein Mangel an Cholin wirkt sich daher nachteilig auf die Bewegung der Tiere aus. Das Cholin fördert die Schlupffreudigkeit und die Entwicklung der Küken sowie die Legeleistung der Alttiere. Sind die Legeorgane erkrankt, so ist oft ein Cholinmangel die Ursache. Häufig verdicken sich auch die Gelenke der Beine. Dadurch drehen sich die Beine oftmals nach außen.

Cholin ist vor allem in der Bierhefe vorhanden und wird zum Teil vom Huhn oder der Pute selbst hergestellt. Vitamin-B_{12}-Gaben senken den Cholinbedarf der Jungtiere.

Die **Folsäure** spielt hauptsächlich im Stoffwechsel der Jungtiere eine große Rolle. Schon geringfügige Störungen können zu einem Mangel führen, durch den der Organismus eine erhebliche Leistungsabnahme erfährt. Dies äußert sich in einer schlechten Legetätigkeit und in einem Wachstums- und Befiederungsstop. Ebenso sinkt die Schlupffreudigkeit.

Folsäure, Cholin und Thiamin bilden im Geflügelkörper einen Wechselkomplex. Zuführen können wir Folsäure hauptsächlich über Bierhefe und teilweise über Grünfutter.

Das **Vitamin C** spielt im Organismus eine äußerst wichtige Rolle. Es wirkt günstig auf den Eiweiß- und Kohlehydratstoffwechsel, die Enzyme und den Kreislauf ein. Vor allem beugt es aber Infektionskrankheiten vor, indem es die Widerstandskraft des Körpers erhöht. Normalerweise ist eine Zufuhr von Ascorbinsäure nicht nötig, da das Geflügel dieses Vitamin selbst herstellt. In Streßsituationen aber (Legephase, Zuchtperiode, Umstallung usw.) reicht die Eigenproduktion oftmals nicht aus, und es kommt zum Vitamin-C-Mangel. Auch Stoffwechselstörungen führen zur Reduktion der eigenen Ascorbinsäuresynthese.

An Vitamin C reiche Futtermittel sind Grünzeug und Obst. Am besten reicht man den Tieren über das Trinkwasser Vitamin-C-Präparate. Diese sind besonders im Sommer angebracht, da sie dem Hitzestreß vorbeugen. Gleichzeitig werden Wachstum und Kondition gefördert.

Die sog. Polyavitaminose tritt vor allem beim Junggeflügel auf und hat ihre Ursache hauptsächlich in einem Mangel an den Vitaminen A, B_1, B_2 und D. Als Erscheinungsmerkmale der Krankheit treten ein schwankender Gang und eine Beinschwäche auf. Als Folge legen sich die Tiere auf die Seite und strecken die Beine von sich, wobei die Zehen meist zittern. Der Kopf wird seitlich gedreht und auf den Rücken

Nährstoffverhältnis

Eine gezielte Vitaminversorgung führt man über die sogenannte Zwangsfütterung durch.

Hormone

Hormone sind Wirkstoffe, die bei gezieltem Einsatz eine erhöhte Leistung und ein schnelleres Wachstum bewirken. Sie finden in der Wirtschaftsgeflügelzucht Einsatz, sind aber für den Hobby- und Rassegeflügelzüchter fast ohne Belang.

Antibiotika

Antibiotika hemmen das Wachstum von Bakterien und zum Teil von Viren sowie von einigen höheren Organismen. Ihr Einsatz reduziert die Erkrankungsgefahr durch Bakterien und wirkt auf die Eiweißaufnahme positiv. Bei geringem Antibiotikaeinsatz schaltet man jedoch nur schwache Bakterienstämme aus und selektiert damit starke Bakterienstämme aus. Bei einer Schwächung des Organismus können diese Stämme schnell zu einer Erkrankung führen. Eine natürliche Antibiotikawirkung zeigen die Pflanzen Knoblauch, Zwiebel und Schnittlauch.

oder die Brust gelegt. Durchfallerscheinungen begleiten diesen Vorgang. Bald tritt der Tod ein.

Zur Vorbeugung gegen die Polyavitaminose füttert man ein ausgewogenes Futtermittel, reichhaltig Grünfutter und zusätzlich Bierhefe. Aber auch Multivitaminpräparate — über das Trinkwasser oder in Kapselform — helfen dabei, einen Vitaminmangel zu unterbinden.

Im gekauften Fertigfutter (in Mehlform und in gepreßter Form), nicht aber im Körnerfutter sind Vitamine und Mineralstoffzusätze schon eingearbeitet.

Da aber die Vitamine mit der Zeit ihre Wirksamkeit verlieren, ist auf den Futterpackungen stets das Herstellungsdatum aufgedruckt. Zwischen Herstellung des Futters und Verfütterung sollten nicht mehr als drei Monate liegen, da ansonsten die Zusatzstoffe des Futters zum Teil oder ganz ohne Wirkung sind. Zu altes Futter kann man in der Futterhandlung getrost unter diesem Hinweis zurückweisen.

Das Nährstoffverhältnis

Auch das Verhältnis der organischen Baustoffe zueinander muß stimmen, damit eine optimale Ernährung der Tiere gewährleistet ist. Man spricht in diesem Zusammenhang vom sogenannten »Nährstoffverhältnis«. Dabei werden die Eiweiße (stickstoffhaltige Verbindungen) auf der einen Seite den Kohlehydraten und Fetten (stickstofffreie Verbindungen) auf der anderen Seite gegenübergestellt. Das Nährstoffverhältnis errechnet sich aus Futtertabellen, in welchen die verdaulichen Nährstoffe nach Fetten, Kohlehydraten und Eiweißen aufgeschlüsselt sind. Die Fettnährstoffzahl wird dabei mit dem Faktor 2,3 multipliziert und zum Kohlehydratgehalt hinzuaddiert.

Fütterung

Das Resultat dividieren wir durch den Eiweißfaktor. Dieses Ergebnis schließlich gibt das Nährstoffverhältnis an. Als Beispiel sei der Hafer aufgeführt. Er hat 3,9 % verdauliches Fett, 41 % Kohlehydrate und 7,9 % verdauliches Eiweiß. Das Fett wird nach obiger Anleitung mit der Konstanten 2,3 multipliziert, und wir erhalten den Wert 8,97. Diese Zahl addieren wir zu den 41 % Kohlehydraten und erhalten 49,97. Diesen Wert dividieren wir durch 7,9 (Eiweißgehalt) und bekommen als Ergebnis 6,32. Der Hafer hat also ein Nährstoffverhältnis von 6,3. Die Schreibweise erfolgt dabei in der Verhältnisangabe 1:6,3.

Bei den Hühnern, Puten und Perlhühnern sollte das Nährstoffverhältnis des angebotenen Futters zwischen den Werten 1:3 und 1:9 liegen. Bei den Enten und Gänsen darf es etwas über dem Wert 1:9 liegen. Für legende Hühner hat sich das Verhältnis von 1:3 bis 1:4 bewährt. Auch für andere Geflügelarten, die sich in der Legephase befinden, ist dieses Verhältnis als erstrebenswert anzusehen. Beim Wassergeflügel kann es geringfügig höher liegen.

Als Leitfaden für den Umgang mit der Tabelle sollte man sich merken, daß mit einem »engen« Nährstoffverhältnis (z.B. 1:4) hohe Legeleistung und schnelles Wachs-

100 g Futtermittel enthalten (in g)	Eiweiß	Fett	Kohlehydrate	Nährstoffverhältnis
Brennesselmehl	12,2	3,2	28,3	1:2,9
Buttermilch	3,3	0,9	3,3	1:1,6
Fischmehl	54,8	4,5	—	1:02
Fleischknochenmehl	45,6	8,5	—	1:0,4
Garnelen	51,2	2,9	—	1:0,1
Wintergerste	6,4	1,1	54,6	1:8,8
Sommergerste	7,9	1,4	61,0	1:8,1
Gerstenschrot	6,3	1,4	54,7	1:9,2
Hafer	7,9	3,9	41,0	1:6,3
Haferflocken	12,4	5,4	59,7	1:5,8
Haferschrot	6,5	3,8	18,6	1:8,5
Kartoffeln	1,5	—	18,6	1:12,4
Magermilch	3,6	0,2	4,5	1:1,4
Mais	7,1	3,7	60,0	1:7,6
Maisschrot	8,9	3,8	57,5	1:7,4
Roggen	8,3	0,4	57,5	1:7,0
Roggenkleie	10,1	1,8	34,7	1:3,8
Quark	26,2	0,6	0,5	1:0,07
Sojaschrot	37,5	1,5	23,2	1:0,7
Sonnenblumenkerne	12,1	29,0	9,6	1:6,3
Winterweizen	7,2	0,6	59,0	1:8,4
Sommerweizen	8,6	0,6	57,4	1:6,8
Weizenkleie	10,2	2,4	30,0	1:3,5
Weizenschrot	8,0	0,9	56,4	1:7,3
Zuckerrübenschnitzel	1,4	—	74,1	1:53,0

Verändert übernommen aus: BAUMEISTER (1982), Zusammensetzung der Futterstoffe und ihre Anwendung, Deutscher Kleintierzüchter Nr. 17

tum erreichbar sind und mit einem »weiten« Nährstoffverhältnis (z.B. 1:12) die Entwicklung verlangsamt bzw. ein Fettansatz forciert wird.

Weiterhin ist zu beachten, daß die Analysezahlen der Tabelle nur Annäherungswerte darstellen, da die Qualität der Futtermittel schwankend ist. Des weiteren basiert die Tabelle auf den verdaulichen Futterwerten. So enthält die Kartoffel im Durchschnitt 2,3 % Eiweiß, von dem aber nur 1,5 % verwertbar sind. In unserer Tabelle sind daher die Werte niedriger als in Aufstellungen die auch die unverdaulichen Nährstoffwerte einschließen.

Der Wert eines Futtermittels darf allerdings nicht isoliert betrachtet werden, sondern muß in Verbindung mit der Gesamternährung des Geflügels gesehen werden. Ob ein Futtermittel positiv oder negativ einzuschätzen ist, hängt davon ab, in welchem Umfang und in welcher Futterzusammenstellung es gefüttert wird. Betrachtet man die Kartoffel allein, so ist sie ein schlechtes Futtermittel. Andererseits stellt sie häufig eine billige Quelle für Kohlehydrate dar und wird vom Geflügel gerne aufgenommen. Vermischt man beispielsweise die Kartoffel zu gleichen Teilen mit Magermilch und Weizenkleie, so erhält man ein Nährstoffverhältnis von 1:3,8. Durch diese Mischung wird auch die Kartoffel zu einem nützlichen Futtermittel.

Hühnerfütterung

Erhaltungs- und Leistungsfutter

Bei der Hühnerfütterung unterscheidet man zwei hauptsächliche Fütterungspraktiken. Dies sind die Alleinfütterung und die kombinierte Fütterung. Die erste Methode stützt sich auf das im Futterhandel (Raiffeisen, Futtergeschäfte) erhältliche Legehennenalleinfutter mit einem Rohproteingehalt von etwa 16 %. Dieses Futter bietet man seinen Tieren den ganzen Tag zur freien Aufnahme an. Eine Zufütterung von Körnern unterbleibt. Dagegen ist eine Zufütterung von Grünfutter sehr erstrebenswert, da dem Tier auf diesem Weg zahlreiche Vitamine, Mineralstoffe und sonstige pflanzliche Substanzen zugeführt werden. Neben der Gesundheit des Tieres unterstützen wir dadurch gleichzeitig die Produktion eines dunkelgelben bis orangefarbenen Dotters. Das Grünfutter kann den Tieren geschnitten oder unzerkleinert angeboten werden. In letzterem Fall ist die Fütterung in einer Raufe ratsam, da sich hierdurch der Futterverlust verringert und eine Verschmutzung des Futters unterbleibt.

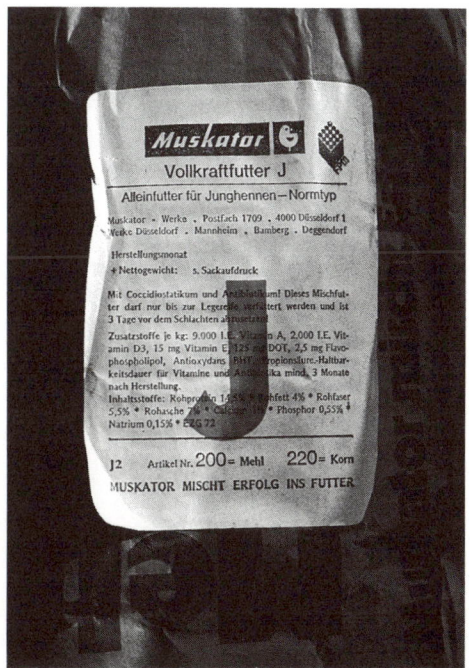

Der Aufdruck auf dem Futtersack weist auf die Inhaltsstoffe des Futters hin.

Fütterung

Mit einer Grünzeugschneidemaschine kann der Züchter in kurzer Zeit eine große Menge an Pflanzenmaterial kleinschneiden.

Für Brennesselgrünfutter hat sich eine spezielle Schneidemaschine gut bewährt.
Bei der kombinierten Fütterung verabreicht der Hühnerzüchter das eiweißreiche Legemehl (20% Rohprotein) und dazu — wegen der sättigenden und langanhaltenden Wirkung — abends je nach Größe der Hühner zwischen 40 und 50 g Körner. Die Körnerration sollte aus einem Weizen-, Mais-, Gerste- und Hafergemisch bestehen. Bewährt hat sich die Mischung aus 30% Gerste, 30% Hafer, 25% Weizen und 15% Mais.
Im Winter, wenn durch die Kälte eine höhere Wärmeproduktion nötig ist, kürzt man den Gerstenanteil auf 20% und erhöht die Maisration auf 25%. Man fand dabei heraus, daß Hühner am liebsten Weizen und danach — in dieser Reihenfolge — Mais, Gerste, Roggen und Hafer aufnehmen. Wer die Körnermischung selbst nicht herstellen möchte, kann sich das Körnerfutter auch fertig gemischt im Futterhandel kaufen.

Eine abgewandelte Körnerfütterung ist die Keimfutterfütterung und hierbei besonders die angekeimte Haferfütterung. Auf diese Weise bietet man den Hühnern — besonders im Winter — einen Grünfutterersatz. Durch den Keimvorgang des Getreides werden Vitamine freigesetzt, und gleichzeitig steigt die Rate der verdaulichen Nährstoffe. Zum Ankeimen gibt man das Getreide in eine flache Schüssel und hält es an einem dunklen und warmen Ort konstant feucht. Unter diesen Bedingungen keimt es rasch. Bei Legehennen und Jungtieren kann die gesamte Körnerration angekeimt verfüttert werden; bei Zuchttieren füttert man höchstens 15 g pro Tier, da sich ansonsten im Ei zuviel Eiweiß anreichern kann, das dann einen zufriedenstellenden Schlupf unterbindet. Möchte sich der Züchter — aus welchen Gründen auch immer — das Futter gänzlich selbst zusammenstellen, so kann er dies auf einfache Art und Weise tun. Er muß lediglich darauf achten, daß er das Nährstoffverhältnis ein-

Hühnerfütterung

hält und den Tieren die lebenswichtigen Vitamine und Mineralien zur Verfügung stellt. Eine angemessene Futtermischung pro Huhn und Tag wäre beispielsweise folgende (alle Angaben in g):

Futtermittel	Eiweiß	Fett	Kohlehydrate
Körnerfutter			
20 g Wintergerste	1,28	0,22	10,92
10 g Winterweizen	0,72	0,06	5,90
20 g Hafer	1,58	0,78	8,20
Mehlfutter			
15 g Gerstenschrot	0,94	0,21	8,20
10 g Haferschrot	0,65	0,38	4,68
10 g Maisschrot	0,89	0,38	5,75
10 g Weizenkleie	1,02	0,24	3,00
10 g Fischmehl	5,48	0,45	—
5 g Sojaschrot	1,87	0,07	1,16
	14,43	2,79	47,81

Das Gesamtnährstoffverhältnis liegt dabei bei 1:3,8, was — wie oben ausgeführt — für Legehennen günstig ist. Nicht vergessen darf der Züchter bei der Mehlfuttermischung, daß er die Futteranteile gut vermischt. Wer sich der »Mühsal« des Futtermischens nicht unterziehen möchte, kann das entsprechende Mehlfutter in Mehl- oder gepreßter Form (Pellets) kaufen. In ersterem Fall haben die Tiere mehr Beschäftigung, da sie für die Aufnahme des geschroteten Futters viel Zeit investieren müssen. Dadurch vergeht ihr »Alltag« schneller, und sie bekommen kaum Langeweile, wenn auch die sonstige Haltung tiergemäß ist. Allerdings sind die Futterverluste durch das Heraussuchen der besten Partikel recht hoch. Als am vorteilhaftesten hat sich die Füllung des Trogs zu einem Drittel herausgestellt. Bei der Fütterung der Pellets hält sich der Verlust in engen Grenzen, und die Tiere sind durch die rasche Futteraufnahme schnell gesättigt. Als Folge kann Langeweile aufkommen und daraus resultierend die Unart des Federpickens. Damit die

Feucht angerührtes Mehlfutter nehmen die Tiere besonders gern auf.

Fütterung

Am kostengünstigsten ist das Geflügelfutter im Großpack.

Tiere relativ viel Zeitvertreib haben, sollen Futtertrog und Tränke ziemlich weit auseinanderstehen, damit die Tiere stets zum Pendeln zwischen beiden Gefäßen animiert werden. Zudem beugt man hierdurch einer Gefiederverunreinigung durch feuchte Futterpartikel vor.
Für schönen Federglanz verfüttert man vor allem ölhaltige Sämereien wie Hanf und Sonnenblumenkerne. Solche Futtermittel sind besonders bei schwarzen und teilschwarzen Farbschlägen angebracht, da sie einen bestechenden Grünlack auf dem Gefieder hervorrufen. Allerdings muß sich diese Fütterung in Grenzen halten, da die Tiere ansonsten leicht verfetten.
Einen weiteren wesentlichen Faktor in der Fütterung stellt die Gefiederentwicklung dar. Will man ein loses Gefieder — wie es beispielsweise für die Orpingtonrasse typisch ist — dann eignet sich eine Weichfutterfütterung, welche ein straffes Federkleid unterbindet. Ist dagegen ein enganliegendes Gefieder erwünscht (z.B. bei Malaien oder Barnevelden), so muß die Weichfutterfütterung zugunsten von Mehl und vor allem von Körnern zurückgestellt werden. Unter »Weichfutter« sind hierbei Kartoffeln und ähnliches zu verstehen.
Im Sommer, wenn die Hitze über den Tieren lastet, läßt der Appetit oftmals nach. Damit das Huhn trotzdem genug Futter aufnimmt, um eine zufriedenstellende Leistung oder ein kontinuierliches Wachstum zu zeigen, kann man das Mehlfutter anfeuchten, so daß es feucht-krümelig ist. Dadurch wird es sehr gern aufgenommen. Gehen die Hühner in die Mauser, so darf das Futter nicht abgesetzt werden, da sich ansonsten die Befiederung verzögert und ein Leistungsverlust eintritt. Gerade jetzt ist die Fütterung besonders wichtig. Auch können während der Mauser vermehrt ölhaltige Sämereien verfüttert werden, da sie dem neuen Gefieder Glanz verleihen und gleichzeitig durch ihren hohen Fettgehalt viel Wärme für den z.T. federlosen Hühnervogel bereitstellen. Eine erhöhte Wärmeproduktion bedingt auch der Mais.
Für den Kleingärtner, der seine Gartenabfälle sinnvoll verwerten will oder für die Hausfrau, die ihre Küchenabfälle nicht einfach wegwerfen möchte, bietet sich die Hühner- und Geflügelhaltung an. Alle Abfälle werden dabei zerkleinert, damit sie gut aufnehmbat sind. Brot, Kartoffeln, Nudeln, Reis, Fleisch und ähnliches werden zerdrückt und mit Lege- oder Legehennenalleinmehl bzw. Kleie vermischt und den Hühnern feucht-krümelig angeboten. Dieses Futter wird gerne angenommen, genauso wie das beim Putzen von Salat anfallende Grün und ähnlichem. Wichtig ist, daß die verfütterten Reste keine scharfen Gewürze enthalten, da sich diese nagativ auf die Gesundheit der Tiere auswirken können. Ein angemachter Salat beispielweise ist keineswegs als Hühnerfutter ge-

Hühnerfütterung

Die Futtergefäße müssen für die Nahrungsaufnahme ständig gefüllt sein, sofern man eine Mehl- oder Pelletfütterung durchführt.

eignet, genausowenig wie verdorbene Speisen oder verschimmeltes Brot. Wer auf diese Art und Weise seine Hühner füttert, spart zweifelsfrei eine Menge Geld, allerdings darf er nicht die gleiche Leistung erwarten, wie von einem gezielt gefütterten Huhn.

Mastfutter

Für die Hühnermast eignen sich nur Mastküken oder spezielle — wenn auch zwischenzeitlich selten gewordene — Mastrassen (z.B. Mechelner). Solche Tiere sind darauf gezüchtet, bei entsprechender Haltung und Fütterung schnell Fleischansatz zu zeigen. Nach etwa acht Wochen sind sie schlachtreif. Da man mit geringem Futteraufwand möglichst große Gewichtszunahmen erzielen will, hält man ungefähr 15 Tiere auf 1 qm. Der ansonsten obligate Auslauf fehlt in der Masthaltung. Als Mastfutter bietet man den Küken in den ersten zehn Tagen ein Kükenfutter mit mindestens 18 % Roheiweiß an und danach — bis zum Schlachttermin — das Alleinfutter für Masthühnerküken mit 23 bis 25 % Rohprotein. Futter und Wasser müssen im Umkreis von 2 m für die Tiere erreichbar sein, da sie sonst zu weite Wege gehen müssen, was halt für eine rentable Mast unzweckmäßig ist. Will man Mastfutter selbst herstellen, so bieten sich eiweißreiches Sojamehl, Getreideschrote, Kleien und Mineralstoffe an. Wenn man billig an Milchprodukte herankommt, können diese auch in die Mastfütterung integriert werden.

Will ein Rassegeflügelzüchter oder ein Hobbyhühnerhalter Küken einer Nichtmastrasse mästen, weil eventuell Kammfehler, krumme Zehen usw. die Tiere für die Zucht und Ausstellung unbrauchbar machen, so muß er wissen, daß diese Küken nie das Gewicht gleichaltriger Mastküken erreichen. Trotzdem zeigen diese Tiere bei entsprechender Haltung und Fütterung gegenüber Altersgenossen eine raschere Gewichtszunahme, was in diesem Fall eine Mast rechtfertigt. Spätestens nach zwölf Wochen müssen so gemästete Tiere geschlachtet werden, da von diesem Zeitpunkt an die Gewichtszunahme in keinem Verhältnis mehr zur Futteraufnahme steht.

Entenfütterung

Erhaltungs- und Leistungsfutter

Bei Enten kann der Eiweißgehalt des Futters geringer sein als bei Hühnern. Bewährt hat sich das Alleinfutter mit 16 % Rohprotein für Zuchtenten. Der Einfachheit halber kann man ihnen aber auch das gleiche Futter wie den Hühnern geben. Man bietet es ihnen im Fall der Mehlform in einem mehr als nur feucht-krümeligen Zustand an. In letzter Zeit hat sich aber auch die Pelletfütterung in trockenem Zustand bewährt. Das eventuell zu gebende Körnerfutter verabreicht man — wie bei den Hühnern — abends. Dabei nehmen die Enten am liebsten den Mais — vor Weizen, Gerste, Hafer und Roggen — auf. Bewährt hat sich die Fütterung von Keimfutter und hierbei besonders die Keimhaferfütterung.

Ein bewährtes und leicht zu mischendes, selbst hergestelltes Legeentenfutter besteht aus 40 Teilen gekochten Kartoffeln, 20 Teilen Kleie, 20 Teilen Getreideschrot, 17 Teilen Fleischmehl (oder Fischmehl) und 3 Teilen eines guten Mineralstoffgemisches.

Wichtig ist auch die Verabreichung von Grünfutter. Vor allem die vitaminreiche und mineralstoffhaltige Brennessel hat sich hierbei gut bewährt. In feingeschnittenem Zustand wird sie gern aufgenommen. Aber auch andere Grünfutterarten sind positiv zu bewerten, vor allem die Wasserlinsen, die aber leider nicht mehr überall zu finden sind. Sie sollten jedoch nur in frischem Zustand gefüttert werden.

Haben die Enten abgelegt, so kann man den Eiweißgehalt ihres Futters etwas reduzieren, indem man den Körnergehalt erhöht bzw. mit einer verstärkten Fütterung von gekochten und zerdrückten Kartoffeln beginnt. Wichtig ist, daß die Futterumstellung langsam erfolgt, da die Tiere ansonsten mit einem Leistungsstopp und zuweilen mit einer Mauser reagieren. Das gleiche kann geschehen, wenn ihre Futterration plötzlich erhöht oder reduziert wird.

Obwohl die Enten gemeinhin als die »Schweine« des Geflügels gelten, ist bei ihnen bezüglich der Abfallverwertung dasselbe wie bei den Hühnern zu beachten.

Mastfutter

Heute beginnt man mit der Entenmast vom ersten Tag an. Auch hier sind spezielle Entenmastrassen anderen vorzuziehen. Sind die Enten schon drei bis vier Wochen alt, so kann man auch mit ihnen noch die Mast beginnen. Bei den Entenküken verfüttert man das fertige Entenkükenfutter mit 18 % Eiweißgehalt. Nach 14 Tagen steigt man auf das Mastentenalleinfutter um. Gleichzeitig kommen die Enten in einen kleinen Stall und ein kleines Gehege. Durch den geringen Bewegungsspielraum setzen sie sehr schnell an. Bei einer Abneigung gegenüber dem fertigen Mastfutter kann man die Enten auch mit Futterkartoffeln, Küchenabfällen und Getreideschroten mästen. Rührt man unter das Futter noch Milchprodukte, so wird das Futter eiweißhaltiger. Gleichzeitig wirken sich diese verbessernd auf die Fleischqualität aus. Letztere Mastart hat sich besonders bei erwachsenen Enten bewährt, die man einige Zeit vor dem Schlachten noch etwas mästen will. Unverzichtbar ist bei der Entenmast auch das vitaminreiche und mineralstoffhaltige Grünfutter. Gibt man den Enten im Stall zusätzlich Licht, so können sie auch während der Nacht fressen, was zu einem schnelleren bzw. zusätzlichen Fleischansatz führt. Bei den Legeenten führt das Licht bei entsprechender Leistungsfütterung ebenfalls zu einer erhöhten Leistung, sprich: Legesteigerung. In der Regel sollte die Lichtdauer bei etwa 14 bis 16 Stunden liegen.

Gänsefütterung

Erhaltungsfutter

Da die Gänse im Grunde genommen Weidetiere sind, ist für sie ein großer Weideauslauf angebracht. In der Regel kann der Hobbygänsezüchter seinen Tieren einen solchen nicht bieten. Als Ausgleich muß er seinen Gänsen in hohem Maße Grünfutter füttern. Nicht zuletzt spart man dadurch auch an dem teuren Kraftfutter. An Grünfutter dominiert wiederum — wie bei den anderen Geflügelarten — die Brennessel. Durch ihre stickstoffreichen Verbindungen ist sie der Leistungsfähigkeit und dem Wachstum der Gans sehr förderlich.

Zudem füttert man ein sog. selbst hergestelltes Erhaltungsfutter, das eine Verfettung verhindert. Ein geeignetes Futter ist beispielsweise ein Weichfutter, das sich zu gleichen Teilen aus Getreideschrot, geschnitzelten Rüben und Kartoffeln zusammensetzt. Abends hat sich eine Getreidegabe bewährt, die allerdings keinen Weizen enthalten sollte. Die Körnerration sollte bei etwa 75 g liegen. Da die Gans sehr gern den Hafer aufnimmt, kann man ihn ihr ab und zu wieder einmal im angekeimten Zustand verfüttern. Ein weiteres Erhaltungsfutter besteht aus 130 g Hafer, 100 g Kartoffeln, 50 g Gerstenschrot und 25 g geschnitzelten Rüben. Bei einer einfachen Fütterung kann man den Gänsen aber durchaus auch ein Legehennenalleinfutter oder ein Zuchtentenalleinfutter geben, das mit etwas eingeweichtem Brot oder Kartoffeln in feucht-krümeligem Zustand gereicht wird. Gefüttert wird in aller Regel abends und morgens.

Mastfutter

Will man sich eine Weihnachtsgans mästen, so darf diese nicht zu viel Bewegungsspielraum haben, damit sie das gewünschte Gewicht schnell ansetzt. Ein Sprichwort besagt »Ruhe ist die halbe Mast«, das heißt, unnötige Beunruhigung der Tiere verhindert ein schnelles Ansetzen von Fleisch. Nach der Aufzuchtperiode (Fettmast) erhalten die Junggänse ab der 4. oder 5. Woche Mais, Gerste, Hafer, gekochte Kartoffeln, eingeweichte Brötchen, Küchenabfälle und Grünfutter. Die Tiere dürfen dabei nicht von heute auf morgen die Futterumstellung erfahren, sondern diese muß langsam geschehen, indem man kontinuierlich den Schwerpunkt von der Aufzuchtfütterung zur Mastfütterung verlagert. Eine weitere einfache Mastfütterungsmischung wäre eine Schrot- und Kartoffelfütterung, wobei das Futter feucht-krümelig angeboten wird. Davon kann man soviel füttern, wie die Tiere aufnehmen. Da die Gänse auch über Nacht essen, sollte man ihnen für die Nacht die doppelte Körnerration wie beim Erhaltungsfutter geben. Einige Tage vor dem Schlachttermin füttert man nur noch reines Getreide, und 24 Stunden davor wird überhaupt nicht mehr gefüttert, damit die Därme leer sind. Wichtig ist auch das mehrmalige Wechseln des Trinkwassers. Abgestandenes und schmutziges Trinkwasser wirkt sich negativ auf den Appetit und die Gesundheit der Gans aus.

Bei einer eventuellen Junggänsemast (Mast vom ersten Tag an) hat sich folgende Futtermischung bewährt, die man in den ersten vier Wochen viermal täglich füttert: 12% Weizenkleie, 30% Gerstenschrot, 15% Maisschrot, 20% Haferschrot, 10% Eiweißkonzentrat, 5% Trockenhefe, 5% Sojabohnenschrot und 3% Mineralstoffe. (Danach stellen wir auf die Fettmast um.) Das Ganze wird mit Grünfutter vermischt verfüttert. Natürlich sollte man zur Mast nur die dafür geeigneten Rassen verwenden, da nur sie das Mastfutter bestmöglich verwerten und folglich die gewünschte Schnellwüchsigkeit zeigen. Außerdem stellen Futtermittelfirmen fertige Gänsemastfuttermischungen her.

Putenfütterung

Erhaltungsfutter

Puten benötigen einen großen Auslauf, da sie sonst trotz bester Fütterung nicht optimal gedeihen. Dort suchen sie sich einen Großteil ihrer Nahrung selbst; ansonsten gibt man den erwachsenen Truthühnern das gleiche Futter wie den Hühnern. Wichtig ist dabei eine ständige Zufütterung von Vitaminen, da ihr Bedarf bedeutend höher liegt als jener der Hühner. Unterbleibt die lebenswichtige Vitaminversorgung, so können die Puten schnell erkranken und eingehen. Auch bei ihnen empfiehlt sich eine reichhaltige Grünfutterfütterung. Im Futterhandel ist auch ein spezielles Alleinfutter für Zuchttruthühner, das 16 % Roheiweiß enthält, erhältlich. Besonders hier muß man darauf achten, daß das Verfallsdatum für die Vitamine und sonstige Zusätze nicht bereits überschritten ist. Ansonsten sollte man vom Kauf eines solchen Futters absehen. Das Mehlfutter verabreicht man zweckmäßigerweise in Form von Pellets. Bei der Mehlform nehmen die Puten das Futter besonders gern in feuchtkrümeligem Zustand auf. Für eine eigene Putenmehlzusammenstellung kann folgendes Rezept genommen werden: 5 % Fischmehl, 5 % Fleischmehl, 10 % Sojamehl, 15 % Luzernemehl, 15 % Weizenkleie, 40,24 % Getreidemehle, 1 % Knochenmehl, 2 % Kalksteinmehl, 1 % jodiertes Salz, 0,01 % Mangansulfat, 5 % Trockenmolke, 0,3 % Futteröl mit Vitamin A und D, 0,15 % Vitamin D-Zusatz, 0,3 % Riboflavin. Wegen der Schwierigkeiten bei Beschaffung und Mischung dieses Futters empfiehlt es sich, auf fertige Futtermittel zurückzugreifen. Eine geringe Zufütterung von Getreide am Abend ist positiv.

Mastfutter

Zur Mast verfüttert man in den ersten sechs Wochen Alleinfutter für Truthühnerküken mit 28 % Rohprotein, in der 7. bis 12. Woche Alleinfutter für Masttruthühner Typ A mit 24 % Rohprotein, in der 13. bis 18. Woche Alleinfutter für Masttruthühner Typ B mit etwa 20 % Rohprotein, in der 19. bis 22. Woche Alleinfutter für Masttruthühner Typ C mit 15 % Rohprotein. Selbstgemischtes Putenkükenmastfutter besteht aus 20 % Gerstenschrot, 20 % Maisschrot, 20 % Weizenschrot, 10 % Weizenkleie, 20 % Eiweißkonzentrat, 3 % Futterhefe, 5 % Mineralstoffgemisch und 2 % Wirkstoffkonzentrat. Zusätzlich ist hierbei ein Mittel gegen die gefürchtete Schwarzkopfkrankheit zu füttern, welches den Alleinfuttermitteln schon beigesetzt ist.

Perlhuhnfütterung

Die Fütterung der Perlhühner weicht nicht von jener der Hühner ab. Ein Legehennenalleinfutter mit etwa 16 % Rohproteingehalt genügt. Bei der Zufütterung von Körnern sollte man — wie bei den Hühnern — das eiweißreichere Legemehl füttern. Der Futterverbrauch des Perlhuhns liegt bei etwa 100 g pro Tag.

Foto rechts oben: Weiße Zwerg-Wyandotten wirken durch ihre gut proportionierte Form besonders attraktiv.

Foto rechts unten: Die Zwerg-Rhodeländer zeigen beste Leistungen.

Trinkwasser

Grundsätzlich ist bei allen Geflügelarten das Trinkwasser wichtig. Leistungsrückgänge hängen oftmals mit einer unzureichenden Trinkwasserversorgung zusammen. Die Ursachen für dieses Defizit liegen meist in zu kaltem Wasser im Winter oder in zu lauwarmem und damit fadem Wasser im Sommer. Die Tiere brauchen für einen optimalen Stoffwechsel täglich frisches und richtig temperiertes Wasser. In abgestandenem Trinkwasser siedeln sich schnell Mikroorganismen an, die den Wert des Wassers herabsetzen. Die Präsenz von Algen, Bakterien und ähnlichem kann sich nicht nur indirekt auf einen schlechten Eigeschmack und eine ungünstige Embryonalentwicklung im Ei auswirken, sondern auch auf die Widerstandsfähigkeit und Stabilität des Geflügelkörpers. Dadurch wird das Geflügel für Krankheiten anfälliger. Oftmals infiziert sich ein Tier über solches Wasser mit einer Krankheit. Das Wasser sollte man während des Sommers in einem entsprechenden Trinkgefäß an eine schattige Stelle bringen, damit es möglichst lange frisch bleibt. Für den Winter sind Heiztränken bzw. heizbare Untersetzer für die Tränken erforderlich, die bei geringem Stromverbrauch ein richtig temperiertes Wasser gewährleisten. Vor jedem neuen Auffüllen der Tränken reinigt man diese gründlich.

Foto links oben: Yamato-Kampfhühner gehören zu den kleinsten Vertretern der Großrassen.
Foto rechts oben: Belgische Kämpfer gehören mit zu den größten Kampfhühnern.
Foto links unten: Die aus Südamerika stammenden Araucana haben keinen Schwanz.
Foto rechts unten: Malaien erreichen die imposante Höhe von 80 cm.

Vor jedem Neuauffüllen reinigt man das Trinkgefäß.

Den Enten sollte zur artgemäßen Haltung eine Wasserfläche angeboten werden. Bei trockener Haltung muß mindestens ein Wasserbecken bereitstehen. Da Entenküken gegen Bodennässe sehr empfindlich sind, sollten ihre Tränkvorrichtungen auf speziellen Drahtrosten mit Untersatz gestellt werden, die das Spritzwasser auffangen. Die regelmäßige Reinigung der Tränkplätze gehört zu den vordringlichsten Arbeiten des Entenzüchters, da ansonsten der Stall leicht feucht wird bzw. der Auslauf schnell verschmutzt. Bei einer Teichhaltung ist auf möglichst hohe Wasserqualität zu achten, da ansonsten leicht Erkrankungen drohen können.
Die Gänse bekommen ein Wassergefäß, in welches sie nicht hineintreten können. Eine separate Badegelegenheit ist sehr angebracht.
Daneben eignet sich das Trinkwasser für die Verabreichung von Vitaminpräparaten oder für Trinkwasserimpfungen. Unter »Trinkwasserimpfung« versteht man die Verabreichung von geringen Virendosen, die den Tierkörper veranlassen, Abwehrstoffe (Antikörper) zu bilden.

Vererbung und Zucht

Sinn der Zucht

Um die Qualität einer Rasse zu erhalten oder sie gar zu vervollkommnen, müssen wir durch die Zusammenpaarung ausgewählter Zuchttiere (Zuchtstammzusammenstellung) und anschließende Selektion (Auswahl) der rassetypischsten Nachkommen züchterische Arbeit leisten. Dazu kennt man in der Geflügelzucht verschiedene Methoden, mit denen man das angestrebte Ziel erreicht. Bevor man jedoch über die Zucht zielgerichtet bestimmte Merkmale einer entsprechenden Rasse festigt oder gar erzüchtet, muß man sich in den Grundregeln der Vererbung auskennen. Diese sollen nachfolgend in aller Kürze aufgeführt werden.

Chromosomen — Träger der Gene

In jeder Zelle befindet sich ein Zellkern, der sämtliche Stoffwechselvorgänge in der Zelle und über den Zellverband hinaus im Körper steuert. Im Zellkern liegen — gut »verpackt« in Eiweißhüllen — die Erbanlagen oder Gene. Sie sind innerhalb der Eiweißhüllen zu langen, gewundenen Doppelketten aufgereiht. Jede Doppelkette mit ihrer Eiweißhülle nennt man »Chromosom«. Die Chromosomen sind also die Träger der Erbanlagen, die sowohl die Lebensvorgänge im Körper regeln als auch die spezifischen Merkmale einer Rasse bei der Fortpflanzung auf die Nachkommen übertragen. Jeder Zellkern einer Tierart hat eine ganz bestimmte Chromosomenanzahl, und die Chromosomen selbst haben eine spezifische Form. Verschiedene Arten haben verschiedene Chromosomenquantitäten und -qualitäten, worauf u. a. eine Nichtkreuzbarkeit der Arten (gelegentlich unfruchtbare Bastarde) beruht. Gelingt eine Kreuzung mit fruchtbaren Nachkommen trotzdem (z.B. Bankiva- und Sonnerathuhn), so bedeutet dies, daß sie eng miteinander verwandt sind.

Im Innern der Chromosomen finden wir die Gene, welche für die Ausprägung der äußerlichen Merkmale, aber auch für einen funktionsgerechten Stoffwechsel, den Organaufbau und vieles mehr verantwortlich sind. Dabei bewirkt ein Gen nicht direkt die Merkmalsausprägung, sondern nur die Bildung einer chemischen Substanz, die meist über viele Reaktionswege das Merkmal zur Ausprägung bringt. Oftmals sind dafür viele Gene nötig, die untereinander einen Wechselkomplex bilden. Fällt bei einem solchen Wechselgefüge ein Gen in seiner Funktionsfähigkeit aus, so kann es zur Unterbindung dieser Merkmalsausprägung kommen und damit manchmal auch zum Tod des Embryos im Brutei.

Der Einfachheit halber geht man aber davon aus, daß ein Gen für ein Merkmal direkt verantwortlich ist, da man dann bedeutend besser züchterisch planen kann. Im »Hinterkopf« sollte man sich aber stets merken, daß die Sache viel komplizierter ist, als sie sich in den aufgeführten Zuchtschemata darstellt, und daß diese im Prinzip auf einer Vereinfachung der biologischen Vorgänge beruht.

Reinerbigkeit und Spalterbigkeit

In allen Körperzellen kommen — mit Ausnahme der Geschlechtschromosomen — stets zwei gleiche Chromosomen vor, die am gleichen Platz jeweils ein Gen für das gleiche Merkmal besitzen. Eines dieser Chromosomen stammt von der Mutter, eines vom Vater. Sind beide Genanlagen, die auch »Allele« genannt werden, für das entsprechende Merkmal (z. B. beim Geflügel für die rote Augenfarbe) gleich, dann spricht man von »Reinerbigkeit«, »Gleicherbigkeit« oder »Homozygotie« bezüglich dieses Merkmals. Ist das Gen für die Augenfarbe beim väterlichen Chromosom rot ausgeprägt und beim mütterlichen Chromosom gelb, dann handelt es sich um »Spalterbigkeit«, »Mischerbigkeit« oder »Heterozygotie«.

Für die Fortpflanzung werden die doppelt vorhandenen Chromosomen getrennt und jeweils in eine Keimzelle transportiert. Jede Keimzelle hat also nur eines der beiden ursprünglich doppelt vorhandenen Chromosomen. Dies passiert mit allen doppelt vorhandenen Chromosomen des Zellkerns. Dabei unterliegt es dem Zufall, ob ein ursprünglich mütterliches oder väterliches Chromosom in die eine oder andere Keimzelle gelangt. Waren die Allele reinerbig, so ist dies für die Vererbung bedeutungslos. Anders verhält es sich bei spalterbigen Allelen. Hier wird bei der Keimzellenbildung und Fortpflanzung unterschiedliches Erbgut weitergegeben. Den Vorgang der Aufteilung der doppelt vorhandenen Chromosomen mit den entsprechenden Genen auf die Keimzellen nennt man »Reduktionsteilung« oder »Meiose«. Das nachfolgende Schema soll diesen wichtigen Vorgang nochmals verdeutlichen.

Schema: Rein- und Spalterbigkeit

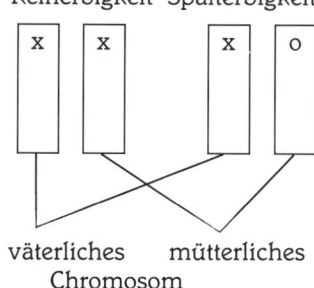

Schema: Meiose mit reinerbigen Allelen

Körperzelle	
väterliches Chromosom mit dem Allel ⓧ für rote Augen	mütterliches Chromosom ⓧ mit dem Allel für rote Augen
Meiose	
Keimzellen ⓧ ⓧ ⓧ ⓧ	

Schema: Meiose mit spalterbigen Allelen

Körperzelle	
väterliches Chromosom mit dem Allel ⓧ für rote Augen	mütterliches Chromosom ⓞ mit dem Allel für gelbe Augen
Meiose	
Keimzellen ⓧ ⓞ ⓧ ⓞ	

Vererbung und Zucht

Nach der Meiose, an deren Abschluß die Keimzellen mit jeweils dem halben Chromosomensatz stehen, verschmelzen zwei Keimzellen bei der Befruchtung miteinander und bilden wieder eine Körperzelle, welche die Ausgangsbasis für das neue Leben darstellt. Bei der Verschmelzung der väterlichen und mütterlichen Keimzellen können sich entweder reinerbige oder spalterbige Allele ergeben.

Je nachdem, wie sich die Kombination der väterlichen und mütterlichen Gene bezüglich der einzelnen Allele auswirken, spricht man von »intermediären« oder »dominant-rezessiven« Vererbungsmechanismen.

Der intermediäre Erbgang

(Schema rechts)
Ein einsichtiges Beispiel für den intermediären Erbgang stellt die Farbvererbung dar. Ist die Mutter reinerbig weiß und der Vater reinerbig schwarz, so sind die Nachkommen grau (Beispiel: Andalusier, deren graublaue Farbe indes von den Geflügelzüchtern als »blaue« bezeichnet wird), da sie sowohl das Gen für Weiß als auch das für Schwarz besitzen und beide Gene sich in der Farbausprägung vermischen. Folglich können bei der Paarung der Nachkommen untereinander weiße, schwarze und graue Nachkommen entstehen, und zwar im Verhältnis 1:1:2 (wobei sich die Verhältnisangabe auf eine sehr hohe Nachwuchsquote bezieht).

Der dominant-rezessive Erbgang

(Schema S. 108)
Beim dominant-rezessiven Erbgang ist beispielsweise das Gen für Schwarz stärker in seiner Ausprägungskraft (dominant) als das Gen für Weiß (rezessiv). Obwohl die Nachkommen alle das Gen für Schwarz und Weiß als Allel besitzen, sind sie in ihrer Farbausprägung einheitlich schwarz, da ja das Gen für Schwarz das Gen für Weiß überdeckt. Man spricht in diesem Zusammenhang von einem einheitlichen »Phänotyp« (äußere Merkmalsausprägung) und einem uneinheitlichen »Genotyp« (Erbgutausprägung). Da das Gen für Weiß im Erbgut vorhanden ist, fallen bei einer Kreuzung der Hühner der 1. Generation wieder reinerbig weiße, reinerbig schwarze und spalterbig schwarze Tiere im Verhältnis 1:1:2 an. Diese Verhältnisangabe bezieht sich auf den Genotyp. Geht man indes vom Phänotyp aus, kommt man auf das Verhältnis 1:3, da spalt- und reinerbig schwarze Tiere (phänotypisch) gleich aussehen.

Erbgang

Schema: Intermediärer Vererbungsgang
(verändert übernommen aus: ENGELMANN, 1975)

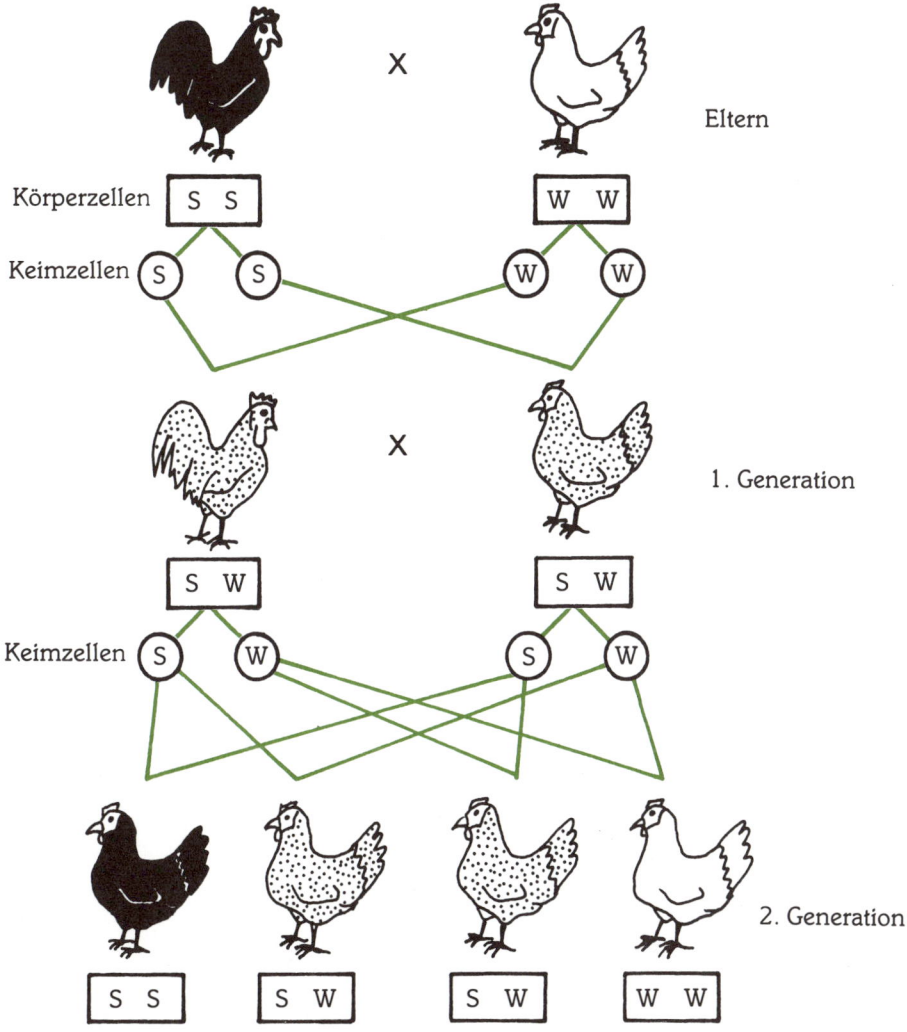

S = Gen für schwarze Gefiederfarbe
W = Gen für weiße Gefiederfarbe
SS = reinerbig Schwarz
WW= reinerbig Weiß
SW = spalterbig für Weiß und Schwarz, wobei die Merkmalsausprägung eine graue Gefiederfarbe hervorbringt

Vererbung und Zucht

Schema: Dominant-rezessiver Vererbungsgang
(verändert übernommen aus:
ENGELMANN, 1975)

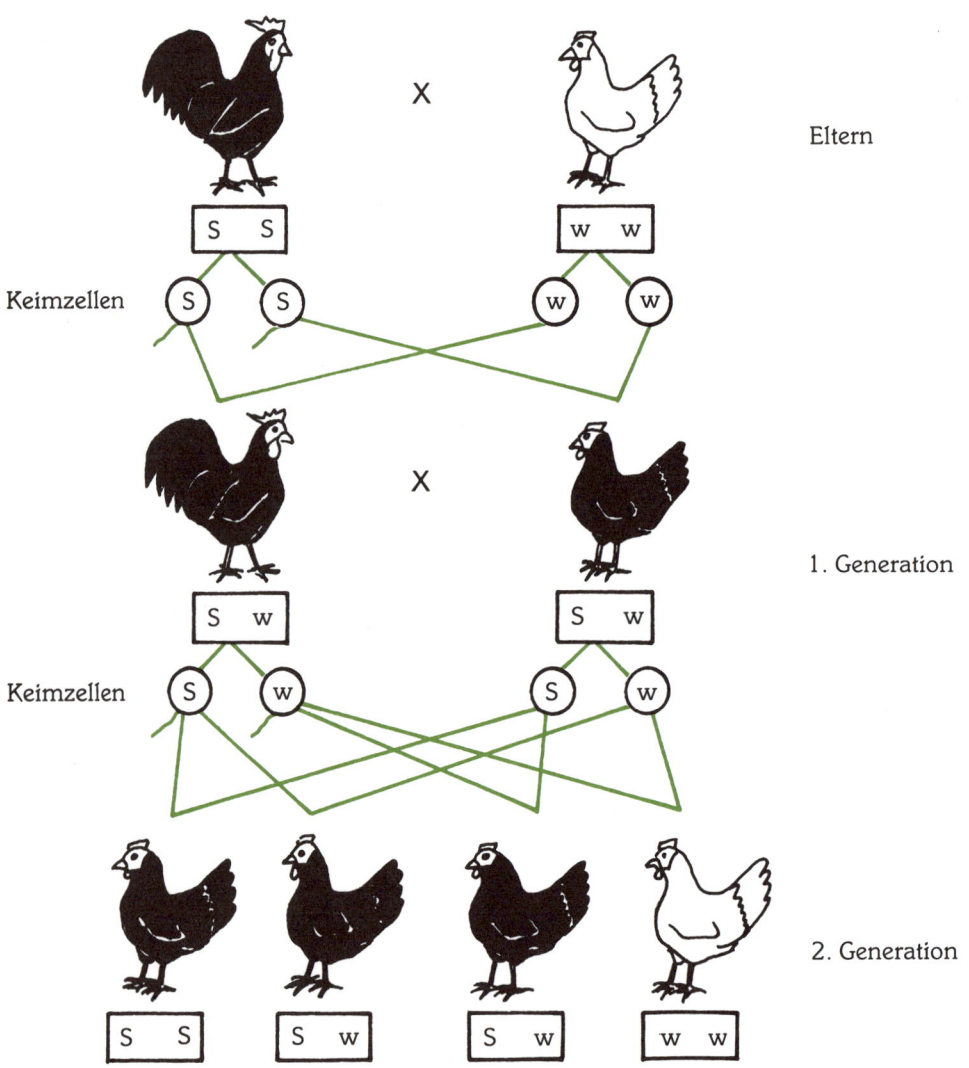

S = dominantes Gen für schwarze Gefiederfarbe
w = rezessives Gen für weiße Gefiederfarbe
SS = reinerbig Schwarz (dominant)
ww = reinerbig Weiß (rezessiv)
Sw = Genotypisch spalterbig für Schwarz und Weiß,
phänotypisch Schwarz durch das dominante Gen S

Problematik der Vererbung

Beide Vererbungsmechanismen sind relativ einfach, da sich die Merkmalsausprägung auf ein einziges Gen beschränkt. Oftmals sind aber für eine Merkmalsausprägung mehrere Gene verschiedener Chromosomen verantwortlich, oder eine Merkmalsausprägung ist mit einer anderen gekoppelt. Letzterer Fall tritt vor allem in einem geschlechtsgekoppelten Erbgang auf. Aus diesen und anderen Gründen können Vererbungsvorgänge nicht stets mit den beschriebenen intermediären und dominant-rezessiven Abläufen erklärt werden. Ebenso können während der Reduktionsteilung (Meiose) auch genetische Unfälle passieren, »crossing-overs«. Dabei gibt es vielerlei Varianten von Chromosomenaustausch-, Chromosomenumtausch-, Chromosomenverlust- oder Chromosomenergänzungsvorgängen. Zudem kommen spontane »Mutationen« (plötzliche Erbänderungen bezüglich eines oder mehrerer Gene) vor. Diese beiden Vorgänge, die spontane Mutation und das crossing-over, sind gemeinsam mit der anschließenden Selektion — sei sie durch die Natur selbst oder durch den Menschen vorgenommen — gewissermaßen der Antriebsmotor für die eigentliche Weiterentwicklung der Lebewesen und damit der Arten und Rassen, wobei letztere auch durch Einkreuzungen anderer Rassen einem menschlichen Idealziel angenähert werden können.

Für den Züchter ist es wichtig zu wissen, daß die Gene in einer gewissen Schwankungsbreite vererbt werden, das heißt, ein Merkmal hat bei seiner phänotypischen Ausprägung einen gewissen Spielraum, innerhalb dessen es sich entfalten kann. Durch günstige Haltungsbedingungen, gezielte Fütterung und sorgfältige Pflege kann dieser Spielraum gewissermaßen in einen günstigen Bereich gerückt werden. Man spricht dann von einer »modifikatorischen Beeinflussung«. Ungeachtet dieser Tatsache kann man aus einem erbmäßig schlecht veranlagten Tier kein sehr gutes Tier machen. Aber man kann durchaus die Anlagen eines guten Tieres fördern und dadurch beispielsweise auf Geflügelausstellungen eine bessere Bewertung erreichen.

Zuchtmodelle

An Zuchtmodellen kennen wir vor allem die Inzucht, die abgewandelte Inzucht in Form der Linienzucht und die Kreuzungszucht.

Inzucht

Bei der Inzucht paart man die Eltern mit den Kindern oder die Kinder untereinander. Auf diese Art und Weise erzielt man einen gewissen Grad an Reinerbigkeit, wenn wir ständig auf gewisse Merkmale hinselektieren. Durch ständige Rückkreuzungen auf ein Elterntier oder ein nahe verwandtes Tier (z.B. Sohn auf die Mutter, Enkel auf die Großmutter usw.) und eine sich anschließende gezielte Selektion können wir ein oder mehrere Merkmale des Ausgangstiers sichern. Über die Geschwisterpaarung erzielen wir einen ähnlichen Erfolg. Grundbedingung ist auch hier die Auslese nach phänotypischen Merkmalen und — wenn möglich — mit Hilfe der Vererbungsschemata auch nach dem Genotyp. Mit den Jahren bekommen wir durch die stete Inzucht einen Zuchtstamm, der bezüglich der angestrebten Merkmalsausprägung reinerbig ist. Dadurch können wir ohne große Aufzuchtquoten hochwertige Tiere erzielen.

Kreuzungszucht

Züchtet man über viele Jahre in der Inzucht — mit dem Ziel der Reinerbigkeit — so können plötzlich »Reduktionen« (Rückschläge) bezüglich der Vitalität, der Schlupffreudigkeit, der Leistung, der Krankheitsresistenz u.a. auftreten. Man spricht in diesem Zusammenhang von »Inzuchtschäden«. Aus diesem Grund ist man gezwungen, fremde Tiere der gleichen Rasse (zuweilen auch einer anderen Rasse) einzukreuzen, womit wir bei der Kreuzungszucht angelangt wären. Durch die Einkreuzung bringen wir in unseren Zuchtstamm neues Erbmaterial, das wieder zu einer Leistungssteigerung und Vitalitätsauffrischung führt. Allerdings sollten wir nicht warten, bis Inzuchtschäden auftreten, sondern schon frühzeitig ein fremdes Tier in den Zuchtstamm eingliedern. Dies geschieht vorzugsweise über ein weibliches Tier. Obwohl wir vor dem Erwerb eines solchen Tiers seine phänotypischen Eigenschaften genauestens auf eine Eignung für die Einkreuzung in unseren Zuchtstamm überprüfen, kann es durchaus sein, daß es genotypisch versagt. Im Falle eines Weibchens sind dann nur die Küken dieses Tiers »Versager«. Kreuzten wir dagegen ein männliches Tier ein, das genotypisch versagte, tragen alle Nachkommen die unerwünschten genetischen Merkmale, und in jahrelanger Arbeit muß man wieder den Ausgangspunkt der Zucht erarbeiten, den man schon vor der Einkreuzung hatte. Mit der Einkreuzung fremder Tiere in den Geflügelinzuchtstamm kann man — so eine Faustregel — fünf Jahre und länger warten, ohne daß Inzuchtschäden auftreten.

Linienzucht

Eine Kombination zwischen Inzucht und Kreuzungszucht stellt die Linienzucht dar. Dabei baut man über zwei nicht verwandte, aber in den Rassemerkmalen einander entsprechende Tieren zwei separate Inzuchten auf. In beiden Linien nimmt man inzuchtgemäß Rückpaarungen und Geschwisterpaarungen vor. Auf diese Art und Weise betreibt man jahrelang zwei getrennte Inzuchten, in denen man eine Reinerbigkeit für möglichst viele gewünschte Merkmale erlangt. Durch die Herausnahme eines dieser Tiere aus der Linie und eine Verpaarung mit einem fremden Tier kann man sich eine weitere Linie aufbauen. Nach mehreren Jahren separater Linienzucht kann man jetzt ein weibliches Tier der einen durchgezüchteten Linie mit einem männlichen Tier der anderen Linie kreuzen. Dadurch beugt man möglichen Inzuchtschäden vor, braucht aber kein Tier aus einer fremden Zucht einzukreuzen und behält damit uneingeschränkt das genetische Material seiner Zucht sozusagen auf dem gleichen Punkt. Die direkten Nachkommen einer Kreuzung zweier Linienzuchttiere zeigt häufig eine überraschend hohe Leistungssteigerung. Man spricht hierbei vom »Luxurierungseffekt«. Dieser Effekt tritt auch bei der normalen Kreuzungszucht auf. Wichtig ist bei der Linienzucht, daß man sich ständig neue Linien aufbaut, die nicht oder nur wenig miteinander verwandt und zum andern reinerbig durchgezüchtet sind.

Die Ausgangstiere einer Linienzucht müssen sich nicht unbedingt in all ihren Rassemerkmalen entsprechen. Jedoch muß die Schwäche des eines Partners durch die Rassetyphaftigkeit des anderen bezüglich des entsprechenden Merkmals ausgeglichen werden. Durch eine rigorose Selektion der nachfolgenden Generationen erzielt man dann eine rassetypische Reinerbigkeit in bezug auf das einstmals schwach ausgeprägte Merkmal eines der Ausgangstiere. Wenn ein Partner die Schwäche des anderen auf dem Wege der Zucht ausgleichen soll, sprechen wir von einer »Ausgleichspaarung«.

Hühnerzucht

Zuchtstamm

Die Grundlage für eine hochwertige Zucht stellt der Zuchtstamm dar. Wie bei jedem Geflügel müssen die Hühner am Anfang einer neuen Zucht zumindest phänotypisch aufeinander abgestimmt sein und später —

Hühnerzucht

nach Einblick in die Vererbungsmodalitäten — kann man den Zuchtstamm auch genotypisch (vgl. die Ausführungen zu Inzucht und Linienzucht) aufeinander abstimmen. Oftmals braucht der Züchter aber Jahre, um die spezifischen Vererbungseigenschaften einer Rasse herauszufinden. Für den Rassegeflügelzüchter, der Ausstellungen beschickt, sei angemerkt, daß Tiere mit hohem Preis auf Ausstellungen nicht notwendigerweise auch die besten Zuchttiere sind. Beim Kauf eines Zuchtstamms sollte man nicht allzu sehr auf den Kaufpreis achten, da man mit den erworbenen Zuchttieren den Grundstein für die künftige Tierqualität legt. Sind die Ausgangstiere nicht von hoher Qualität, so ist der Züchter gezwungen, über Quantität und anschließende Selektion die Qualität zu erzielen. Die Kosten für die Aufzucht einer großen Kükenschar übertreffen dabei den Kaufpreis eines hochwertigen Zuchtstamms um ein Vielfaches, bei welchem man sich mit einer geringen Nachwuchsquote begnügen kann, andererseits aber Qualitätstiere erhält.

Anzahl der Zuchttiere

Verfügt ein Züchter bereits über einen Legestamm, so muß er seinen Zuchtstamm von diesem getrennt halten. Der Zuchtstamm besteht aus etwa drei bis fünf Hennen und einem auf die weiblichen Tiere abgestimmten Zuchthahn. Im allgemeinen rechnet man zwar für einen Zuchtstamm einer leichten Rasse bis zu 20 und bei schweren Rassen bis zu zehn Hennen, aber bei solch einer hohen Tierzahl geht die Übersicht verloren, und meist hat man auch gar nicht so viele Tiere, die vererbungsmäßig zueinander passen. Zusätzlich treten in aller Regel noch Befruchtungsprobleme auf. Oftmals ist das Ejakulat beim Zuchthahn nach mehreren Tretakten geringwertig bis wertlos, so daß die zuletzt getretenen Hennen unbefruchtete Eier legen. In einem kleinen Zuchtstamm entfallen diese Probleme. Jede getretene Henne bekommt ein hochwertiges Ejakulat übertragen.

Sozialhierarchie der Zuchttiere

Meist sind die in der Rangordnung oben stehenden Hennen widerspenstig und verweigern häufig für eine längere Zeitspanne den Tretakt. In einem großen Zuchtstamm wird eine solche Henne kaum getreten, und ihre Nachwuchsquote ist dementsprechend gering. Rangtiefe Hennen lassen sich dagegen fast stets treten. Züchter mit großen Zuchtstämmen laufen dabei Gefahr, hauptsächlich Nachwuchs von Hennen mit geringer Durchsetzungskraft in der sozial geordneten Hühnerhierarchie zu bekommen. Eine meist unausbleibliche Folge ist ein Vitalitäts- und Konditionsrückgang des Nachwuchses. In kleinen Zuchtstämmen wird auch die ranghohe Henne in regelmäßigen Abständen getreten. Der Zuchthahn sollte bezüglich der Vitalität stets einer der rangobersten Tiere in dem während der Aufzucht separat gehaltenen Hahnenstamm gewesen sein. Er garantiert Frische, Kondition und Vitalität für die nachfolgende Generation. Legt eine Henne ständig unbefruchtete Eier, so kann man davon ausgehen, daß sie dem Zuchthahn »unsympathisch« ist und er sie deshalb nicht tritt. Integriert man die Henne — falls möglich — in einen anderen Zuchtstamm, so kann sie dort tadellos befruchtete Eier legen.

Strukturierung des Zuchtstalles

Damit sich die Zuchttiere frühzeitig aneinander gewöhnen, sollte der Zuchtstamm möglichst umgehend zusammengestellt werden. Nach der Ausfechtung der Positionen in der Sozialhierarchie gewöhnen sich die Tiere an die neue Umgebung des Zuchtstalls und akzeptieren ihn als ihr Revier.

Vererbung und Zucht

Eine Strukturierung des Stalls, die tote Winkel schafft, ist dabei positiv zu bewerten, da sich auf diese Art und Weise rangtiefere Hennen dem Gesichtskreis der ranghöheren entziehen können und dadurch in einem streßärmeren Umfeld leben. Eine höhere Leistungsquote und eine verbesserte Eiqualität sind der Lohn für die zusätzliche Stallunterteilung in diverse Eigenbezirke. Der Auslauf sollte genauso strukturiert sein; jedoch läßt man die Tiere im Winter nicht in diesen, da sich die kalte Witterung negativ auf die Eiproduktion auswirkt. An frühlingshaften und vor allem an sonnigen Tagen ist ein Aufenthalt im Freien dagegen sehr positiv, da die Sonnenstrahlen den Stoffwechsel der Hühner überaus günstig beeinflussen.

Der Stall sollte eine gute Be- und Entlüftung aufweisen, wobei es nicht zu Zugluft kommen darf. Die Einstreu muß trocken sein. Ein Sandbad ist für Hühner auch im Stall unabdingbar, da es wesentlich zur Körperpflege und Entspannung der Tiere beiträgt. Da das Sandbaden ein angeborener Instinkt ist, der zwangsläufig ausgelebt werden muß, ist die Existenz eines solchen Bads tierpsychologisch ein relevanter Faktor, der sich letztlich auch auf die Tierphysiologie auswirkt. Ein Zusatz von Ektoparasitenbekämpfungspuder im Sandbad unterstützt die Ungezieferbekämpfung unserer Zuchthühner auf natürliche Art und Weise.

Fallnest und Fallnestkontrolle

An geschützten, relativ dunklen Stallbereichen stellen wir die Nester auf. Diese sollten bei einer Abstammungskontrolle den Mechanismus des Fallnests aufweisen, das heißt, nach dem Aufsuchen des Nestes verhindert der Fallnestmechanismus, daß die Henne das Fallnest wieder verlassen kann bzw. daß eine andere Henne in das Nest eindringt. Durch das Kontrollieren der Fallnester mehrmals täglich weiß der Züchter genau, welche Henne welches Ei gelegt

Mittels der Stammschlupfhorde können die schlüpfenden Küken ihrer Mutter zweifelsfrei zugeordnet werden.

hat. Auf das gelegte Ei schreiben wir die Ringnummer oder ein sonstiges Kennzeichen der Henne, wodurch nach dem Schlupf der Küken in der Stammschlupfhorde des Brutapparats die Küken jeder Henne gekennzeichnet werden können. (Die Kennzeichnungsmodalitäten werden an geeigneter Stelle besprochen.) Ohne diese Methode ist eine planvolle Zucht kaum möglich, da wir nur hierdurch die genotypische Veranlagung enträtseln können. Dank dieser Methodik kann der Züchter nach einigen Jahren der Linienzucht voraussagen, welcher Zuchthahn und welche Zuchthenne besten Nachwuchs bringen.

Häufig ist die beschriebene Methode der Fallnestkontrolle für den Berufstätigen nicht möglich, wodurch meist der Ehepartner — falls er bzw. sie nicht erwerbstätig ist — die verantwortungsvolle Aufgabe der Kontrolle übernehmen »darf«. Als Alternative zu dem beschriebenen und zweifellos zeitintensiven Verfahren kann sich der Züchter auf eine Fallnestkontrolle am Wochenende beschränken. Er weiß dann ebenfalls genau, welches Ei von welcher Henne stammt. Da sich die Eier in aller Regel in Form, Schalenbildung, Größe und Farbintensität gut voneinander unterscheiden, wird man bald in der Lage sein, auch ohne Fallnestkontrolle die gelegten Eier der entsprechenden Henne zuzuordnen. Diese Methode funktioniert natürlich nur bei einem kleinen Zuchtstamm. Beim großen Stamm überdeckt der Faktor der Unübersichtlichkeit die bestgemeinten Bemühungen.

Einfluß von Temperatur und Licht

Die günstigste Haltungstemperatur liegt bei 15 bis 19 °C. Um solche Temperaturen — vor allem im Winter — zu erreichen, müssen wir einiges Geld investieren. Da die Tiere auch bei geringeren Temperaturen zufriedenstellend legen, können wir den Faktor Heizung teilweise vernachlässigen. Allerdings sollte die Temperatur nicht unter 5 °C absinken, nicht zuletzt deswegen, weil unterhalb dieser Temperaturgrenze die gelegten Bruteier ihre Entwicklungsfähigkeit einbüßen.

Wichtiger als die Stalltemperatur ist die künstliche Verlängerung des Tags. Denn der innere Rhythmus der Lebensaktivitäten und damit auch der Legeleistung wird durch den Außenfaktor des Lichts beeinflußt. Den Lichtstrahl nimmt das Auge auf und wandelt ihn in eine nervöse Erregung um. Diese Erregung gelangt über das Zwischenhirn zum Hypothalamus (Hirnanhangdrüse) und aktiviert diesen. Als Folge davon produziert er sog. sekundäre Geschlechtshormone, die — je nach Geschlecht — auf die männlichen und weiblichen Keimdrüsen einwirken. Allerdings funktioniert dieser Mechanismus erst ab einer bestimmten Lichtdauer. Im Winter ist die Lichtdauer zu kurz, um diesen biologisch gesteuerten Vorgang auszulösen. Über die »Verabreichung« von elektrischem Licht, die über eine Zeitschaltuhr leicht steuerbar ist, wird der kurze Wintertag verlängert und damit die Produktion der sekundären Geschlechtshormone angekurbelt. Da der Hahn für die Produktion einer optimalen Spermienqualität eine längere Zeit benötigt als die Henne für die Eibildung, ist es von Vorteil, wenn man dem Hahn drei Wochen vor den Hennen Licht gibt. Diese brauchen je nach Rasse ungefähr zwei bis drei Wochen nach der Lichtgabe, ehe sie mit der Eiproduktion beginnen. Besonders Züchter mit schweren Rassen müssen daher zeitig ihre Zuchtvorbereitungen treffen. Häufig brennt bei solchen Züchtern schon im November/Dezember das Licht in den Stallungen, und im Januar erblicken die ersten Küken das Licht der Welt. Die Lichtdauer sollte pro Tag bei etwa 14 Stunden liegen.

Fütterung des Zuchtstamms

Neben diesen haltungstechnischen Faktoren spielt die Fütterung der Zuchttiere eine entscheidende Rolle. Positiv hat sich — wie bei der Legehennenfütterung — eine Mehlfütterung von Legehennenalleinmehl mit 16 bis 17 % Rohprotein erwiesen. Sie gewährleistet, daß sich im Ei nicht zuviel Eiweiß ansammelt, das nicht vollständig resorbiert (aufgenommen) werden kann und dann zu einem Absterben der schlupfreifen Küken führt. Bei der Fütterung von Legemehl sollte eine zusätzliche Körnerfütterung von 50 g pro Tier und Tag vorgenommen werden. Der Futterwert der Körner drückt den hohen Eiweißgehalt des Legemehls etwas herunter, was für die Brutphase von Vorteil ist. Das Mehlfutter muß den Zuchthühnern gut zugänglich sein, und die Futtergefäße müssen die richtige Größe aufweisen. An die oftmals angepriesene Keimfutterfütterung muß während der Zuchtphase mit einer gewissen Vorsicht herangegangen werden, da gerade sie die enorme Eiweißanreicherung im Brutei fördert. Weichfutterfütterungen sollten beim Zuchtstamm unterbleiben; lediglich Zufütterung des Grünfutters ist ange-

Vererbung und Zucht

bracht. Es unterstützt die Vitaminversorgung der Zuchthühner nachhaltig und indirekt die Entwicklungsfähigkeit der Bruteier. Da vor allem die Grünzeugfütterung im Winter erhebliche Schwierigkeiten bereitet, ist der Züchter gezwungen, Vitamine in Form von Präparaten zu verabreichen. Flüssige Vitaminlösungen, Brausevitamintabletten und Vitaminkapseln bieten sich dafür an. Die beiden erstgenannten Präparate verabreicht man über das Trinkwasser, während die Vitaminkapseln den Tieren zwangsgefüttert werden. Vorteilhaft sind Multivitaminpräparate, die alle Vitamine in der richtigen Zusammensetzung enthalten. Vitamin E kann in Form von Weizenkeimölkapseln zusätzlich an den Zuchthahn gefüttert werden, da es als sogenanntes Fruchtbarkeitsvitamin die Spermienbildung und -qualität merklich verbessert. Möhren haben einen hohen Vitamin-A-Gehalt, weshalb man sie im Winter oftmals als Ersatzgrünfutter füttert.

Entwurmung

Zum Funktionskreis der Ernährung gehört auch die Entwurmung des Zuchtstamms. Dafür bieten die pharmazeutischen Firmen vielerlei Präparate an. Bei der Anwendung sollten wir die Gebrauchsanweisung genau befolgen. Eine gewisse Vorbeugung bietet auch die Verabreichung von Zwiebel- und Knoblauchstückchen. Aber trotz dieser Maßnahme sollte vor der Zuchtphase eine Entwurmung nicht unterbleiben. Danach helfen Vitamine den durch die Entwurmung gestreßten Körper schnell wieder zu regenerieren.

Entenzucht

Zuchtstamm

Für die Enten ist ein Auslauf mit Badegelegenheit sehr wichtig; er unterstützt nachhaltig die Befruchtung der Bruteier. Der Idealfall wäre eine Auslauffläche von 15 m^2 pro Tier; dies ist aber nur in den seltensten Fällen realisierbar. Als Auslauf sollten die Enten einen Grasauslauf oder eine Reinsandfläche vorfinden. Richtet man den Auslauf und das Badebecken von der Vegetation her wie einen natürlichen Lebensraum ein, so kommt dies tierpsychologisch gesehen dem Zuchtstamm besonders zugute. Psychologisch ebenfalls sehr wichtig ist die frühe Aneinandergewöhnung (November/Dezember), da die Enten hierbei gewisse Probleme aufwerfen.

Stall, Nest und Platzbedarf

Im Entenstall muß besonders die Be- und Entlüftung funktionieren, da die Enten einen Großteil des aufgenommenen Wassers über die Atmung in Form von Wasserdampf wieder ausscheiden. Ebenso benötigen die Enten trockene Einstreu. Nach der Begattung durch den Erpel, der mit seinen drei bis fünf Enten zusammenlebt, beginnen die Zuchtenten mit der Eiablage. Ihre Eier legen sie häufig nicht in die dafür vorgesehenen Nester (Nistkiste mit Stroh und Heu), sondern verlegen und vergraben sie in der Stalleinstreu oder im Auslauf, weshalb man bei der Eiersuche vorsichtig sein muß. Durch das Einlegen von Gipseiern in die hergerichteten Nester kann man manche Enten dazu bringen, ihre Eier dort abzulegen. Auch die sog. Schilfhütten des Zierwassergeflügels haben sich bewährt. Dazu bindet man 1 1/2 m langes Schilf zu faustdicken Bündeln zusammen und fügt diese zu einer runden, nach oben spitz zulaufenden Strohhütte zusammen, die — je nach Entenrasse — an der Basis einen

Durchmesser von 25—40 cm aufweist. In der Hütte spart man einen kleinen Eingang aus. Man kann sie im Stall und im Freien aufstellen; in aller Regel wird dieses Nest sehr gern angenommen. Wichtig ist dabei, daß im Boden eine kleine Mulde vorhanden ist, welche mit Stroh oder Schilfblättern bzw. Schilfsamenständen ausgepolstert ist. Möchte man, daß die Enten ausschließlich in den Stall legen, so darf man sie nicht vor 10 Uhr ins Freie lassen, da sie bis zu diesem Zeitpunkt fast immer abgelegt haben. Ideal ist natürlich auch hier ein Fallnest, das 30 cm breit, 45 cm tief und 60 cm hoch ist. Gehen die Enten nicht von allein ins Fallnest, so kann man sie schon abends daraufsetzen, so daß sie morgens ihr Ei darin ablegen. Da alle Enten morgens legen, braucht man so viele Fallnester, wie man Zuchtenten hat. Bei schweren Enten rechnet man mit einer Entwicklungszeit von etwa acht Monaten. Dementsprechend früh muß man mit der Zucht beginnen bzw. die Legeleistung und den Legebeginn forcieren. Hierbei ist eine elektrische Lichtgabe (vgl. Abschnitt zur Hühnerzucht) unumgänglich. Leichte Rassen benötigen die künstliche Verlängerung des Tags nicht und beginnen ungefähr ab Mitte März mit der Eiproduktion.

Wichtig für die Haltung ist, daß man jegliches Erschrecken der Enten verhindert. Dies gilt vor allem bei Dunkelheit. Auch fremde Personen können dazu beitragen, daß die Tiere scheu werden. Hat die Entenschar erst einmal ihre Zutraulichkeit verloren, ist es oft schwer, sie wieder zahm zu bekommen. Im täglichen Umgang mit den Tieren sind hastige und plötzliche Bewegungen unter allen Umständen zu vermeiden, da die Tiere darauf mit einem Leistungsrückgang reagieren können.

Fütterung des Zuchtstamms

Das Futter der Enten besteht während der Zuchtzeit aus Mehl- und Körnerfutter. Das Mehlfutter setzt sich aus folgenden Bestandteilen zusammen:
10% Kleie
70% Getreideschrote
15% tierisches Eiweiß (z.B. Fisch- oder Fleischmehl)
 2% Trockenhefe (Futterhefe)
 3% Mineralstoffgemisch für Geflügel
Alternativ kann auch das fertig gemischte Entenzuchtfutter oder das Legehennenalleinmehl gefüttert werden. Es wirt feuchtkrümelig morgens und abends gegeben. Oftmals nehmen es die Tiere aber lieber auf, wenn die Konsistenz (Beschaffenheit) des Mischfutters leicht wäßrig bis breiig ist. Eine Kartoffelfütterung sollte im Entenzuchtstamm unterbleiben. Ergänzend zur Mehlfütterung erhalten die Enten eine Körnermischung, wobei das Getreide — vor allem der Hafer — angekeimt sein kann. Geschnitzelte Möhren sind im Winter ein Grünfutterersatz; im Frühjahr greift man vorzugsweise auf die jungen Grünfutterpflanzen — besonders auf die Brennessel — zurück.

Gänsezucht

Zuchtstamm

Die Gänse gehören, obwohl sie im eigentlichen Sinn Weidetiere sind, zum Wassergeflügel. Deshalb ist für sie eine Badegelegenheit notwendig, nicht zuletzt der Befruchtung wegen. Spätestens im November muß man sich darüber klarwerden, welche Gänse man zur Zucht verwenden will. Im Dezember müssen die Zuchtgänse zusammengestellt sein, damit sie sich bis zur Zuchtzeit gut aneinander gewöhnt haben. Diese Gewöhnung ist eine wichtige Voraussetzung für eine gute Befruchtung, vor allem wenn neue bzw. fremde Gänse in den Zuchtstamm kommen.

Vererbung und Zucht

Zur sicheren Befruchtung ist bei Gänsen eine Badegelegenheit notwendig.

Es ist von Vorteil, wenn nur Alttiere zur Zucht verwendet werden, da die Gössel der Jungtiere in aller Regel nicht so vital und frohwüchsig sind. Auf einen Ganter rechnet man vier bis fünf Gänse, wobei man mit dem Ganter etwa drei Jahre und mit den Gänsen bis zu zehn Jahren züchten kann.

Zuchtraum

Der Stall ist für die Zuchtgans Aufenthalts-, Übernachtungs-, Brut- und Aufzuchtsort. Deshalb sollte er eher etwas zu groß als zu klein sein. Auch der Gänsestall muß eine gute Be- und Entlüftung aufweisen. Trockene Einstreu ist nicht nur für die Leistung, sondern auch für die Gesundheit wichtig.
Selbst bei kaltem Wetter läßt man die Zuchtgänse ins Freie und verschafft ihnen Zugang zum Wasser. Durch ihr dichtes Daunenkleid sind sie sehr gut gegen die Kälte geschützt. Die frische Luft wirkt sich fördernd auf ihre Konstitution aus. Bei allzu strenger Kälte oder bei Schnee läßt man sie jedoch besser im Stall oder verschafft ihnen nur einen kurz bemessenen Freilandaufenthalt.

Nest

Zur frühen Bruteiproduktion gibt man auch ihnen — wie den Hühnern — künstliches Licht. Beginnt die Gans mit dem Legen, so wird das erste Ei mit einem Bleistift gekennzeichnet. Man läßt es im Nest, wo es ein Verlegen der nachfolgenden Eier verhindern soll. Für die Brut selbst ist das erste Ei wertlos, da es meist nicht befruchtet ist. Alle jetzt anfallenden Eier nimmt man aus dem Nest und bewahrt sie an einem kühlen Ort (8 bis höchstens 15 °C) auf. Wichtig ist die Kennzeichnung der Eier nach dem Legedatum und dem Muttertier. Als Ausgleich für die Eientnahme kann man Gipseier ins Nest legen. Setzt die Gans mit dem Legen aus und polstert ihr Nest mit Daunen, dann ist die Brutphase angebrochen. Jetzt gibt man ihr die Eier, wobei die ältesten einen Tag früher als die jüngeren gegeben werden. Oftmals brüten jedoch die Gänse nicht mehr, weshalb eine Kunstbrut nötig ist.

Fütterung des Zuchtstamms

Für die Zuchtphase stellt man langsam vom Erhaltungsfutter auf das Legefutter um. Bewährt hat sich das Legehennenalleinfutter oder das Zuchtentenfutter, das in feucht-krümeligem Zustand gefüttert wird. Dazu reicht der Züchter 40 g gekeimten und 30 g ungekeimten Hafer. Wichtig ist auch die zusätzliche Grünzeugfütterung oder alternativ die Möhrenfütterung im Winter. Ein Verabreichen von Lebertran über das Körnerfutter verschafft den Gänsen in konzentrierter Weise die Vitamine A und D.

Will man sich das Mischfutter selbst herstellen, so nimmt man:
15 % Kleie
65 % Getreideschrot
 5 % Fischmehl
10 % Eiweißkonzentrat
 2 % Hefe (Futterhefe)
 3 % Mineralstoffgemisch für Geflügel.
Aber auch die Legeentenmischung kann alternativ als Gänsemischfutter herangezogen werden. Davon füttert man täglich — auf die Abend- und Morgenstunden verteilt — etwa 120 g. Ergänzend muß den Tieren grober Sand zur freien Aufnahme zur Verfügung stehen.

Putenzucht

Zuchtstamm

Bei den Puten rechnet man bei den leichteren Rassen auf einen Puter bis zu 20 Hennen, während Zuchthähne schwererer Rassen maximal 15 Hennen haben sollten. Aber wie bei den Hühnern ist ein bedeutend kleinerer Zuchtstamm empfehlenswert, schon deshalb, weil ein Tier etwa 1 m^2 Stallfläche beansprucht. Wichtig ist der weiträumige Freilauf, der den Tieren genügend Bewegungsspielraum bietet. Dabei sollten Hecken vor kalten Bodenwinden schützen, da sich diese äußerst negativ auf die Befruchtungsquote auswirken.

Stall und Nest

Die Legenester bestehen aus einer mit Stroh und Heu ausgepolsterten stabilen Legekiste (vgl. Kapitel »Der Stall und seine Einrichtung«). Da die Entwicklung der Puten bis zu acht Monaten beansprucht, muß man mit ihrer Zucht entsprechend früh beginnen, wobei auch hier künstliche Beleuchtung die Eiproduktion stimuliert. Zum Schutz vor Krankheiten muß der Stall trocken sein, und die Luftzirkulation sollte optimal funktionieren.

Fütterung des Zuchtstamms

Zur Fütterung verwendet man das Putenzuchtfutter, welches fertig gemischt im Fachhandel erhältlich ist. Man kann aber auch das Legehennenalleinfutter der Hühner nehmen, wobei der Züchter die dann zusätzlich notwendige Vitamin- und Mineralstoffversorgung nicht vergessen darf. An Mehlfutter rechnet man 200 g je Tier und Tag. Eine Zufütterung von 75 g Getreide pro Tier und Tag ist dabei erforderlich, genauso wie eine Grünfutterversorgung.

Vererbung und Zucht

Eine Futtermischung aus eigener Herstellung besteht aus:
17 % Maisschrot
15 % Weizennachmehl
15 % Weizenkleie
15 % Haferschrot
5 % Luzernemehl
10 % Fleischmehl
5 % Trockenmilch
15 % Sojabohnenmehl
2 % Muschelschalen
1 % Salz.
Wegen seines hohen Proteingehalts ist eine Beifütterung von Getreide unabkömmlich.

Perlhuhnzucht

Zuchtstamm

Auf einen Hahn rechnet man drei bis vier Hennen. In der Regel nimmt er auch gar nicht mehr Hennen an, da er ursprünglich zur Fortpflanzungszeit einehig lebte. Will man frühzeitig Jungtiere, so bietet sich auch hier die Verlängerung des Tages mittels künstlicher Beleuchtung an. Allerdings müssen die Küken dann künstlich aufgezogen werden, da sie sehr wärmebedürftig sind. Bei einer natürlichen Aufzucht warte man mit der Brut bis Mitte Mai, wobei dann kein zusätzliches Licht zu geben ist.

Stall und Nester

Da die Perlhühner, die im großen und ganzen wie die Hühner gehalten werden, dazu neigen, ihre Eier zu verstecken, legt man ihnen an dunklen Stellen des Stalls in leicht erhöhter Position Nester an. Die Eier nimmt man täglich aus dem Nest (und legt ein paar Gipseier hinein). Zur Zucht sind zweijährige Hennen den einjährigen wegen ihrer besseren Konstitution vorzuziehen.

Fütterung des Zuchtstamms

An Futter bekommen sie das gleiche wie die Hühner. Aber auch ein etwas eiweißhaltigeres Futter ist vertretbar. Wichtig ist auch hier die Mineralstoff- und Vitaminversorgung sowie die Fütterung von frischem Grünzeug.

Das Ei

Das Ei in der menschlichen Ernährung

Das Ei ist für die menschliche Ernährung von großer Wichtigkeit, da es durch seinen Eiweiß-, Fett- und Kohlehydratanteil Substanzen enthält, die in den Bau- und Energiestoffwechsel des menschlichen Körpers einfließen. Die Vitamine, Mineralstoffe und sonstigen Substanzen des Eis regulieren die Stoffwechselvorgänge. Dabei kommt es aber nicht nur zum Aufbau von Körpersubstanz, sondern auch zu deren Ab- und Umbau. Beispielsweise wird die Hälfte unserer Muskelsubstanz in ungefähr 160 Tagen ausgetauscht. Die Leber erneuert sich gar in nur zehn Tagen zur Hälfte. Für diese Vorgänge benötigt unser Körper als Baustoff Eiweiß. Je nach der Zusammensetzung sind dies — als Minimum — pro Tag etwa 30 bis 40 g. Der Optimalwert liegt bei der doppelten Eiweißmenge. Als Richtschnur dient beim Erwachsenen folgender Leitwert: pro kg Körpergewicht 1 g Eiweiß je Tag. Die Eiweiße — auch die des Eis — sind aus 20 verschiedenen Bausteinen, den sog. Aminosäuren, aufgebaut. Der menschliche Körper vermag davon lediglich zwölf selbst zu erzeugen. Die restlichen acht muß er über die Nahrung aufnehmen, denn ohne sie kann der Mensch nicht leben. Hierbei ist aber nicht nur wichtig, daß die Aminosäuren im Nahrungsmittel enthalten sind, sondern es ist auch von Bedeutung, in welchem Verhältnis sie vorliegen. Wir sprechen dann je nachdem von einer hohen oder geringen »Wertigkeit« des Eiweißes.

Im allgemeinen ist das tierische Eiweiß im Verhältnis der einzelnen Aminosäuren besser auf den menschlichen Organismus abgestimmt als pflanzliches Eiweiß, wobei sich indes beide Eiweißtypen zu einem Wirkungsoptimum ergänzen können. Die biologische Wertigkeit des Eis ist in diesem Zusammenhang sehr hoch einzuschätzen, und gleichzeitig ergänzt sie andere Nahrungsmittel in ihrer eigenen Wertigkeit. Ein Vergleich von Lebensmitteln macht dies deutlich. Die Wertigkeit des Eies liegt bei 94 %, Trinkmilch und Quark haben »nur« 86 %, und Kartoffeln als pflanzliche Eiweißquelle weisen nur einen Prozentsatz von 67 auf.

Gleichzeitig führt das Ei mit dem Eiweiß dem Körper auch Fett zu. Für die ideale Verwertung des Fetts ist nicht nur dessen Zusammensetzung von Bedeutung, sondern auch sein Verhältnis zum Eiweiß. Das Fett-Eiweiß-Verhältnis beträgt beim Ei etwa 2:1 und ist damit annähernd optimal für den menschlichen Körper. In aller Regel liegt der Fettanteil der Nahrungsmittel höher.

Zu den Kohlehydraten ist anzumerken, daß sie beim Hühnerei nur einen verschwindend geringen Teil ausmachen. Sehr reichhaltig sind dagegen die Vitamine im Ei enthalten. Generell betrachtet gehören Eier zu den vitaminreichsten Nahrungsmitteln überhaupt. Vor allem sind die Vitamine A, B_1, B_2, D und K in hohem Maße vorhanden.

An den unentbehrlichen Mineralien enthält das Ei vor allem Kalzium, Phosphat, Kalium, Natrium und Chlor. Weitere wesentliche Bestandteile des Hühnereis sind

Lezithin und Cholesterin. Lezithin macht 9 % des Dotters aus. Damit ist das Ei das einzige Nahrungsmittel, das Lezithin in für den menschlichen Organismus genügend hohen Mengen enthält. Es unterstützt den funktionsgerechten Ablauf im Gehirn und in den Nerven. Lezithin bleibt im Ei monatelang ohne Zerfallserscheinungen erhalten. Gefürchtet indes wird von vielen Menschen das Cholesterin, welches im Ei zu 280 mg vorhanden ist. Es stellt den Grundstoff für die Hormone der Nebenniere, der Gallensäure und des Vitamins A und E dar. Der menschliche Körper erzeugt das Cholesterin im wesentlichen selbst; nur 10 % nimmt er über die Nahrung zu sich. Die gefürchtete Arteriosklerose entsteht, wenn sich unter anderem Cholesterin und Kalzium an den Wänden der Adern ablagern. Diese Krankheit wird aber weniger durch die nahrungsbedingte Cholesterinaufnahme ausgelöst als vielmehr durch Rauchen, Bewegungsarmut und Übergewicht. Eventuell spielt sogar eine Erblichkeit bzw. eine vererbte Anfälligkeit für diese Krankheit mit.

Qualität des Frischeis

Für den Verbraucher ist es von Bedeutung, daß die Eier frisch sind. Dies festzustellen, ist für den Laien oft sehr schwierig. Ein einfaches Mittel stellt die Luftblasengröße dar. Je größer sie ist, desto mehr Feuchtigkeit hat das Ei verloren, und desto älter ist es. Die Luftblase erkennt man beim Durchleuchten (vgl. Kapitel »Brut und Aufzucht«). Alternativ kann man das Ei aber auch ins Wasser legen. Ist es frisch, so liegt es horizontal auf dem Grund des Wasserbeckens. Je älter das Ei ist, desto mehr steht es senkrecht im Wasser. Ein altes Ei steigt gar an die Wasseroberfläche. Damit die Eier möglichst lange frisch bleiben, werden sie kühl gelagert. Dabei dürfen nach der EG-Vermarktungsnorm für Eier aus dem Jahr 1975 nur solche Eier als »frisch« (Güteklasse A) bezeichnet werden, die über 8 °C gelagert waren und eine Luftblasenhöhe von nicht mehr als 6 mm haben. Weitere Kriterien ergänzen die Anforderungen an ein Frischei. Eier, die unter 8 °C gelagert wurden, eine Luftblasenhöhe von nicht über 9 mm haben sowie weitere spezifische Eigenschaften aufweisen, gelten als »haltbar gemachte« Eier (Güteklasse B). Allerdings muß man zwischen administrativen Regelungen und biologischen Tatsachen unterscheiden.

Bei einer Kühllagerung von 0 °C und einer relativen Luftfeuchtigkeit von 75 % können die Eier bis zu einem Jahr haltbar gemacht werden. Durch die Kühllagerung reduzieren sich die chemischen und biologischen Umsetzungen. Gleichzeitig verschlechtern sich die Wachstumsbedingungen für die schädlichen Bakterien, die bekanntermaßen in feuchter Wärme am besten gedeihen.

Für den Verkauf der Eier sind die Gewichtsklassen von Bedeutung:

Klasse 1:   70 g und mehr
Klasse 2:   unter 70 g bis 65 g
Klasse 3:   unter 65 g bis 60 g
Klasse 4:   unter 60 g bis 55 g
Klasse 5:   unter 55 g bis 50 g
Klasse 6:   unter 50 g bis 45 g
Klasse 7:   unter 45 g.

Die Eipackung enthält verschiedene Aufschriften. Neben der Angabe der Gewichtsklasse und der Güteklasse ist auf der Packung die Wochennummer registriert. In der jeweiligen Woche wurden die Eier ihrer Gewichtsklasse zugeordnet und verpackt. Gelegt wurden sie meist früher. Manche Eikartons tragen auf einer Banderole die Bezeichnung »Extra«. Dies bedeutet, daß die Eier besonders frisch sind. Spätestens eine Woche nach der Verpackung muß diese Banderole entfernt werden, da zu diesem Zeitpunkt die spezielle Norm »Extra« nicht mehr existent ist.

Zusammensetzung des Eis

Ein Hühnerei setzt sich zu 11,6 % aus der Schale und zu 88,4 % aus dem Eiinhalt zusammen. Dabei bestehen die Eiinhaltsstoffe aus etwa 73,7 % Wasser, 12,6 % Eiweiß, 12 % Fett, 0,7 % stickstofffreie Stoffe und 1,1 % Mineralien.
Das Eiklar selbst ist nicht reines Eiweiß, sondern besteht zu 86,7 % aus Wasser, zu 11,2 % aus Stickstoffsubstanz (»Eiweiß«), zu 0,5 % aus Fett, zu 0,9 % aus Kohlehydraten und zu 0,5 % aus Mineralstoffen.
Der Dotter baut sich aus folgenden Stoffen auf: 49 % Wasser, 21,6 % Fette, 9,1 % Lezithin, 15,7 % Eiweiße, 0,4 % Cholesterin, 0,3 % Cerebrin, 3,3 % Mineralien und 0,6 % sonstige Stoffe.
Unter den Eiweißarten des Dotters ist das eisen- und phosphorhaltige Vitellin oder Ovovitellin am bekanntesten. Es handelt sich dabei wahrscheinlich um kein reines Eiweiß, sondern um einen Eiweiß-Lezithin-Komplex, da man aus Vitellin bis zu 30 % Lezithin gewinnen kann.
Für den Hobby- und Rassegeflügelhühnerzüchter, der nebenbei überzählige Eier verkauft, ist der Dotter von großem Interesse, da wohl fast jede deutsche Hausfrau begeistert ist, wenn sie ein Ei aufschlägt und ein dunkelorangefarbener Dotter sichtbar wird. Oft hört man dann das Argument, dies sei ein »biologisches Ei« oder sozusagen ein Ei von glücklichen Hühnern. Solche Eier steigern die Nachfrage beim Erzeuger.
Doch um was handelt es sich bei der Farbgebung des Dotters? Es sind Farbstoffpigmente, die zu den fettlöslichen Karotinoiden bzw. zu den Xantophyllpigmenten gehören. Diese Pigmente kann der tierische Körper nicht selbst erzeugen; sie müssen daher mit der Nahrung zugeführt werden. Solche Farbstoffe kommen in allen grünen Pflanzenteilen vor. Wenn sich das Herbstlaub färbt, sind sie für jedermann sichtbar. Aber auch im Mais, in den Möhren und vielen weiteren Futterstoffen sind sie enthalten. Im Körper gelangen die Farbstoffe ins Körperfett, in die Läufe, in den Schnabel und natürlich auch in den Dotter. Eine Fütterung von farbstoffarmen Futtermitteln wie Kartoffeln oder Reis führt zu blassen Dottern. Intensivieren kann man die Dotterfärbung neben der Grünzeugfütterung durch geringe prozentuelle Zugaben von Farbstoffträgern (0,35 mg Capsanthin pro 100 g Futter).
Interessanterweise sind die Eidotter von Hennen, die häufig legen, weniger intensiv gefärbt als von Hennen, die wenig Eier legen. Das liegt darin begründet, daß die stark legenden Hennen einen höheren Farbstoffverbrauch haben als die schlechteren Legehennen.
Der Eidotter enthält zwei verschiedene Dotterarten: den weißen und den gelben Dotter. Der weiße (und gleichzeitig fettärmere) Dotter umgibt die Dotterkugel wie einen Mantel. An einigen Stellen wird manchmal der intensiv gefärbtere, gelbe Dotter sichtbar. Man spricht dann von »gelben« oder »marmorierten« Eiern.

Bildung des Eis

Die Dotterkugel mit der Eizelle (Keimscheibe) nimmt ihren Ursprung im Eierstock und wächst anfangs nur sehr langsam, beschleunigt dann aber ihr Wachstum immens. Im Eierstock, der bei den Vögeln im Gegensatz zu den Säugetieren nicht doppelt vorhanden ist, reißt die den reifen Dotter umgebende Dotterhaut auf und entläßt das Gelbei (Dotterkugel mit der Eizelle) aus dem Eierstock. Über den Wimperntrichter des Eileiters gelangt das Gelbei in diesen. Dort ist es etwa 15 Minuten durch ein Spermium (Samenzelle) des Hahns befruchtungsfähig. Anschließend umgibt es sich mit einem dünnen Häutchen (Dottermembran). Hat bis jetzt noch kein Spermium die Eizelle besamt, so bleibt das Ei unbefruchtet. Kam es jedoch zur Befruchtung, so beginnt jetzt bereits die Embryonalentwicklung. Parallel dazu lagert sich bei der Wanderung des Gelbeis durch den Eileiter zuerst zähflüssiges, dann dünnflüssiges und schließlich wieder dickflüssiges Eiweiß um den Dotter herum ab.

Die Absonderung der Eiweiße geschieht durch die Schleimhäute der Eileiterwand. Da die Schleimhaut des Eileiters im Abschnitt der ersten Eiweißanlagerung spiralförmig gefaltet ist, bewegt sich das Ei bei seiner Wanderung durch den Eileiter in einer Schraubenlinie, wodurch das zähflüssige Eiweiß an beiden Polen des Eis zu den allseits bekannten Hagelschnüren zusammengedreht wird, die man im Volksmund auch »Hahnentritt« nennt. Ihre Funktion besteht darin, daß sie den Dotter in der Eimitte stabilisieren. Eventuell bieten sie der restlichen Eiweißstruktur auch einen Ansatzpunkt.

Im sich anschließenden engeren Teil des Eileiters lagert sich um das dickflüssige Eiweiß eine Schalenhaut, die aus zwei Schichten besteht. Durch diese Haut wird frisch gebildetes dünnflüssiges Eiweiß hindurchbefördert. Auch dieses Eiweiß wird von der Schleimhaut des Eileiters erzeugt. Schließlich sondern die Schalendrüsen des Eileiters die Kalkschale ab. Den Kalk erhalten die Drüsen über die Blutbahn. Der Kalkgehalt zur Eibildung wird erst zwei bis drei Tage vor der Kalkschalenbildung aufgenommen. Dagegen sind im Eiinhalt noch Futterstoffe aus einer 40 Tage zurückliegenden Fütterung vorhanden. Der Kalk wird direkt auf der äußersten Schalenhaut abgesetzt, wobei eine Eiweißsubstanz beide verbindet. Nach etwa 17 Stunden ist die 0,3 mm dicke Eischale fertig. Die Kalkauflagerung erfolgt in kleinen, nebeneinanderstehenden Säulchen, wobei zwischen den Säulen kleine Zwischenräume bleiben, die sich zur Eioberseite verengen. Über der Kalkschicht befindet sich die sog. Kutikula (Schleimschicht oder elastisches Oberhäutchen), die durch fetthaltige Eiweißstoffe eine glatte Oberflächenstruktur aufweist. Die Kutikula wird von Zellen des Eihalters, an denen das Ei zuletzt entlanggleitet, aufgetragen. (Im Eihalter befinden sich auch sog. Spermienaufbewahrungsdrüsen für eine Befruchtung ohne direkten Hahnentritt.) Die Kutikula enthält — je nach Rasse — manchmal Farbstoffpigmente, die der weißen Kalkschale eine braune (z.B. Barnevelder- oder Welsumerhühner) oder grüne (Araucanahühner) Farbe geben. Bei den Araucanahühnern ist nicht nur die Kutikula, sondern durch einen bei den Hühnern einzigartigen Mechanismus die gesamte Kalkschale grün gefärbt. Schlägt man ein braunes und ein grünes Ei auf und betrachtet die Schale von innen, so ist sie bei ersterem weiß und bei letzterem grünlich. Der Farbstoff selbst entwickelt sich bei den braunen und grünen Eiern aus abgebauten Blutkörperchenbestandteilen. Dadurch, daß die braune Farbe nur äußerlich auf der Kalkschale auflagert, stehen hinter dem Argument vieler Verbraucher »Braune Eier schmecken besser als weiße« mehr psychologische als biologisch bedingte Aspekte. Wohl aber gibt es einen geschmacklichen Unterschied zwischen Eiern von Batteriehühnern und von Hühnern mit Freilandaufenthalt und Frischfutter. Letztere haben einen bedeutend besseren und typischeren Geschmack.

Außerdem hat sich zwischenzeitlich herausgestellt, daß die Eier von den Hühnerfarmen oft die »Endlagerstätten« von Medikamenten sind. Der Einsatz der Arzneien ist in der Massentierhaltung notwendig, damit aufkommende Krankheiten bereits im Keim erstickt werden. Ansonsten könnte sich eine Krankheit epidemieartig ausbreiten und die Wirtschaftsgrundlage des Eierproduzenten vernichten. In der tierwürdigeren Massenbodenhaltung kommen, wie es heißt, mehr Medikamente zum Einsatz als in der tierquälerischen Batteriehaltung. Das Ei aus der Massenbodenhaltung wäre demnach alles andere als besonders wertvoll.

Abnormitäten des Eis

Neben dem typischen Hühnerei existieren auch einige kuriose Eiarten. Reifen beispielsweise zwei Dotterkugeln gleichzeitig im Eierstock heran und wandern gemeinsam in den Eileiter, so werden sie beide in ein Ei integriert, wodurch die häufig bestaunten Eier mit zwei Dottern entstehen. Das Gegenteil davon bilden die sogenannten Spareier. Bei ihnen werden die Eiweißdrüsen des Eileiters nicht durch den Eidotter, sondern durch kleine Fremdkörper (z.B. Blutgerinsel) zur Eiweißbildung angeregt. Folglich bleibt das Ei ohne Dotter. Wird ein Eidotter, der sich vom Eierstock ablöst, nicht vom Eileitertrichter aufgenommen und gelangt in die Bauchhöhle, so verdickt er sich dort und lagert sich ab. Wiederholt sich dieser Vorgang mehrmals, dann spricht man von »Schichteiern«. Gehen diese Schichteier (Bauchhöhleneier) in Fäulnis über, so gefährden sie potentiell das Leben der Henne. Bauchhöhleneier entstehen oftmals dann, wenn die Henne schon sehr alt und infolgedessen der Eileiter erschlafft ist. Ebenso bewirken übermäßige Eiweißfütterung, Überzüchtung und Überanstrengung unter Umständen die Schichteierbildung. Eine biologisch völlig harmlose Variante stellen Eier mit Blutflecken dar. Ein Blutfleck kann beispielsweise ins Ei geraten, wenn auf der Wanderung des Eidotters durch den Eileiter ein Blutäderchen platzt. Solche Blutflecken beeinträchtigen geschmacklich nicht den Wert des Eies, lassen es aber vielleicht etwas unappetitlich erscheinen. Bei Junghennen treten zum Legebeginn häufig Eier ohne Schale — sog. Windeier — auf. Dies ist bei Jungtieren in jener Phase unbedenklich, da sich das Eierlegen noch nicht »eingependelt« hat. Fallen jedoch ständig Windeier an, so deutet dies auf eine unzureichende Versorgung mit Kalzium hin. Deshalb sollte man seinen Tieren zur freien Aufnahme stets Muschelkalk oder andere Kalkpräparate zur Verfügung stellen, damit der Stoffwechsel mit einem optimalen Kalziumspiegel arbeiten kann. Bleibt ein Ei zu lange im Eihalter oder liegt eine Überfunktion der Kalkdrüsen vor, so können die Eier andererseits eine abnorme Kalkauflagerung bekommen.

Zuweilen hört oder liest man auch von sog. »Trephoneiern«. Darunter versteht man neun Tage bebrütete Hühnereier. Ißt man sie, so sollen sie gegen zahlreiche Krankheiten helfen. Ob ein gesundheitlicher Wert tatsächlich vorhanden ist, sei dahingestellt, jedoch stellen sie in unserer Kultur kein in ästhetischer Hinsicht gewöhnliches Nahrungsmittel dar. Vom Entenei, das — nebenbei bemerkt — anders als das Hühnerei entsteht, hört man des öfteren, daß es unappetitlich schmecke und Krankheiten übertrage. Dieser Einwand ist dann gerechtfertigt, wenn die Enten ihr Wasser aus Jauchepfützen oder stinkigen Gewässern aufnehmen und ihre Eier in die kotverschmutzte Erde ungepflegter Ausläufe legen. Dort können die Eier mit Bakterien und Schimmelpilzen infiziert werden. Aber auch eine Fütterung mit verdorbenen Futtermitteln und die Aufnahme nicht einwandfreien Wassers können sich zumindest geschmacklich negativ auf das Ei auswirken. Ebenso führt eine überhöhte Fischmehlfütterung — genauso wie beim restlichen Geflügel — zu einem unangenehmen Geschmack. Bekommen die Enten aber sauberes und frisches Wasser sowie wertvolles Futter und werden ordentlich gehalten und gepflegt — dazu gehört auch die täglich Eientnahme —, so sind die Eier einwandfrei (sofern das Tier nicht in sich selbst Krankheitskeime birgt). Enteneier sind meist sogar delikater als Hühnereier. Sie haben zusätzlich einen gehaltvolleren Dotter als die Hühnereier und weisen in aller Regel ein höheres Gewicht auf.

Form des Eis

Bezüglich der Gestalt kann man vier Grundtypen unterscheiden: elliptische, ovale, spitzovale und kreiselförmige Eier. Von diesen Grundtypen ergeben sich verschiedenartige Abweichungen wie beispielsweise kurz- oder langovale Eier oder lang- und kurzkreiselförmige Eier. Als »klassische« Eiform kann die ovale — und mit Abstrichen die spitzovale — Formgebung betrachtet werden. Auf Rassegeflügelausstellungen sieht man auch hin und wieder einmal Eier. Dort wird die ovale Eiform ebenfalls als das Ideal angesehen.

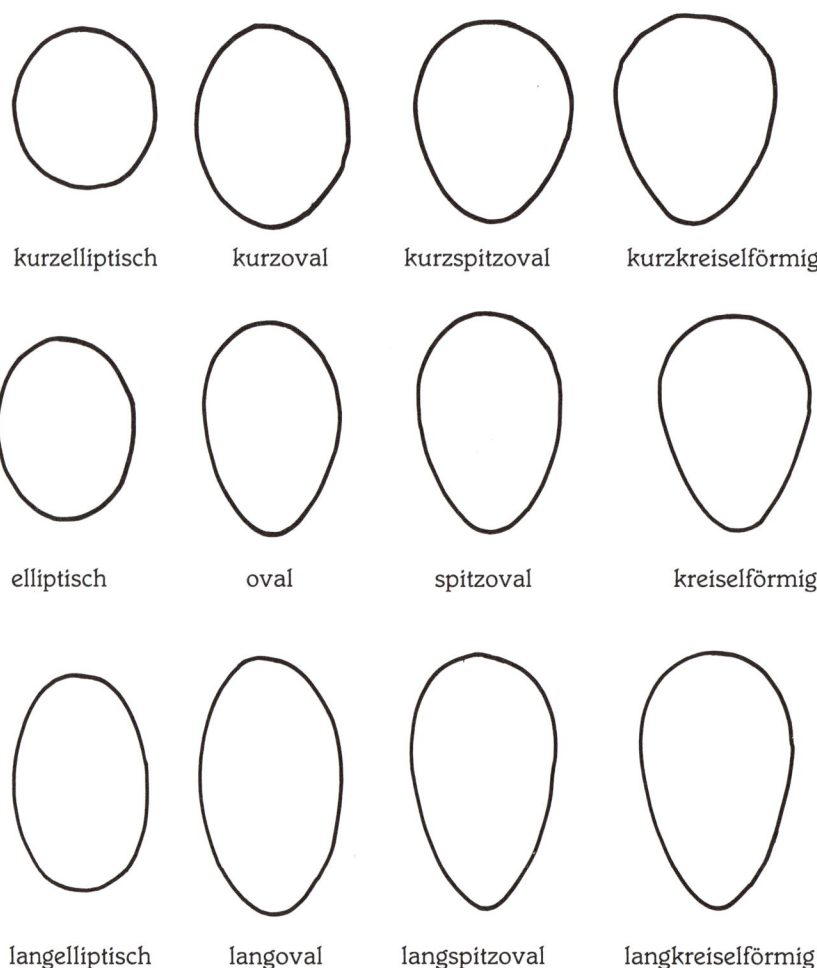

(entnommen aus: MAKATSCH [1974])

Brutei

Für den Züchter ist in der Zuchtphase vor allem der Umgang mit den Bruteiern von großer Bedeutung. Grundsätzlich nehmen wir die gelegten Eier täglich aus dem Legenest und versehen sie mit dem Legedatum und einem Abstammungszeichen. Als Schreibgerät benutzen wir ausnahmslos einen Bleistift. Die Eier werden in einem Raum, dessen Temperatur zwischen 8 °C und maximal 15 °C liegt, gelagert. Sinkt die Temperatur unter 5 °C, so verlieren die Eier ihre Entwicklungsfähigkeit, oder es kommt zu Mißbildungen. Zudem sollte der Aufbewahrungsraum zugluft- und sonnenfrei sein, sowie keine trockene Luft enthalten (75 % relative Luftfeuchtigkeit sind ideal). Außerdem muß der Raum frei von Fremdgerüchen sein, da die Eier diese sonst annehmen können.

Die Eier lagern wir in einem Eierkarton, auf der spitzen Polseite stehend. Alternativ können wir sie auch auf der Seite liegend lagern, müssen sie dabei aber täglich mindestens ein halbmal um ihre Längsachse drehen, damit sich der Dotter bei längerem Lagern nicht durch die Eiweißschichten senkt und an der Eischale bzw. an der Schalenhaut festklebt.

Über das Alter der Bruteier läßt sich nichts Allgemeingültiges sagen. Grundsätzlich sollten die Eier so frisch wie möglich sein. Allerdings zeigen aber auch noch vier Wochen alte Eier gute Schlupfergebnisse. Beim gemischten Einlegen von älteren und frischen Eiern sollten die älteren etwas früher eingelegt werden (ungefähr einen halben bis einen Tag), damit sie den Entwicklungsrückstand, den sie gegenüber frischen Eiern haben, aufholen können und sich ein gemeinschaftlicher Schlupf ergibt. Sehr wichtig für die Brut ist die Sauberkeit der Eier. Die Poren der Schalen dürfen nicht durch Schmutz verstopft sein. Es wäre verkehrt, schmutzige Eier zu waschen, da sich hierdurch die Poren der Eier noch mehr verschließen und die schützende Kutikula der Eier entfernt wird. Dadurch können u.a. Mikroorganismen leicht ins Ei eindringen. Ein schlechter Schlupf wäre unausbleibliche Folge. Bei verschmutzten Eiern kratzen wir die Schmutzpartikel mit einem Messer ab oder legen die Eier in lauwarmes Wasser und entfernen den Schmutz, ohne zu reiben.

Eier mit einer falschen Luftblase sind zur Brut ungeeignet. Die Luftblase muß am stumpfen Eipol zwischen den Schalenhäuten liegen. Beim Durchleuchten der Eier (vgl. Kapitel »Brut und Aufzucht«) sieht man sie ganz deutlich.

Ebenfalls als Bruteier ungeeignet sind solche Eier, die einen Fremdkörper (z. B. Blutfleck) oder Sprünge in der Schale aufweisen. Die Sprünge sind oft so fein, daß man sie kaum oder gar nicht erkennt. Erst beim Durchleuchten springt die mangelhafte Schalenfestigkeit ins Auge. An den Sprungstellen treten während der Brut oftmals Eiweißsubstanzen aus, die gelblich gerinnen. Ebenfalls ungeeignet sind Eier

Das Brutei lagert man auf der Spitze stehend oder aber auf der Seite liegend, wobei man es im letzteren Fall wenden muß.

Das Ei

Eier mit ungleicher Oberflächenstruktur eignen sich nicht zum Bebrüten.

Eier mit punktartigen Kalkauflagerungen scheiden für Brutzwecke aus.

mit Kalkringen und zusätzlichen Kalkablagerungen. Sie zerbrechen leicht, da ihr Kalkaufbau mangelhaft ist. Auch funktioniert ihre Feuchtigkeitsregulierung nicht exakt, so daß ein Mißerfolg — vor allem in der Kunstbrut — unausbleiblich ist. Oftmals sind die Kalkschalen an den Stellen der Ablagerungen auch porös, wodurch schon in den ersten Bebrütungstagen gelbliches Eiweiß in kleinen, pünktchenartigen Mengen austritt.

Außerdem müssen die Bruteier das richtige Gewicht (sog. Bruteimindestgewicht) haben. Bei zu großen Eiern besteht die Möglichkeit, daß sie zwei Dotter haben oder daß das Küken die Eiweißmasse nicht voll verarbeitet und folglich nicht richtig schlüpft. Aus viel zu kleinen Eiern schlüpfen in aller Regel kleine Küken. Ebenso besteht die Gefahr, daß sich das Legen von zu kleinen Eiern vererbt. Das richtige Bruteimindestgewicht jeder Rasse kann man aus dem Geflügelstandard des Bundes deutscher Rassegeflügelzüchter entnehmen. Im allgemeinen beträgt das Mindestgewicht bei schweren und mittelschweren Rassen zwischen 53 und 60 g und bei leichten Rassen zwischen 48 und 55 g. Zwerghuhneier wiegen etwa 40 g. Einleuchtend dürfte auch sein, daß man nur Eier in der klassischen Eiform als Bruteier verwendet. Schiefe, eingebuchtete, elliptische und ähnlich deformierte Eier scheiden für Brutzwecke aus.

Hat man sich Bruteier schicken lassen, so müssen diese 48 Stunden ruhig liegen, bevor sie unter die Glucke oder in den Brutapparat kommen. Ansonsten wirken sich die mit dem Transport verbundenen Erschütterungen negativ auf die Schlupfquote aus.

Brut und Aufzucht

Entwicklungsdauer des Geflügels

Je nachdem, ob man eine schwere, leichte oder Zwerghühnerrasse züchtet, muß man entsprechend früh mit der Brut beginnen. Dabei ist einzukalkulieren, daß die Hähne ungefähr einen bis eineinhalb Monate länger für ihre Entwicklung brauchen als ihre weiblichen Artgenossen. Dementsprechend brüten wir schwere Rassen im Januar/Februar, mittelschwere im Februar/März, leichte im März/April und Zwerghühner im März/April/Mai. Je höher die Außentemperaturen sind, desto besser gedeihen unsere Küken. Bei Enten können wir warten, bis sie mit dem Legen von allein beginnen (im März), aber der Einsatz von elektrischem Licht — vor allem bei schweren Rassen — ist durchaus möglich. Da die Enten schnell wachsen, ist ihre Entwicklung bis zum Herbst sichergestellt. Mit 200 Tagen gelten sie in aller Regel als erwachsen.

Die Gänse treten mit 270 bis 300 Tagen ins »Erwachsenenalter« ein. Bei den schweren Rassen ist daher eine Lichtgabe durchaus vertretbar.

Bei den Puten variiert das Wachstum je nach Farbschlag. Geschlechtsreif sind die Tiere um die 32. Lebenswoche. Schwere Tiere sollten früher gebrütet werden als leichte Puten. Künstliche Beleuchtung ist zuweilen erforderlich.

Um frühe Perlhuhnküken zu bekommen müssen wir unserem Zuchtstamm elektrischen Licht »verabreichen«.

Für den Rassegeflügelzüchter, der seine Tiere auf Schauen präsentiert, gelten diese Zeitangaben nicht, wenn er auf früh im Jahr stattfindenden Austellungen seine Tiere zeigen will. Er muß dann vom Termin der Schau die Entwicklungszeitspanne zurückrechnen, um auf den idealen Bruttermin zu kommen. Dementsprechend muß er die Zeit des Eiersammelns und der Zuchtstammzusammengewöhnung sowie das erfolgbringende »Greifen« der zuchttechnischen Faktoren (z. B. Lichtgabe) einkalkulieren. Dabei ist zu beachten, daß sich sommerliche Bedingungen positiver auf die Entwicklung auswirken als die Gegebenheiten des Herbstes und Winters.

Hat der Züchter seine Bruteier gesammelt, so bieten sich für ihn bei der Brut zwei Alternativen: die natürliche Brut mit einer Glucke oder die künstliche Brut mit dem Brutapparat. Meist greift der Züchter auf den Brutapparat zurück, da in den seltensten Fällen eine Glucke zu dem Zeitpunkt verfügbar ist, zu welchem sie benötigt wird. Zudem ist bei den meisten Rassen der Bruttrieb weggezüchtet, so daß die Tiere erst gar nicht zur Brut schreiten. Trotzdem kennen wir noch einige relativ zuverlässig brütende Hühner wie beispielsweise die Araucana oder Seidenhühner. Aber auch bei den anderen Rassen erhalten wir hin und wieder eine Glucke.

Die Brutzeit ist bei der Natur- und Kunstbrut gleich und beträgt bei:

Hühnern	21 Tage
Zwerghühnern	21 Tage
Enten	27—29 Tage
Warzenenten	35 Tage
Gänsen	29—30 Tage
Puten	27—28 Tage
Perlhühnern	26 Tage.

Brut und Aufzucht

Sind wir bezüglich des Bruttermins nicht eingeengt, so sollten wir einer brütenden Henne ruhig einige Eier geben, denn selten erlebt man schönere Szenen als das Führen und Umsorgen der Küken durch die Glucke. Das anrührende Bild der Mutter-Kind-Tierfamilie schenkt uns Menschen im streßgeplagten Alltagsleben letztlich einige Stunden der Besinnlichkeit und der Erholung und ist vor allem für das Erleben der Natur durch die ihr meist entfremdeten Großstadtbewohner von großer psychologischer Bedeutung.

Naturbrut

Hühnerglucke

Nest

Hauptsächlich führt man die Naturbrut mit Hühnern durch, weshalb diese bevorzugt besprochen werden sollen. Für die Glucke ist der Hühnerstall als Brutraum ideal, da sie hierdurch in ihrer gewohnten Umgebung bleiben und auf ihrem selbstgewählten Nest brüten kann. Allerdings muß das Nest vor dem Eindringen anderer Legehennen geschützt sein, da es ansonsten zu Rivalitäten kommen kann, unter denen das Gelege leidet. Bei einem Fallnest klappt man einfach die Klappe herunter, und schon hat die Glucke ihren separaten Brutplatz. Ein Stück Stoff, das teilweise die

In einem gut ausgeformten Nest bebrütet die Hühnerglucke 21 Tage lang die Eier.

Naturbrut

Klappe abdeckt, bringt der Glucke das bevorzugte Halbdunkel.

Ist eine Brut im Stall nicht möglich, so ist ein halbdunkler Raum mit genügend Luftfeuchtigkeit und ohne Zugluft (z. B. Kellerraum) für die Brut angebracht. Störungen und Erschütterungen sind auf jeden Fall zu vermeiden.

Beim Herrichten des Nestes desinfiziert man dieses gegen Schadinsekten mit einem Puder oder einer Flüssigkeit. Als Bodeneinlage des Nests wählen wir feuchtkrümelige Gartenerde oder einen ausgestochenen Grasballen, den wir umgekehrt ins Nest legen. Mit diesem Bodenmaterial formen wir bereits eine Nestmulde aus. Darüber packt man als Nistmaterial entweder Heu oder kurzes Stroh.

Die Feuchtigkeit der Erde fördert die Embryonalentwicklung im Ei. Da diese Feuchtigkeit allerdings nach einiger Zeit verflogen ist, müssen wir die Erde immer wieder frisch anfeuchten.

Im übrigen hat es sich aber auch gezeigt, daß ein reines Heu- oder Strohnest gute Schlupfergebnisse bringt.

Pflege und Haltung

Bevor die Glucke gesetzt wird, geben wir ihr ein hautverträgliches Insektenvertilgungspuder ins Federwerk und legen die Bruteier ins Nest. Dabei bekommt eine schwere Henne etwa 16 Eier, eine leichte nur zwölf. Grundsätzlich sollte die Glucke die Eier gut abdecken können. Abends ist die beste Zeit zum Setzen der Glucke. Meist geht sie von allein aufs Nest. Ansonsten hebe man sie vorsichtig darauf und beachte, daß ihre Füße zwischen den Eier aufsetzen. Besonders in der Anfangsphase ist das beruhigende Halbdunkel des Brutnestes wichtig. Bei der Brut im Hühnerstall gibt man der Glucke abends ausschließlich

Brütende Glucke

Körnerfutter, indem man sie behutsam vom Nest hebt und sie bei den anderen Hühnern mitpicken läßt. Zum Herausnehmen aus dem Nest greift man am besten mit einer Handfläche unter ihren Körper und hebt sie vom Nest hoch. Im Freien entleert sie sich, nimmt Körnerfutter und Wasser auf und badet sehr gern im Staubbad. Auch beim separaten Halten einer Glucke nehmen wir sie in der beschriebenen Art vom Nest hoch und lassen sie aus einem bereitgestellten Napf Futter und Wasser aufnehmen. Auch hier ist das Bereitstellen einer Sandbadegelegenheit angebracht. Erfolgt die Brut in einem separaten Raum, wo die Glucke eine Möglichkeit zum Verlassen des Nestes hat, geben wir ihr in ungefähr 1 m Entfernung vom Nest Futter und frisches Wasser zur beliebigen Aufnahme. Die Glucke versorgt sich dann selbst.

Nach ungefähr 7 und dann nach etwa 17 Tagen durchleuchten (»schieren«) wir die Eier und entfernen die unbefruchteten und abgestorbenen Eier. (Der Vorgang des Schierens wird bei der Kunstbrut erläutert.)

Drei Tage vor dem Schlupf bzw. am 17. Tag nach dem Schieren feuchten wir die Erde des Nestbodens nochmals an und überlassen den Schlupf der Glucke. Am 19. Bruttag nehmen wir sie abermals vom Nest und vermeiden danach jede weitere Beunruhigung. Am 20. Bruttag durchstoßen die Küken mit dem Eizahn die Schale und schlüpfen spätestens 14 Stunden später — am 21. Tag — aus. Bevor wir die Glucke in einen separaten Aufzuchtraum bringen, lassen wir sie — falls möglich — für 24 Stunden im Nest. Bis dahin sind die Küken abgetrocknet und für den »Alltag« gerüstet.

Die brütende Ente

Die Hausenten (mit Ausnahme der Hochbrutflugenten und Warzenenten) brüten in aller Regel nicht oder sind sehr unzuverlässig, so daß wir die Enteneier künstlich erbrüten oder von einer Hühner- oder Putenglucke ausbrüten lassen.

Die brütende Gans

Die Gänse brüten dagegen zum Teil sehr zuverlässig. Zur Brut stellt man jeder Gans in einer dunklen Stallecke einen eigenen Nistkasten zur Verfügung, der ungefähr die Größe von 60 cm bis 80 cm hat. Das Nest versehen wir mit einem Rahmen, welcher verhindert, daß die Gans das Nest allein und unkontrolliert verläßt. Dadurch unterbindet der Züchter eine Verwechslung der Nester. Die während der Legephase entnommenen Eier gibt man der Gans, sobald sie ihr Nest mit Daunen ausgepolstert und mit dem Legen aufgehört hat. Die ältesten Eier legen wir ihr einen Tag früher unter als die frischeren. Das Brutgelege einer Gans sollte aus maximal zwölf Eiern bestehen. Nach zehn Tagen werden die Eier durchleuchtet und die unbefruchteten Eier aus dem Nest entfernt. Hat man zur gleichen Zeit mit der Kunstbrut begonnen, so kann der Züchter als Ersatz für die unbefruchteten Eier befruchtete aus dem Brutapparat ins Nest legen. Damit den Eiern genügend Feuchtigkeit zugeführt wird, ist es positiv, wenn der Gans auch während der Brutzeit eine Badegelegenheit zur Verfügung steht. Ansonsten hat sich ein Baden der Eier — vor allem in den letzten Tagen — in 38 °C warmem Wasser bewährt. (Das gleiche gilt für Enteneier.) Sehr positiv ist auch das Befeuchten der Erde, welche die unterste Nestmaterialeinlage darstellt (vgl. oben). Der Schlupf erfolgt nach etwa 30 Tagen, zuweilen etwas früher oder später. Beim Schlupf darf man die Gans nicht beunruhigen, da sie sonst aus lauter Erregung die Gänseküken (Gössel) zertreten kann.

Naturbrut

Die Putenglucke

Das Nest und die Möglichkeit der Zwangsbrut

Die Puten brüten zuverläsig und beginnen meist von allein mit dem Brutgeschäft. Man kann mit ihnen allerdings auch eine Zwangsbrut durchführen. Dies gelingt jedoch nur mit Tieren, die noch nicht gelegt haben. Am vorteilhaftesten für die Zwangsbrut ist ein Platz im halbdunklen Stall. Ein aus Hartstroh geflochtener Kranz, der mit Heu ausgepolstert ist, dient als Nistplatz. Den Nestunterbau gestalten wir wie bei der Hühnerglucke. Auf das Nest setzen wir die Pute und decken sie mit einem Weidenkorb ab, der ein Aufstehen verhindert. Am besten beschwert man den Korb, da die Pute anfangs meist die ungewohnte Umgebung zu verlassen versucht. Angewärmte Gips- oder Porzellaneier fördern die Brutlust. Nach einem Tag heben wir die Pute vom Nest und reinigen es, während die Pute ißt und trinkt. Danach wird sie wieder auf das Nest gesetzt. Nach ungefähr 24—28 Stunden hat die Truthenne ihr Brutgeschäft in aller Regel aufgenommen; daraufhin schieben wir ihr die richtigen Bruteier unter. Putenhennen kann man auf diese Art und Weise zwei- bis dreimal hintereinander brüten lassen.
Eine Pute erhält 24 Hühnereier, 18 Puten- oder Enteneier oder 30 Perlhuhneier.

Vergleich mit der Zwangsbrut der Hühnerglucke

Die gleiche Zwangsbrut können wir mit wechselhaftem Erfolg auch bei Hühnerhennen mittelschwerer und schwerer Rassen durchführen. Die Henne wird allerdings erst nach vier bis fünf Tagen »gluckig«.

Brutentwöhnung

In diesem Zusammenhang sollte der umgekehrte Fall der Brut — die Brutentwöhnung — nicht unberücksichtigt bleiben. Denn läßt ein Züchter nur über die Kunstbrut brüten, so ist es für ihn ärgerlich, wenn ausgerechnet eine Zuchthenne, von der man möglichst viele Bruteier haben möchte, brütig wird. In diesem Fall setzt man die Glucke in einen selbstgebauten, luftigen Brutentwöhnungskäfig. Dieser hat eine rechteckige Form; seine Kanten bestehen aus Dachlatten, die Seiten und der Boden aus einem Drahtgeflechtgitter. Der Entwöhnungskasten hängt frei im Raum oder ist an einer Wand aufgehängt; er ist mit einem Futter- und einem Wassergefäß versehen. Ist die Henne darin eingesperrt, so hört sie spätestens nach sechs Tagen auf zu brüten und legt nach weiteren 14 Tagen wieder.

In einem Brutentwöhnungskasten verliert die Glucke schnell ihre Brutlust.

Alternativ kann man die unerwünscht brütende Henne aber auch in einen einstreulosen Stall geben und einen Hahn hinzusetzen. Daraufhin verliert die Henne recht schnell ihre Brütigkeit.

Kunstbrut

Voraussetzungen für hohe Schlupfergebnisse in der Kunstbrut sind entsprechende Haltung und Fütterung der Zuchtstämme sowie optimale Brutbedingungen. Die Kunstbrut wird von sog. Brutfaktoren getragen. Erst wenn diese exakt stimmen, haben die Bruteier optimale Schlupfbedingungen. Dabei weisen viele Rassen etwas unterschiedliche Anforderungen an die Brutmodalitäten auf, so daß der Züchter in der Anfangszeit oft etwas experimentieren muß. Grundsätzlich sollte er aber zu Beginn seiner bruttechnischen Erfahrungen die Gebrauchsanleitung beachten, welche die Herstellerfirma des Brutapparats gibt.

Brutfaktoren

Unter den »Brutfaktoren« versteht der Züchter die Kriterien Temperatur, Luftfeuchtigkeit, Wenden der Eier und Sauerstoffzufuhr. Die Brutfaktoren sind bei jeder Geflügelart etwas unterschiedlich. Eine generalisierte Übersicht gibt die nachfolgende Tabelle.

Geflügelart	Temperatur		rel. Feuchtigkeit		Wenden		Schieren
	Tag	°C	Tag	%	Tag	Häufigkeit	Tag
Hühner	1.—17. 18.—21.	37,8—38,0 37,0	1.—19. 20.—21	55—60 80	1.—17.	4mal	6. + 17.
Puten	1.—22. 23.—28.	37,5—37,8 37,0	1.—24. 25.—28.	55—60 80	1.—24.	4mal	9. + 22.
Gänse	1.—16. 17.—27. 28.—30. ab 10.	37,5—37,8 37,3—37,4 36,5—37,0 2 mal bis Raumtemperatur kühlen	1.—28. 30.	60 80	2.—25.	2mal 120°	10. + 25.
Enten	1.—22. 23.—28. ab 10.	37,8—38,0 37,0—37,5 2 mal tägl. kühlen	1.—22. 23.—28.	55—60 80	2.—22.	2mal 180°	7. + 14. + 22.

(entnommen aus: SCHOLTYSSEK [1968])

Temperatur

Zwischen dem Ei und der Umwelt des Eis findet ein steter Wärmeaustausch statt. Von daher ist die Bruttemperatur wohl der wichtigste Faktor im Brutprozeß. Da das Ei ständig Wärme abgibt (die Wärme entsteht infolge des Stoffwechselumsatzes im Ei), kommt es zu Temperaturunterschieden. Damit die Eitemperatur auf einem konstanten Niveau bleibt, ist es notwendig, die Temperatur zu regulieren. Dies geschieht durch die thermostatische Regulierung des Brutapparats und eine permanente Luftumwälzung. Als Richtwert ist bei Hühnern 37,8 bis 38,0 °C anzusehen. Treten Temperaturabweichungen von dem angegebenen Richtwert über längere Zeiträume auf, so kann eine Schlupfminderung eintreten. Eine durchschnittliche Abweichung von 0,2 °C hat allerdings noch keine negativen Auswirkungen auf den Schlupf. Bei einem Absinken der Temperatur um 1 °C unter den Richtwert kommt es zur Verzögerung des Schlupftermins und zu einer unbefriedigenden Vitalität der Küken. Sinkt die Temperatur um ungefähr 2 °C, so vollzieht sich die Embryonalentwicklung zu schleppend, und es kommt zu einem schlechten Schlupf. Bei Temperaturen unterhalb von 34 °C erfolgt überhaupt kein Schlupf mehr. Überhöhte Temperaturen wirken sich in der zweiten Bruthälfte schlimmer aus und sind insgesamt schädlicher als unterschrittene Temperaturen. Leicht erhöhte Temperaturen forcieren den Schlupftermin. Der Optimalwert ist bei den verschiedenen Rassen oftmals unterschiedlich. Araucanahühner schlüpfen beispielsweise bei einer konstanten Bruttemperatur von 38,3 °C besser als bei 37,8 °C. Bei einer zu hohen Temperatur endet die beschleunigte Embryonalentwicklung meist mit einem Absterben der sich zu schnell entwickelnden Küken. Dies passiert bereits bei einer Übertemperatur von 1,5 °C. Liegt sie indes unter diesem Limit, so werden häufig schwache Küken erbrütet; sehr viele bleiben während der Schlupfphase im Ei stecken oder sterben schon vor dem Schlupftermin ab. Ein kurzfristiges Kühlen der Eier bei Raumtemperatur (etwa fünf Minuten lang) wirkt — namentlich beim Wassergeflügel — schlupffördernd, da hierdurch der Stoffwechsel des Embryos angeregt wird. Solche Abkühlung des Eis entspricht dem Zeitraum in der Naturbrut, währenddessen die Glucke zwecks Futteraufnahme das Nest verläßt.

Luftfeuchtigkeit

Während des Brutvorgangs unterliegt das Brutei einem Wasserverlust. Dieser beruht auf dem Vorgang der Verdunstung. Damit die Entwicklung des Embryos nicht gestört wird, muß der Verdunstungsgrad in für den Stoffwechsel günstigen Grenzen gehalten werden. Diese Grenzen gewährleisten die relative Luftfeuchtigkeit; zudem fördert sie den Gasaustausch zwischen Brutei und Umwelt. Die relative Luftfeuchtigkeit sollte in der Vorbrut (1.—19. Bruttag beim Hühnerei) etwa 60 % betragen und in der Schlupfphase (20.—21. Bruttag) 80 %. Je nach Fütterung — ob sehr eiweißreich oder nicht — ist es auch angebracht, in der ersten Woche ganz trocken brüten zu lassen, damit ein hoher Wasseranteil verdunstet. Allerdings darf nicht allzu lange eine zu niedrige Luftfeuchtigkeit herrschen, da das Ei ansonsten zuviel Flüssigkeit verliert. Die Küken können sich dann in der Regel nicht mehr aus der Eischale befreien. War dagegen die Luftfeuchtigkeit zu hoch, so bleibt die Luftblase klein, und das Eiweiß und der Dotter werden nicht vollständig resorbiert, wodurch im Ei Eiweiß zurückbleibt. Die Küken bleiben dann leicht stecken und ertrinken im Eiweiß. Häufig gelingt es ihnen auch nicht, den Dottersack einzuziehen, der ihnen für die ersten Lebenstage eine Nahrungsreserve bietet. Geschlüpfte Kü-

Brut und Aufzucht

ken sind durch eine schwache Konstitution gekennzeichnet. Andererseits führt eine zu reichhaltige Fütterung von gekeimtem Getreide zu einer besonders starken Eiweißanreicherung im Ei. Als Folge ertrinken die Küken wiederum im Ei oder bleiben stecken. Als Abhilfe empfiehlt sich die bereits erwähnte trockenere Bebrütung der Eier im ersten Drittel der Brut (und zuweilen etwas länger). Als Anhaltspunkt für das Erkennen der richtigen Luftfeuchtigkeit kann die Luftblasengröße herangezogen werden. Sie sollte am 18. Bruttag etwa ein Drittel des Eivolumens einnehmen. Das nachfolgende Schema zeigt, wie sich die Luftblase im richtigen Maß vergrößert.

Erkennbar wird die Luftblase beim Schieren der Eier. Zu diesem Zweck gibt es spezielle Schierlampen im Handel. Wir können uns aber auch leicht selbst eine basteln. Dafür bauen wir aus Holz einen Kasten, in welchem eine elektrische Birne mitsamt der Fassung Platz hat. In den Deckel des Kastens sägen wir ein Loch in Eiform. Brüten wir verschieden große Eier, so sorgen Lochschablonen aus Pappdeckeln für variable Lochgrößen. Auf das entsprechende Loch legen wir das Ei und schalten die Birne an, worauf wir die Luftblase deutlich erkennen können.

Auf die gleiche Art und Weise kontrollieren wir, ob die Eier befruchtet sind oder nicht. Dazu nehmen wir zum entsprechenden Schiertermin (vgl. Tabelle) die Eier aus dem Brutapparat und durchleuchten sie. Beim Hühnerei erkennen wir beispielsweise nach sieben Tagen das schlagende Herz als 3 mm großen, sich auf- und abwärts bewegenden Punkt. Zudem durchziehen in seiner Nähe Blutadern das Eiinnere. (Ist das Ei dagegen nach sieben Tagen glasklar, so ist es unbefruchtet.) Am 17. Bruttag durchleuchten wir das Brutei nochmals. Jetzt muß der Eiinhalt bis auf die Luftblase fast ganz dunkel sein. Ist das Ei relativ klar oder ist lediglich eine Teilzone dunkel, so

Die Luftkammerveränderung im Brutei während der Brutzeit

(entnommen aus: SCHOLTYSSEK [1962])

Foto links oben: Blaue Puten sind recht selten, indes von einer besonders ansprechenden Farbgebung.

Foto rechts oben: Die Lockengans ist eine adrette Hausgans.

Foto rechts unten: Die Höckergans stammt als einzige Hausgansrasse direkt von der Schwanengans ab.

ist der Embryo abgestorben. Abgestorbene und unbefruchtete Eier nehmen wir aus dem Brutapparat.

Wer kontrollieren will, ob die Eier, welche in die Stammmschlupfhorden des Brutapparats kommen, nicht zu einem späten Termin abgestorben sind, der wässert die Hühnereier am 19. Bruttag in einem 38 °C warmen Wasserbad. Dort schwimmen sie durch die inzwischen stark vergrößerte Luftblase an der Wasseroberfläche. Gehen die Eier unter, so hat der Züchter zu feucht gebrütet, weshalb die Luftblase zu klein blieb. Die an der Wasseroberfläche schwimmenden Eier zeigen durch das sich im Inneren bewegende Küken deutlich zuckende, hüpfende und drehende Bewegungen. Eier die sich nicht bewegen, sind abgestorben.

Wenden

Das tägliche Wenden der Eier ist für die Entwicklung sehr wesentlich, da ansonsten u.a. der Keim an der Schalenhaut ankleben kann.

Treten Störungen in der Embryonalentwicklung auf, so liegt die Ursache eventuell in einem zu spärlichen Wendevorgang. Das Eiwenden sollte bei Hühnern, Puten und Perlhühnern mindestens zweimal pro Tag erfolgen. Ideal wäre ein achtmaliges Wenden. Im Schlupfbrüter unterbleibt das Wenden, da es den Schlupf behindert.

Foto links oben: Mehr als zierlich ist die nur etwa 1 kg schwere Zwergente.

Foto links unten: Als Mastente eignet sich die Rouenente besonders gut.

Mit einem selbstgebauten Durchleuchtungsapparat kann man nach etwa sieben Tagen die Befruchtung der Bruteier kontrollieren.

Luftzufuhr

Sehr wichtig ist die Sauerstoffversorgung der Eier. Fehlt eine permanente Sauerstoffzufuhr, so kommt es durch den embryonalen Stoffwechsel zu einer Kohlendioxidanreicherung, die zum Absterben der ungeborenen Küken führt. Besonders in der Schlupf- und letzten Vorbrutphase ist ein erhöhter Sauerstoffverbrauch festzustellen. Nicht zuletzt spielt auch die Luftumwälzung eine große Rolle, da sie eine optimale Wärme-, Sauerstoff- und Feuchtigkeitsverteilung im Brutapparat garantiert.

Brut und Aufzucht

Eine Schwimmprobe zeigt an, welche Eier sich entwickelt haben.

Im Flächenbrüter liegen die Eier auf Rollen.

Brutfehler bezüglich der Brutfaktoren

Die nachstehende Tabelle gibt Hinweise auf Erscheinungsformen und Ursachen von Brutfehlern.

Brutfehler	Grund
Unbefruchtete Eier nach dem ersten Schieren	Zu wenig Hähne, Unfruchtbarkeit bei einem Geschlecht, beide Geschlechter haben sich noch nicht aneinander gewöhnt, Eier sind zu alt
Klare Eier nach dem ersten Schieren, beim Aufschlagen Blutringe oder kleine Embryonen	Zu hohe Bruttemperatur, zu starke Abkühlung, Zuchtherde krank bzw. schlecht ernährt
Abgestorbene Keime	Falsche Bruttemperatur, zu wenig Sauerstoff im Brutschrank, schlechte Fütterung der Elterntiere
Küken ausgebildet, aber nicht lebensfähig, verbleiben im Ei	Wende-Fehler, Temperaturfehler bzw. erbliche Veranlagung
Eier angepickt, Küken tot in der Schale	Feuchtigkeit oder Temperatur im Durchschnitt zu niedrig bzw. kurze Temperaturüberhöhung
Verklebte Küken, Küken mit Schale	Eier ausgetrocknet, Feuchtigkeit beim Schlupf zu niedrig
Verklebte Küken	Temperatur zu niedrig, Feuchtigkeit zu hoch
Eidotter nicht eingezogen	Temperatur zu hoch bzw. stark schwankend, Feuchtigkeit zu niedrig
Kleine Küken	Eier zu klein, zu trocken und heiß gebrütet
Große weiche Küken	Zu feucht und kühl gebrütet, schlechte Ventilation
Tote Küken mit schlechtem Geruch	Nabelinfektion
Küken mit geringer Flaumfederausbildung	Temperatur hoch, Feuchtigkeit niedrig
Verfrühter Schlupf, Küken mit blutigem Nabel	zu hohe Temperatur
Verspäteter Schlupf	zu niedrige Temperatur
Verkrüppelte Küken	Kreuzschnabel erblich, verkrümmte Zehen Temperaturfehler

(entnommen aus: Scholtyssek [1968])

Brut und Aufzucht

Ein kleiner und einfach zu handhabender Brutapparat für etwa DM 150,—

Für den »gutbetuchten« Züchter: ein Brutapparat für etwa DM 1000,—

Zwar wird der »frischgebackene« Züchter zuerst einmal mit einer Glucke brüten oder die Eier in einer Lohnbrüterei ausbrüten lassen (der Vorsitzende eines Geflügelzuchtvereins kennt die Adressen der Züchter, die auch für andere brüten), aber mit der Zeit wird der Wunsch nach einem eigenen Brutapparat aufkommen. In den Fachzeitschriften offerieren Herstellerfirmen ständig ihre Geräte. Die Preisspanne reicht von unter DM 100,- bis weit über DM 3000,-. Für jeden Geschmack und Geldbeutel ist also etwas dabei.

Kennzeichnung der Küken

Sind die Küken geschlüpft, so lassen wir sie getrost noch einen Tag im Apparat, damit ihr Flaum abtrocknet und sich die Bewegungskoordination der Beine einspielt.
Bevor wir die Küken in den Aufzuchtstall umsetzen, kennzeichnen wir sie, damit wir später genau wissen, welches Küken von welcher Henne abstammt. Zu diesem Zweck müssen wir natürlich die bereits beim Zuchtstamm erwähnte Fallnestkontrolle durchgeführt haben, und während der Schlupfphase müssen die Eier jeder Henne separat gelegen haben. Dazu bieten die etwas teureren Brutapparate sog. Stammschlupfhorden an, die in separate

Kennzeichnung der Küken

Bezirke aufgeteilt sind. Aber aus Sperrholzbrettchen kann man sich für jeden Brutapparat solche Abtrennungen auch selbst bauen.

Die Kükenkennzeichnung der Hühner, Perlhühner und Puten nehmen wir durch eine Zehenhautlochung oder durch Kükenflügelmarken vor; letztere verwenden wir bei Enten- und Gänseküken ausschließlich. Die Zehenlochzange und die Kükenflügelmarken mit eingestanzten Nummern erhalten wir im Fachhandel.

Bei der Zehenhautlochung lochen wir die Zehenhäute ganz hinten an der Abgliederung zweier Zehen. Eine Lochung weiter vorn reißt leicht aus, was schließlich nicht so gut aussieht. Das Lochen selbst verursacht nur geringfügigen Schmerz; oft blutet die kleine Wunde gar nicht. Da wir auf verschiedene Art und Weise lochen können (z.B. rechte Zehe rechts oder links bzw. linke Zehe rechts oder links), stehen uns mannigfaltige Kombinationsmöglichkeiten zur Verfügung.

Bei der Markierung durch Kükenflügelmarken durchstoßen wir mit dem Stift der Flügelmarke die Spannhaut des Flügels im Bereich der Armschwinge. Bei zartgliedrigen Tieren nehmen wir diese Markierung erst einige Tage nach dem Schlupf vor, da die Flügelmarke ansonsten leicht ausreißt. Bis die Markierung vorgenommen werden kann, zeichnen wir die Küken durch einen Farbpunkt auf dem Flaum. Dazu eignet sich ein wasserfester Filzstift, mit dem wir an unterschiedlichen Körperstellen je nach Hennenabstammung eine Markierung vornehmen. Die Verwendung verschiedener Filzfarbstifte erweitert die Markierungsmöglichkeiten.

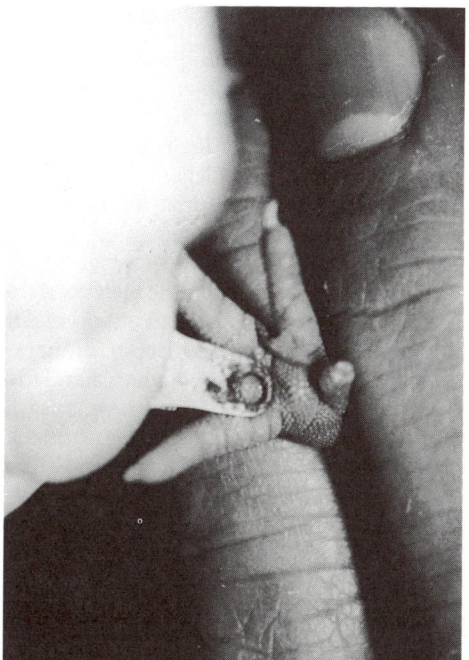 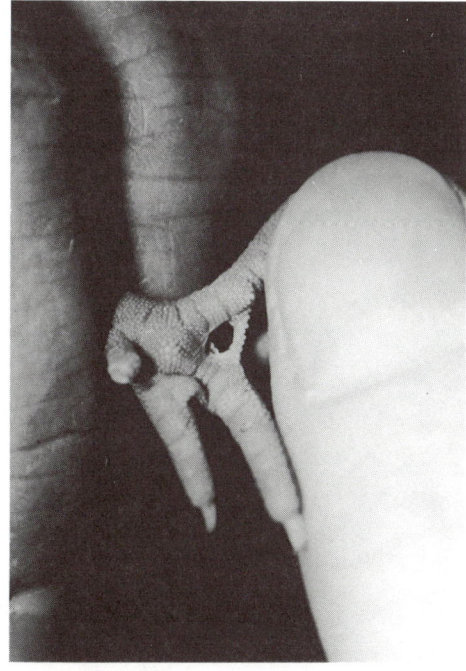

Mit der Zehenlochung der Küken hat man eine genaue Abstammungskontrolle.

Brut und Aufzucht

Aufzucht durch die Glucke

Hat die Glucke — ganz gleich, welcher Geflügelgattung sie angehört — ihre Küken erbrütet, so siedeln wir sie in einen Aufzuchtstall über. Als Einstreu geben wir trockenen Sand oder kurzes Stroh bzw. feinblättriges Laub in den Stall. Die Fütterung erfolgt nach dem gleichen Prinzip wie in der künstlichen Aufzucht (bei welcher die Fütterungsmodalitäten erläutert werden). Beim Einsatz einer Glucke hat man mit den Küken kaum Schwierigkeiten, da sie aufopfernd für das Wohl der Kleinen sorgt. Bei den Gänsen und besonders bei den Enten ist eine Badegelegenheit notwendig. Die kleinen Entchen läßt man aber nur bei gutem Wetter mit der Ente oder der Adoptivmutter ins Freie, da anfangs der Einfettungsmechanismus noch nicht funktioniert und sie sich dann schnell eine tödliche Erkältung holen. Putenküken brauchen gerade in der Anfangsphase viel Wärme; daher hält man sie anfangs mit ihrer Mutter für längere Zeit im Stall. Bei Gänseküken ist oft kein separater Stall für die Mutter mit ihren Gösseln nötig, da die Gänse durch ihr ausgeprägtes »Gesellschaftsleben« die Kleinen ohne große Probleme in der Zuchtstammschar aufziehen.

Künstliche Aufzucht

Aufzucht der Hühnerküken

Aufzuchtraum, Platzbedarf und Wärme

Die künstliche Aufzucht der Hühnerküken beginnt schon, bevor die ersten Küken geschlüpft sind. Den Aufzuchtschrank (schrankartiger Kasten mit mehreren Aufzuchtfächern, die einen Fußboden aus Drahtgeflecht besitzen) desinfizieren wir aus hygienischen Gründen; die Heizvorrichtung überprüfen wir auf ihre Funktionsfähigkeit. Anschließend wird die Aufzuchttemperatur auf den gewünschten Wert eingestellt. Der Aufzuchtraum sollte mindestens einen Tag, besser zwei Tage vor dem Kükeneinsatz auf die nötige Temperatur aufgeheizt worden sein. Die Anfangstemperatur liegt in der ersten Woche ungefähr zwischen 32 und 35 °C. Zur genauen Wärmeregulierung muß der Züchter seine Küken beobachten. Ballen sie sich dichtgedrängt unter der Wärmelampe zusammen, so kann er die Temperatur getrost etwas erhöhen. Liegen sie indes am Rande des Aufzuchtraums — weit weg von der Heizquelle —, so ist dies ein Zeichen dafür, daß es den Küken zu warm ist, und man schaltet folglich die Heizvorrichtung etwas herunter. Hat man auf diese Art und Weise die rassespezifische Temperatur genau ermittelt, so reduziert man jede Woche die Temperatur um jeweils 2 °C. Nach etwa acht Wochen können wir die Heizung ausschalten, nachdem die Tiere ab der sechsten Woche langsam an das Leben ohne Heizstrahler gewöhnt wurden. Zu diesem Zweck schalten wir die Heizung periodisch ab: zuerst um die wärmeren Mittagsstunden, dann den ganzen Tag über und schließlich auch über Nacht.
Das Angebot an Heizquellen ist mannigfaltig. Infrarotlampen, Infrarotdunkelstrah-

Künstliche Aufzucht

ler, Wärmeplatten, Heizstäbe und vieles mehr werden angeboten. Für welches Gerät sich der Züchter letztlich entscheidet, liegt oftmals in der Rasse begründet. Mit Hilfe des Infrarotstrahlers läßt sich das Kammwachstum fördern; er verleitet aber auch oft zum Federfressen. In relativ dunklen Aufzuchträumen mit Heizstäben oder Wärmeplatten kommt das Federfressen so gut wie gar nicht vor. Allerdings sind die Küken bei der »dunkleren« Aufzuchtmethode nicht so frohwüchsig wie bei einer langanhaltenden Lichtperiode. Aber ein nicht forciertes Wachstum ist ja bekanntlich für die Gesamtentwicklung des Organismus nicht gerade ein Nachteil (falls man keine Mastzucht betreiben will).

Wer keinen Aufzuchtschrank besitzt — der jedem angeraten sei, da er durch seine Drahtlaufgitterroste eine sehr hygienische Haltung garantiert und nur einen geringen Arbeitsaufwand bezüglich der Aufzucht erfordert — muß ein Kükenheim herrichten. Dies besteht aus einem kleineren Schlaf- und Ruheraum und einem größeren Aufenthalts- und Eßraum. Als Einstreu haben sich Häcksel, Hobelspäne und Sand gut bewährt. Wenn möglich, sollte man auch hier einen Drahtboden einbauen, durch welchen der Kot fällt. Die Futter- und Wassergefäße werden so gestellt, daß sie weder durch Kot noch durch Einstreu verschmutzt werden. Feuchte Stellen — besonders im Bereich der Tränke — dürfen nicht entstehen, da sich dort sonst Mikroorganismen sehr leicht vermehren. Häufig sind Seuchen die unausbleibliche Folge.

Das Drahtgeflechtgitter im Aufzuchtschrank sorgt für eine hygienische Kükenaufzucht. Die herausziehbare Kotschublade ermöglicht ein schnelles Entfernen des Kots.

Brut und Aufzucht

Wer weder einen Aufzuchtschrank noch ein Kükenheim besitzt, der richtet in einem leerstehenden Stall einen geeigneten Raum ein, in dem er einen Teil als Schlafraum — mit der Wärmequelle — vorsieht und einen anderen als Eß- und Aufenthaltsbezirk. Die Gesamtaufenthaltsfläche begrenzen wir zumindest anfangs durch eine rundliche bis ovale Wellpappfläche, die ein Niederkauern im Stalleck verhindert. Haben sich die etwas herangewachsenen Küken an die Wärmequelle und an den Stall gewöhnt, so können wir die Abgrenzung wegnehmen. Natürlich darf es im Stall keinerlei Zugluft geben.

Wichtig ist, daß es zu keiner Überbesetzung kommt. Etwa 15 Küken einer mittelschweren Rasse benötigen 1 m² Aufenthaltsfläche. Eine geringfügige Überbesetzung ist anfangs noch akzeptabel, auf längere Sicht aber negativ zu bewerten. Schwächliche Küken sondern wir aus. Durch ihr kümmerliches Wachstum bleiben sie zurück und werden kaum zu brauchbaren Leistungs-, Zucht- oder Ausstellungstieren. Der Futteraufwand steht in keiner Relation zum späteren Nutzen. Oftmals sind solche Küken auch Träger latenter (versteckter) Krankheiten und beschwören damit eine Ansteckungsgefahr für die restlichen Küken herauf. Sondert man sie aus, schafft man für die vitalen Küken bessere Lebens- und Haltungsbedingungen. Küken, die zwar ansonsten gesund sind, aber krumme Zehen oder sonstige Mißbildungen haben, selektieren wir ebenfalls aus.

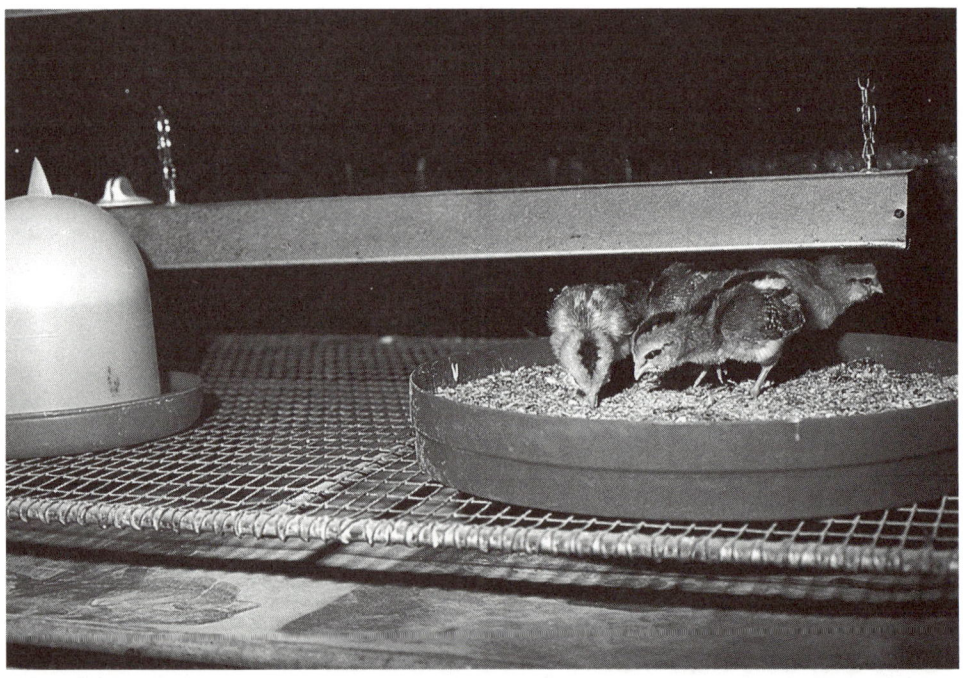

Im Aufzuchtschrank sollten die nur wenige Tage alten Küken ihr Futter in einem flachen Behälter vorfinden.

Künstliche Aufzucht

Aufzuchtfutter

Im Aufzuchtschrank oder im Aufenthaltsraum des Kükenheims bieten wir den Küken das erste Futter an. Dies geschieht zweckmäßigerweise noch nicht im Futtertrog, sondern auf einer flachen Unterlage. Hier können die Küken das Picken lernen. Kennen sie das Futter und haben die Pickbewegungen eintrainiert, so lernen sie schnell, aus dem Trog zu essen. Pro Tier und Tag rechnet man in der ersten Woche etwa 8 g Futter und in der zweiten Woche 14 g; in der achten Woche ist der Futterbedarf bereits auf 53 g angestiegen. Die Futtergefäße müssen so groß bzw. so lang sein, daß es zu keinen Drängeleien und Raufereien kommt, da hierbei stets die Schwächeren abgedrängt werden. Gefüttert wird zweckmäßigerweise das von den Futtermittelfirmen hergestellte Kükenfutter, da es in optimaler Weise auf die Bedürfnisse der Küken abgestimmt ist. Das Kükenmehl, welches wir bis zur sechsten Woche füttern, erhalten wir in Mehl- und Pelletsform. Die Pellets sättigen schnell, und der Futterverlust durch Herumpicken und Herausscharren von Futter aus dem Trog ist gering. Durch die schnelle Sättigung kommt aber oft eine Langeweile auf, was im leidigen Federpicken enden kann. Die Mehlfütterung stellt durch den längeren Eßakt auch einen Zeitvertreib dar, jedoch ist der Futterverlust recht erheblich. Aus diesem Grund sollten die Tröge nur bis zu einem Drittel gefüllt werden. Gleichzeitig muß die Troghöhe und -länge dem jeweiligen Lebensalter angepaßt werden (vgl. Abbildung).

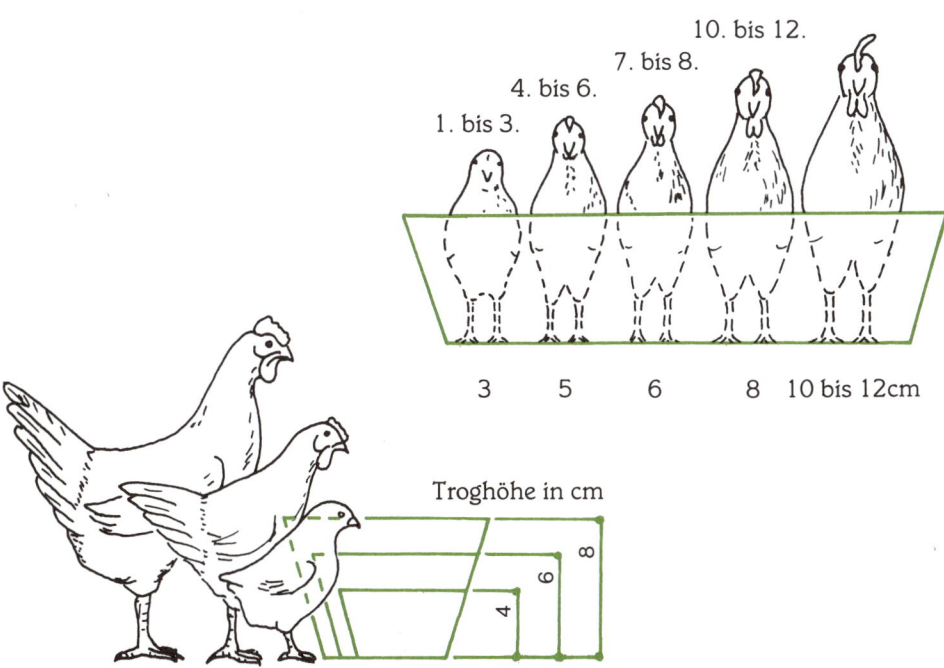

Mit zunehmendem Alter der Tiere werden Troghöhe und Troglänge verändert. (entnommen aus PINGEL [1981])

Brut und Aufzucht

Trinkwasser

Das Trinkwasser ist in leicht temperiertem Zustand für Küken am besten. Anfangs ist es oft nötig, den Küken das Wasser zu zeigen, indem man ihren Schnabel leicht darin eintaucht. Teezusätze in den ersten zwei Wochen sind positiv zu bewerten. Natürlich verwenden wir nur Heilkräuter, vor allem Kamille. Allerdings muß der Tee täglich frisch gegeben werden. Ein Zusatz von Vitaminen fördert Gesundheit, Wachstum und Entwicklung der Küken. Auch reichhaltige Grünzeugfütterungen (Brennessel, Löwenzahn, Vogelsternmiere usw.) führen den Küken Vitamine und Mineralstoffe zu. Für eine optimale Magentätigkeit muß das Küken Quarzsand oder Grit vorfinden. Wer kein Fertigfutter füttern möchte, der kann sog. Kükengrütze (leicht grob gemahlenes Getreide) füttern. Da sie aber nur etwa 9 % Eiweiß enthält, muß der Futterwert durch die Zumischung von Fleischmehl, Fischmehl, Luzernemehl, Trockenhefe u. ä. erhöht werden. Küken brauchen zur Aufzucht einen 18 %igen Rohproteinanteil.

Auf das im Handel erhältliche Kükenstarterfutter verzichten wir, da es das Wachstum der kleinen Küken zu stark beschleunigt.

Unerläßlich ist die ständige Kontrolle der Kükenhorde. Oftmals bilden sich im Aftergefieder Kotballen oder um die Zehenkrallen Schmutzansammlungen, wenn wir eine Kükenaufzucht mit Bodeneinstreu vornehmen. Einweichen in warmes Wasser und vorsichtiges Entfernen des Schmutzes schaffen Abhilfe.

Aufzucht der Entenküken

Aufzuchtraum, Platzbedarf und Wärme

Voraussetzung für eine gesunde Entenkükenzucht ist ein trockener und zugluftfreier Aufzuchtraum. Außerdem muß dieser natürlich hygienisch einwandfrei und sollte am besten vom Boden her warm sein. Ist der Fußboden kalt oder gar naß, obwohl der Infrarotstrahler brennt, dann bekommen die Entenküken die schwersten Erkältungskrankheiten.

Zur Vermeidung eines feuchten Stallbodens teilt man den Kükenaufzuchtraum zweckmäßigerweise in ein Futter- und Schlafabteil ein. Das Futterabteil sollte ungefähr ein Drittel des Gesamtraums ausmachen. Zur Verhütung von Nässe besteht der Futterbereich aus einem Drahtgeflechtgitter mit einem darunter angebrachten Wasserauffangbecken. Auf dem Drahtgitter selbst stehen die Futter- und Wassergefäße. Hier können das Spritzwasser und die verschleuderten Futterreste die Einstreu nicht vernässen. Der hauptsächlich beim Essen abgesetzte Kot verunreinigt bei dieser Aufzuchtmethode den Schlafraum nicht. Den restlichen Teil des Aufzuchtraums macht das Schlafabteil aus. Es sollte aus wärmetechnischen Gründen aus Holz bestehen. Zwischen dem Schlafraum und dem Aufenthaltsabteil bringt man zweckmäßigerweise eine Holzlatte an, damit die Einstreu vom Schlafraum nicht ins Futterabteil geschleppt werden kann.

Ideal ist natürlich auch hier wieder der Aufzuchtschrank mit seinem hygienischen Fußbodengeflecht aus Drahtgitter. Setzt man die kleinen Entchen in ein mittleres Aufzuchtfach, so daß vom darunterliegenden Aufzuchtabteil noch Wärme hochsteigt, dann haben die Entenküken eine »Fußbodenheizung« und werden zudem von der eigentlichen Aufzuchtwärmelampe gewärmt.

Künstliche Aufzucht

Wichtig ist auch die Luftversorgung im Aufzuchtraum. Da die Enten den größten Teil des aufgenommenen Wassers über die Atmung als Wasserdampf ausscheiden, neigt der Stall dazu, feucht zu werden. Eine Abhilfe schafft hier eine kluge und durchdachte Lüftung. Dabei muß Frischluft in den Stall gelangen können, sich im Stall erwärmen und ihn als feuchtigkeitsbeladene Luft wieder verlassen. Es darf natürlich zu keinem Durchzug kommen, da ansonsten die Entenbrut schnell an Erkältungskrankheiten leidet und unter Umständen daran auch stirbt. Ist die Luftfeuchtigkeit im Aufzuchtraum niedrig (ein aufgehängtes Hygrometer gibt darüber Auskunft), dann genügen in der Anfangsphase bereits 24 °C Lufttemperatur. Höhere Temperaturen sind schon wegen der angestrebten Abhärtung nicht angebracht. In den nachfolgenden Wochen senkt man die Temperatur um je 3 °C ab, und nach zwei Wochen läßt man die Entchen bei gutem Wetter sporadisch ins Freie.

Sollten die Entlein durch ein unaufhörliches Piepen signalisieren, daß sie frieren, so regeln wir unter der Wärmequelle (in Kopfhöhe) die Temperatur auf 32 °C. Vom 6.—10. Lebenstag an reduzieren wir dann aber die Wärme auf 24 °C.

Bei der Auswahl der Einstreu muß man auf relativ grobes Material zurückgreifen (falls man keine Aufzucht im Aufzuchtschrank vornimmt), da die Enten mit ihrer angeborenen Gier alles zu fressen versuchen. Ist die ja unverdauliche Einstreu klein und gut aufnehmbar, so verschlingen sie sie. Bleibt sie dabei im Kropf stecken, führt dies meist zum Tod der Entenküken. Als Einstreu gut geeignet sind lange und grobe Hobelspäne. Läßt man die Enten bei günstigem Wetter schon in recht jungem Alter ins Freie, so sollten sie dort eine Grasnarbe oder Reinsand antreffen.

Aufzuchtfutter und Wasser

Als Futter gibt man anfänglich Gersten- und Maisschrot sowie gekochten Reis (zu gleichen Teilen). Vermischt man das Futter mit feingeschnittenem Grünzeug (z. B. Brennessel) und zerriebenen Garnelen, so hat man ein hervorragendes Aufzuchtfuttergemisch. Das Ganze bietet man den Entenküken in feucht-krümeligem Zustand an. Ist das Futter trocken oder zu flüssig, dann läßt der Appetit rasch nach. Bei zu feuchtem Futter läuft man Gefahr, daß sich der Flaum verschmiert und dadurch nicht mehr der Schutz vor einer Unterkühlung gegeben ist. Als Alternative kann man aber auch in Milch eingeweichte Haferflocken und Brötchen füttern. Grünfutter als Zusatzfutter ist dabei obligatorisch. Am besten eignen sich Brennessel, Löwenzahn, Spinat und natürlich die wertvollen Wasserlinsen, die bei uns aber leider nicht mehr überall auffindbar sind. Wer es sich leicht machen will, füttert bis zur sechsten Woche das Alleinfutter für Entenküken mit 18 % Rohprotein. Ersatzweise eignet sich auch das Hühnerkükenfutter mit dem gleichen Rohproteinwert.

Gefüttert werden die Entchen alle drei Stunden. Am vorteilhaftesten sind langestreckte Tröge, an welchen alle bequem Platz haben. Sind die Tröge zu kurz, dann kommt es zu Drängeleien, bei denen sich natürlich die Stärkeren durchsetzen. Ein ungleichmäßiges Wachstum ist die Folge. Die Tränken werden möglichst weit vom Futter entfernt aufgestellt, weil sonst zuviel Futter, das am Schnabel hängengeblieben ist, ins Wasser getragen wird. Nach Möglichkeit sollen die Trinkgefäße oben geschlossen sein, da die Entchen ansonsten planschen, dabei das Trinkwasser verschmutzen und die Umgebung allzusehr benässen. Zum Baden gibt man ihnen ein besonderes Gefäß. Nach dem Bad sind die Küken oft sehr stark durchnäßt. Dies ist nicht schlimm, wenn die Tiere schnell ihre

Wärmequelle aufsuchen können. Dort trocknen sie unter Putzbewegungen sehr rasch. Da ihre Bürzeldrüse in der Anfangsphase noch nicht voll funktionsfähig ist, werden sie auch in der Folgezeit häufig durchnäßt. In dieser Phase brauchen sie unbedingt eine Wärmequelle, da sie sonst sehr leicht zu Erkältungskrankheiten neigen. Die Badegefäße müssen leicht zugänglich sein und auch gute Ausstiegsmöglichkeiten aufweisen, da sonst der Tod durch Ertrinken droht.

Aufzucht der Gänseküken

Aufzuchtraum, Platzbedarf und Wärme

Die im Brutapparat ausgebrüteten Gänseküken hält man im Prinzip wie die Enten. In den ersten drei Tagen benötigen die Gänse eine Wärme von 31—29 °C. Danach bis zum siebten Tag 30—28 °C und anschließend bis zum zwölften Tag 27—25 °C. Vom 13. bis zum 18. Tag sind 24—22 °C notwendig, am 19.—21. Tag 21—18 °C. Im Anschluß daran hält man die Raumtemperatur konstant auf 18 °C.

Aufzuchtfutter und Wasser

Als Futter reicht man ihnen feingehackte Brennessel- und Löwenzahnblätter, die mit Gerstenschrot und Weizenkleie vermischt werden. Vorteilhaft ist in der Anfangszeit (etwa zwei Wochen) das Gänsestarterfutter. Danach füttern wir Entenkükenfutter oder das Hühnerkükenmehl. Es sollte in feuchtem Zustand gereicht werden. Zusätzliche Gaben von Haferflocken, Eistückchen und in Milch eingeweichten Brötchen werden gern angenommen. Mit zunehmendem Alter gibt man abends anstatt des anfänglich geschroteten Getreides Körnerfutter, da dieses über Nacht gut an-

hält. Die Tränken mit dem Frischwasser sind sehr wichtig. Sie müssen so beschaffen sein, daß die Tiere nicht hineintreten können. Je größer die Tiere werden, desto selbständiger sollten sie ihre Nahrung aufsuchen können. Große Weideflächen sind dafür bestens geeignet, stehen den meisten Züchtern aber nicht zur Verfügung. Reichhaltige Grünzeugfütterung schafft hier einen gewissen Ersatz. Aufnehmbarer Sand fördert in der Aufzuchtphase die Verdauung.

Aufzucht der Putenküken

Aufzuchtraum, Platzbedarf und Wärme

Die Puten sind bezüglich der Aufzucht sehr sensible Tiere. Ideal ist — zumindest in den Anfangswochen — eine Haltung auf einem Drahtgittergeflecht, da hierdurch besonders der gefürchteten Schwarzkopfkrankheit vorgebeugt wird. Hält man die Tiere jedoch auf dem Stallboden, so ist eine Häckselstroheinlage oder eine Einstreu von Hobelspänen empfehlenswert, die etwa 15—20 cm Höhe aufweisen sollte. Die Raumtemperatur sollte in der ersten Woche 30 °C betragen und sich dann Woche für Woche um jeweils 2 °C reduzieren. In der 7. und 8. Woche regeln wir die Temperatur auf konstant 18 °C und anschließend — bis zur 20. Woche — auf 16 °C. Unter der Heizquelle beträgt die Wärme in Höhe der Kükenköpfe in den ersten acht Tagen 35—38 °C und sinkt jede Woche um 3 °C. In der siebten Woche beträgt die Raum- und Heizquellentemperatur 18 bzw. 16 °C. Die relative Luftfeuchtigkeit sollte zwischen 60 und 75 % liegen. Zugluft ist unter allen Umständen zu vermeiden.

Aufzuchtfutter und Wasser

Als Futter geben wir in den ersten sechs Wochen Alleinfutter für Truthühnerküken mit etwa 26% Rohprotein. Zuweilen kann man in der ersten Woche auch das Putenstarterfutter mit 28% Rohprotein verfüttern. Im Fertigfutter sind spezielle Zusatzstoffe enthalten, die eine Krankheit der anfälligen Putenküken vorbeugend bekämpfen. Deshalb sollte man sich kein Futter selbst mischen, sondern das spezielle Putenfutter verfüttern. Grünfutter ist auch hier sehr empfehlenswert, ebenso wie ein Vitaminzusatz im Trinkwasser und eine Bereitstellung von Mineralstoffen als zusätzliches Futter.

Nach drei Wochen dürfen die Tiere bei warmem und trockenem Wetter zum erstenmal ins Freie. Ansonsten werden sie wie die Hühner gehalten; dabei darf der Aufzuchtraum nicht zu groß sein, da die Putenküken oftmals nicht zur Heizquelle zurückfinden.

Aufzucht der Perlhuhnküken

Perlhühnerküken halten wir wie Hühnerküken. Sie bekommen auch dasselbe Futter.

Vom »halbstarken« zum reifen Tier

Junghühnerhaltung

Sind die Hühnerküken mit etwa sechs Wochen dem Kükenalter entwachsen und treten in das Stadium der Junghennen bzw. Junghähnchen ein, dann ist eine besondere Haltung, Fütterung und Pflege dieser Jungtiere notwendig. Denn nur über eine gesunde Entwicklung und ein frohwüchsiges Wachstum legt der Züchter mit der heranwachsenden Generation den Grundstein für seine Ausstellungs-, Leistungs- und Zuchttiere.

Im Altersabschnitt von vier bis sechs Wochen erkennt man bei den Hühnern das Geschlecht. Ein stark ausgeprägter Kamm ist ein untrügliches Kennzeichen für einen heranreifenden Hahn; meist hebt dieser sich durch seine Körperform und Gefiederfärbung zusätzlich von den Hennen ab. Zu diesem Zeitpunkt sollten die Junghennen von den Junghähnen getrennt werden. Für beide Geschlechter bringt eine separate Aufzucht Vorteile. Junghennen werden von den heranreifenden Hähnchen nicht bedrängt und gedeihen dadurch besser; ihre Entwicklung nimmt einen störungsfreien Verlauf. Für die Junghähnchen ist es positiv, wenn sie mit dem Treten nicht allzu früh beginnen, da hierdurch ihre körperliche Entwicklung negativ beeinflußt werden könnte.

Junghennenhaltung

Aber nicht nur aus diesem Grund bringt eine geschlechtsgetrennte Aufzucht Vorteile; auch in daraus resultierenden Fütterungstechnik liegen beachtliche Vorzüge.

Die Hennen werden vom Kükenmehl auf das Junghennenmehl »umgewöhnt«. Diese Umstellung darf nicht schnell und rasch erfolgen, da ansonsten Wachstumsstörungen auftreten können. Deshalb geht man dabei vorsichtig und behutsam vor. Man gibt den Junghennen während der Umstellungsphase in der ersten Woche zu drei Teilen Kükenmehl und zu einem Teil Junghennenmehl. In der zweiten Woche füttern wir Küken- und Junghennenmehl im Verhältnis von 1:1 und in der dritten Woche dann ein Teil Kükenmehl und drei Teile Junghennenmehl. Ab der vierten Woche findet reines Junghennenmehl Verwendung. Dieses enthält etwa 15 % Rohprotein. Ab der 13. Woche können wir auch ein Junghennenmehl mit ungefähr 13 % Rohprotein füttern, da wir hierdurch ein langsames und harmonisches Wachstum der Tiere fördern. Nach den gleichen Modalitäten der Küken-Junghennenmehl-Umstellung stellen wir rund drei bis vier Wochen vor Legebeginn vom Junghennenmehl auf das Leistungsfutter um. Bei den Junghähnchen ist es zuweilen vorteilhaft, wenn man den Schritt der Junghennenmehlfütterung ausfallen läßt und gleich auf das Legehennenfutter umstellt. Durch den höheren Eiweißgehalt des Futters läßt sich das Wachstum der sich langsamer entwickelnden Hähnchen forcieren. Allerdings darf man hierbei nicht vergessen, daß im Legehennenfutter keine Coccidiostatica enthalten sind, wodurch die Junghähnchen nicht den prophylaktischen (vorbeugenden) Schutz wie die Junghennen erfahren. Eine separate und gezielte vorbeugende Coccidiosebehandlung über das Trinkwasser ist hierbei angebracht

Junghühnerhaltung

(vgl. Kapitel »Krankheiten«). Läßt man auch bei den Hennen den Schritt der Junghennenmehlfütterung ausfallen, so läuft man Gefahr, daß die Hennen zu frühzeitig mit dem Legen beginnen, was für die Tiere natürlich nicht positiv ist.

Weder bei den Junghennen noch bei den Junghähnchen darf die Kalkfütterung zu kurz kommen, da sich ansonsten krumme Zehen bilden können (vgl. Kapitel »Fütterung«).

Auch bei dem Junghennenmehl können wir zwischen Mehl- und Pelletsform unterscheiden. Die Vor- und Nachteile sind bereits im Kapitel »Fütterung« abgehandelt worden.

An Troglänge benötigen zehn Jungtiere mindestens 40 cm. Ideal sind 80 bis 100 cm. Wird der unbedingt erforderliche Platz nicht angeboten, so kommt es — wie bei den Küken — zu einem unterschiedlichen Wachstum, da die stärkeren Tiere die schwächeren stets verdrängen. Die Futtertröge dürfen nicht zu breit und nicht zu schmal sein. Im letzteren Fall kommt es leicht zu Kammverletzungen, im ersteren stehen die Hühner sehr oft im Trog und scharren. Dadurch kommt es zu hohen Futterverlusten und damit zur Verteuerung der Aufzucht. Als sehr positiv hat sich neben der Trogfütterung auch die Fütterung aus Futterautomaten erwiesen. Bei ihr läßt sich die Futternachlaufmenge kontinuierlich einstellen, wodurch man verschiedene Steuerungsmechanismen bezüglich der Futterzufuhr in der Hand hat. Wohl selbstverständlich ist es, daß die Futtergefäße so aufgestellt werden müssen,

Bei einem runden Futterautomaten ist stets die richtige Futtermenge vorhanden, und die Jungtiere finden noch ausreichend Platz zur Futteraufnahme.

daß eine Verschmutzung durch die Einstreu nicht eintritt.

Sehr wichtig ist auch die Trinkwasserversorgung. Das Wasser muß dabei stets frisch und kühl sein. Abgestandenes Wasser nehmen die Hühner nur ungern auf. Folglich bleibt ihre Entwicklung hinter den gesteckten Normen zurück, da der Körper, der bekanntermaßen zu über der Hälfte aus Wasser besteht, zu wenig von diesem lebenswichtigen Elixier bekommt. Bevor wir das Gefäß mit frischem Wasser auffüllen, reinigen wir es mit einem Schwämmchen oder einer Bürste.

Neben der richtigen Fütterung sind auch die Haltungstechniken wichtig. Grundsätzlich darf es im Stall nicht zu einer Überbesetzung kommen. Mit zunehmendem Alter beanspruchen die Jungtiere den gleichen Platz wie die erwachsenen Hühner. Hat man eine hohe, aber vertretbare Besatzdichte, so muß die Einstreu häufig gewechselt werden. Wichtig ist die Überprüfung der Stallbelüftung, denn sie gewährleistet die Sauerstoffversorgung und die Trockenhaltung der Einstreu. Zugluft führt zu Erkältungskrankheiten, die natürlich die Entwicklung des Geflügels negativ beeinflussen. Bezüglich der Sitzstangen rechnet man für leichte Rassen 15 cm und für mittelschwere und schwere Rassen 22 bis 25 cm. Am besten liegt das Schlafabteil des Stalls auch beim Junggeflügel abseits vom Fenster, während sich Futter- und Trinkwassergefäße an einem lichtdurchfluteten Platz befinden.

Eine vielfältige Gehegestrukturierung ist besonders für den Auslauf wichtig, aber auch für den Stall. Sandhügel, Sträucher, Stauden oder künstlich errichtete Holzgatter unterteilen den Auslauf in mehrere Bereiche. Jede dieser Zonen hat für das Huhn einen hohen Eigenwert. Hier kann es von einem Bereich in den anderen gehen und bekommt so den Eindruck, ein unabschätzbar großes Revier zu besitzen. Dies ist tierpsychologisch sehr wichtig und damit entwicklungsfördernd. Außerdem kann ein unterlegenes Huhn bei einer Auseinandersetzung schnell aus dem Gesichtskreis des stärkeren verschwinden und ist nicht ständig dessen Attacken ausgesetzt. Das ist vor allen in der Junghähnchenhaltung sehr wichtig. Durch die Gehegestrukturierung bietet der Auslauf im Sommer auch vielerorts Schattenplätze, die vor der prallen Sonne schützen. Ein überdachtes Staubbad ist für die Gesunderhaltung und Hygiene der Tiere unabdingbar.

Für Jungtiere sollte nur ein Auslauf genommen werden, der längere Zeit hühnerfrei war. Ist die Oberschicht des Auslaufs verkotet, so sollte diese abgehoben werden, da sie einen geradezu idealen »Aufenthaltsort« für Krankheitskeime darstellt. Gräbt man den Auslauf um, so sollte Branntkalk eingearbeitet werden, da dieser die Krankheitserreger vernichtet bzw. die Umsetzung des Kots beschleunigt.

Junghahnenhaltung

Bei Junghähnchen müssen wir darauf bedacht sein, daß sie nicht allzu sehr kämpfen. Oftmals geht dabei ein Kammzacken verloren, oder die Köpfe sind so blutverkrustet, daß ein Rassegeflügelzüchter die Tiere nicht mehr auf einer Ausstellung zeigen kann. Neben der Gehegestrukturierung, die durch Aufflugstangen mit darunterhängenden Säcken, die etwa 15 bis 20 cm über dem Boden enden, ergänzt wird, zieht man den aggressivsten Junghähnen sog. Hühnerbrillen auf. Diese setzt man den Hähnen auf den Oberschnabel und befestigt sie mit einem Stift, der durch die Nasenlöcher geschoben wird. Dabei muß die Nasenscheidewand durchstochen werden, was mit dem mitgelieferten biegsamen Stift oft nur schwerlich funktioniert. Daher ist es vorteilhaft, die Nasenscheidewand zuerst mit einem spitzen Gegenstand (etwa einer Sicherheitsnadel) zu durchstoßen. Anschließend ist der Befestigungsstift der Hühnerbrille mühelos durchschieb-

Junghühnerhaltung

bar. Die ganze Aktion führt man am besten zu zweit durch, wobei der eine das Tier hebt und der andere die Hühnerbrille aufsetzt. Jedoch hält deren Wirkung oft nicht das, was sie verspricht, so daß eine Attacke trotz der nach vorn eingeschränkten Blickrichtung erfolgt.
Eine andere Möglickeit der Unterbindung von Kämpfen liegt im Anlegen sog. Fußketten. Dazu bekommen die aggressivsten Hähne um jeden Lauf jeweils einen Spiral- oder Bandring umgelegt; die beiden Ringe werden über eine Schnur miteinander verbunden. Die Schnur bleibt so lang, daß der Hahn noch einwandfrei laufen kann, aber an weitausholenden Schritten gehindert wird. Dadurch kann er nicht mehr rennen und andere schwächere Hähne verfolgen. Niemals darf die Schnur direkt um die Läufe gebunden werden, da sie sich durch die andauernde Bewegung des Hahns immer mehr zusammenzieht, was für das Tier fatale Folgen hat.

Die Fußkette verhindert einen übermäßig starken Kampftrieb der Junghähne.

Hat ein Rassegeflügelzüchter seinen besten Hahn auf einer Ausstellung präsentiert und gliedert ihn danach wieder in die Hahnenschar ein, so ist ein Kampf fast nicht zu verhindern. Die einander fremd gewordenen Tiere sehen ineinander Rivalen, und ein Rangordnungskampf findet statt. Wenn man Glück hat, ist er nur von kurzer Dauer und geht ohne ernsthafte Verletzungen ab. Häufig aber hat man ein solches Glück nicht. Um diese Kämpfereien erfolgreich zu verhindern, gibt es eigentlich nur ein wirksames Mittel: Einzelboxen. Mit anderen Worten: Das betreffende Tier gliedern wir nach der Austellung erst gar nicht wieder in die Hahnenschar ein, sondern halten es separat in einem Einzelkäfig. Da man meist mehrere Hähne ausstellt, braucht man natürlich auch eine Reihe von Einzelboxen.
Diese Einzelbox muß so groß sein, daß sie dem Tier genügend Bewegungsspielraum gewährt. Ein Größe von mindestens 1 qm ist angebracht. Wer diesen Platz für eine Einzelbox nicht zur Verfügung hat, sollte den Hahn besser in die Hahnenschar eingliedern, auch auf die Gefahr von Verletzungen hin, denn unser oberstes Ziel sollte stets eine tiergerechte Geflügelhaltung sein. (Nebenbei bemerkt eignen sich die leerstehenden Hahnenboxen im Frühjahr auch gut als Brutraum für Glucken, da sie dort ihren Brutalltag selbst gestalten können.)
Während die Hähne auch im Erwachsenenalter zusammen im Junghahnenstall bleiben, kommen die Junghennen etwa einen Monat vor Legebeginn in den Legestall. Nach dem Umstallen bleiben die Junghennen ungefähr drei Tage im Stall. Innerhalb dieses Zeitraums gewöhnen sie sich an die neue Umgebung und die verbliebenen Althennen aus dem Zuchtstamm. Erst danach läßt man die Tiere in den Auslauf. Abends achtet der Züchter darauf, daß die Tiere »aufbaumen«. (So nennt man das Auffliegen zu den erhöhten Schlafstellen). Damit die Junghennen nicht

Vom »halbstarken« zum reifen Tier

in die Halsmauser — die Halsmauser ist eine Teilmauser, die nur die Halspartie betrifft — gehen, benötigen sie konstantes und langanhaltendes Licht. Die Dauer sollte ungefähr bei 14 Stunden liegen. Geht es auf Herbst und Winter zu, dann muß der Züchter die verkürzte Tagesperiodik durch künstliche Lichtgaben kompensieren (vgl. Kapitel »Vererbung und Zucht«). Wird diese Maßnahme rechtzeitig durchgeführt, so bleibt die leidige Halsmauser aus, die für den Rassegeflügelzüchter, der seine Tiere auf Ausstellungen präsentieren will, oftmals von großem Übel ist.

Beringung

In die Entwicklungsphase der Jungtieraufzucht fällt auch das Beringen der Tiere. Ein genauer Termin läßt sich dafür nicht angeben, aber im allgemeinen liegt er zwischen der achten und zwölften Woche. Verwendung findet der Bundesring der Deutschen Rassegeflügelzüchter, der über eine Ringverteilerstelle erhältlich ist. Die Adressen dieser Stellen sind dem Vorsitzenden des örtlichen Geflügelzuchtvereins bekannt. Ein Freizeitzüchter, der keine Ausstellungen besucht, braucht natürlich keinen Bundesring.

Hat man den Tieren Kükenmarken angelegt, so können diese nach der Beringung entfernt werden. Natürlich muß man sich zuvor Notizen machen, welches Jungtier welchen Ring trägt; ansonsten wäre ja die Kennzeichnung und die vorausgegangene Fallnestkontrolle umsonst gewesen.

Beim Beringen schiebt man die drei Vorderzehen durch den Ring und drückt anschließend — bei den Hühnervögeln — die Hinterzehe leicht zum Lauf und schiebt darüber hinweg den Ring, bis zum reinen Lauf. Bei fünfzehigen Rassen biegen wir die Hinterzehe und fünfte Zehe nicht zurück.

Hat man den günstigsten Termin für die Beringung verpaßt, dann ist es häufig doch noch nicht zu spät, die Beringung vorzunehmen. Allerdings wird jetzt der Einsatz

Verschiedene Ringmodelle bieten sich zur Beringung an. Rassehühner sollten einen Bundesring tragen.

Nur beringte Tiere dürfen auf Rassegeflügelausstellungen gezeigt werden. Beim Beringen drücken wir bei vierzehigen Rassen die Standzehe nach hinten.

Junghühnerhaltung

von sanfter Gewalt notwendig. Als erstes massiert man den Fußballen bzw. die Zehengelenke, indem sie leicht gedrückt und gedehnt werden. Danach tragen wir Vaseline oder Seife auf die Zehengelenke auf und versuchen, den Ring unter ständigem Drehen über den Fußballen zu streifen. Dabei ist darauf zu achten, daß die Laufbeschuppung des Tieres unverletzt bleibt. Zuweilen kann man den Ring auch etwas verbiegen, um ihn der Anatomie des Fußes anzupassen. Ein Drehen des Rings wird dann aber unmöglich. Statt dessen müssen wir den Ring hochdrücken. Mit dem Fingernagel schieben wir dabei die einzelnen Schuppen stets unter den Ring, da sie sonst abbrechen. Allerdings sollte es soweit nie kommen. Ein vorbildlicher Züchter hat seine Ringe stets frühzeitig bestellt und zieht sie dann über, wenn sie problemlos über den Fuß gestreift werden können.

Ganz wichtig ist bei der Ringsbestellung die richtige Angabe der Größe. Außer bei Perlhühnern, einigen Enten und Gänsen benötigen die Hühner je nach Geschlecht verschieden große Ringe. Die erforderlichen Ringgrößen sind für jede Rasse im Geflügelstandard und im Ringgrößenverzeichnis des Bundes deutscher Rassegeflügelzüchter angegeben.

Aussondern und Schlachten

Jungtiere, die farblich, körperlich oder entwicklungsbedingt versagen, sondern wir aus. Zu diesem Zweck nehmen wir das Tier mit einer Hand an den Läufen und gleichzeitig die Handschwingen dazu. So legen wir den Hals und teilweise den Körper auf den Hackklotz. Mit einem kräftigen Schlag des Beils oder Hieb des Buschmessers schlagen wir den Kopf ab. Sogleich nehmen wir das Tier, wobei wir es weiterhin an den Flügeln und Läufen halten, vom Hackklotz und lassen es über einem Topf ausbluten. Dabei halten wir mit der freien Hand den Hals senkrecht nach unten, damit das Blut ohne Probleme in den Topf läuft. Nachdem die Zuckungen des geschlachteten Tiers abgeklungen sind, rupfen wir es, entfernen die Läufe und nehmen die Innereien heraus. Anschließend ist es für die Zubereitung im Haushalt fertig. Das Schlachten von schweren Hühnern, kräftigen Enten, Gänsen und Truthühnern bewerkstelligt man am besten zu zweit, da man die geschlachteten Tiere oft nicht allein beim Ausbluten halten kann.

Beim Schlachten in der Junggeflügelphase ist es wichtig, daß das Junggeflügelmehl vorher abgesetzt wird, da die Coccidiostatica und ähnliche Zusätze für die menschliche Verwertung nicht gerade geeignet sind. Eine kurzfristige Mastfütterung der zum Schlachten ausgewählten Tieren gemäß den Angaben im Kapitel »Fütterung« ist angebracht.

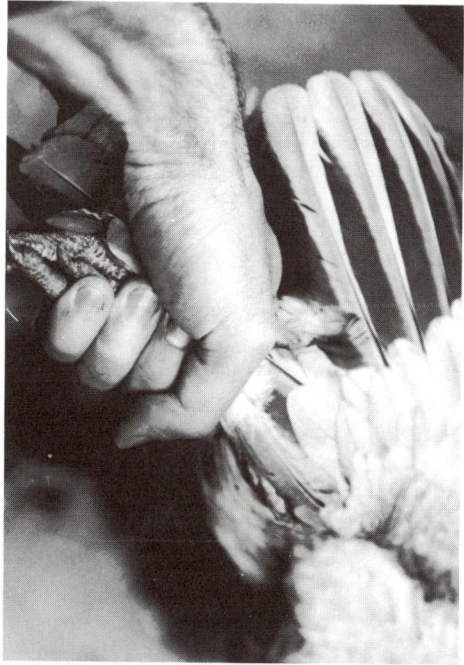

Zum Schlachten nehmen wird die Läufe und die Schwingen in eine Hand. Mit der anderen Hand köpfen wir das Tier mit einem Schlag.

Jungentenhaltung

Bei der Jungentenhaltung rechnet man auf 1 m² Stallfläche etwa fünf Enten. Da Enten sehr lebhaft sind, läßt man sie stets im Freilauf; lediglich für die Nacht und bei sehr schlechtem Wetter bietet man ihnen den Stall an. Zur besseren Federbildung ist ein fließendes Gewässer notwendig. Die Bildung von Pfützen im Auslauf sollte unterbunden werden. Ideal ist ein Rasenauslauf oder ein mit Reinsand bedeckter Boden. Die Einstreu des Stalls, welche aus Kurzstroh, Hobelspänen oder Sand besteht, darf nicht naß werden. Aus diesem Grund muß stets für Frischluft gesorgt werden. Ansonsten ist der Stall wie bei erwachsenen Enten hergerichtet.

Mit fünf Wochen tritt bei den Enten der geschlechtsbedingte Stimmbruch ein. Erpel haben eine leise, heisere Stimme, während die Enten laut quaken und schnattern.

Ab der siebten Woche stellen wir vom Entenkükenmehl auf das Alleinfutter für Jungenten um, das ungefähr 13 % Rohprotein enthält. Steht uns ein solch niederprozentiges Mehl nicht zur Verfügung, so können wir auch ein höherprozentiges füttern, strecken es aber gemäß den Angaben zum Nährstoffverhältnis (im Kapitel »Fütterung«) durch andere Futterstoffe. Die Umstellung vom Küken- aufs Jungentenfutter erfolgt wie bei den Hühnern. Bei Legebeginn bzw. etwa vier Wochen zuvor steigen wir auf dieselbe Art und Weise auf das Alleinfutter für Zuchtenten (16 % Rohprotein) um oder führen eine bereits erwähnte Alternativfütterung durch.

Junggänsehaltung

Da Gänse ausgesprochene Weidetiere sind, brauchen auch die Jungtiere viel Auslauf. An den Stall sind die gleichen Anforderungen wie an den Entenstall zu stellen. Auf 1 m² Grundfläche rechnen wir drei Junggänse. Besteht keine Gefahr durch Raubwild, können wir die Junggänse auch ganz im Freien lassen. Allerdings erhalten sie dann einen Unterstand, der sie vor schlechtem Wetter schützt.

Als Grundlage bietet man ihnen das gleiche Futter wie den Enten. Wie beim gesamten Wassergeflügel bereichert eine reichhaltige Grünfutterpalette (vor allem kleingeschnittene Brennessel) die Speisekarte. Bei schweren Gänserassen bewährt sich auch eine eiweißreiche Fütterung.

Eine Badegelegenheit wirkt sich — wie bei Enten — günstig auf die Entwicklung aus.

Jungputenhaltung

Obwohl die Puten bis zur 20. Woche eine Temperatur von 16 °C haben sollten, kann man sie bereits nach etwa 10 Wochen tagsüber im Freien lassen, da wir zu diesem Zeitpunkt bereits meist frühlingshafte bis sommerliche Temperaturen haben. Putenjungtiere brauchen viel Auslauf; sie streunen dann weit umher und suchen sich ihr Futter selbst (Kerbtiere, Schnecken, Gewürm, Pflanzenteile usw.). Der Stall sollte vor Witterungseinflüssen gut schützen. Sitzstangen ermöglichen den Jungtieren das instinktiv ausgeprägte Aufbaumen.

Ab der siebten Woche steigt man — wie bei der Hühnerfütterung — von dem eiweißreichen Truthühnerkükenfutter auf das Jungtruthühnerfutter mit 15 % Rohprotein um. Mit Legebeginn füttern wir das Alleinfutter für Zuchttruthühner mit 16 % Rohprotein oder ein alternatives, selbstzusammengestelltes Zuchtfutter. Grünfutter ergänzt auch hier die Nahrungspalette.

Jungperlhühnerhaltung

Die Perlhühner füttern und halten wir wie die Hühner. Aus sie sind für reichhaltiges Grünfutter sehr dankbar.

Krankheiten und Vorbeugungsmaßnahmen

Vorbeugung gegen Krankheiten

Von grundsätzlicher Wichtigkeit ist beim Geflügel die Prophylaxe (Vorbeugung). Sie wird durch sachgemäße Haltung, Pflege und Fütterung erreicht.

Der typische Haltegriff — von unten gesehen — bei einem Huhn: Der Zeigefinger befindet sich zwischen den Läufen, der Daumen und der Mittelfinger halten diese von außen fest. Auf der Handfläche ruht der Tierkörper.

Wichtig ist zum einen die Reduzierung des Kot-Tier-Kontakts. Dazu legen wir — wie bereits erwähnt — unter den Sitzstangen eine Kotgrube an, die durch ein Drahtgeflechtgitter abgedeckt ist. Die Kükenaufzucht führen wir — falls möglich — stets auf Drahtgeflechtböden durch. Die Futter- und Trinkgefäße werden so aufgestellt, daß sie nicht durch Einstreu und Kot verschmutzt werden. Die Einstreu selbst muß stets trocken und sauber sein, da ansonsten leicht Krankheitsherde entstehen.

Im Stall führen wir regelmäßig eine Desinfektion durch. Im Trinkwasser sollten wir stets einige geschnittene Zwiebel- und Knoblauchstücke einweichen, da ihre Wirkstoffe vor einigen Krankheiten schützen. Genausogut aber können diese Naturheilmittel auch über das Futter verabreicht werden oder über die individuelle Zwangsfütterung. Dazu nehmen wir das Tier in die Hand, so daß es mit dem Bauch darauf ruht. Unser Zeigefinger befindet sich dabei zwischen den Läufen, der Daumen und die restlichen Finger halten die Läufe fest. Auch wenn das Geflügel flattert, kann es uns nicht entwischen, da wir es ja fest in der Hand haben. Nachdem wir das Geflügel mit diesem Universalgriff in unserer Gewalt haben, öffnen wir den Schnabel und geben dem Tier Knoblauch- oder Zwiebelstückchen in den Schlund. Truthühner aber dürfen wir auf diese Art und Weise nicht anfassen, da sie ansonsten schnell in eine »Schockmauser« gehen könnten. (Bei der durch einen Schreck ausgelösten Schockmauser verlieren die Tiere schlagartig ihre Federn an der berührten Körperstelle.)

Krankheiten

Embryonal bedingte Krankheiten

Infektiöse Embryonalerkrankung

Zwar besitzt das Eiweiß der Eier bakterienabtötende Substanzen, die eine Infektion verhindern, doch funktioniert dieser Mechanismus nur, wenn die Zuchttiere ordnungsgemäß versorgt sind. Falsche Fütterung, schlechte Stallhygiene und mangelhafte Vitaminversorgung reduzieren den Selbstschutzmechanismus des Embryos im Ei. Daher werden besonders in den Zuchtstämmen, die keine sachgemäße Pflege haben, infektiöse Embryonalkrankheiten auftreten. Des weiteren nimmt der Schutz des Eis vor dem bakteriellen Befall mit der Dauer der Eilagerung ab. Aus diesem Grund sollte man — wenn möglich — stets frische Eier zur Brut nehmen, weil man bei den älteren Gefahr läuft, daß sie während der Brutphase absterben.

Die Infektion kann auf zwei Arten erfogen: Zum einen schon bei der Eibildung in der Henne, zum andern durch die Schale des Eis hindurch bei der Lagerung und während des Brutvorgangs. Man spricht von einer »endogenen« bzw. »exogenen« Infektion.

Bei der endogenen Infektion wird die Krankheit von der Mutter auf das Ei übertragen. In der Regel handelt es sich dabei um Typhus, Tuberkulose, Geflügelpest, weiße Kükenruhr und ähnliche bakterielle und virusartige Krankheiten. Das bedeutet nichts anderes, als daß eine latent erkrankte Henne ihre Krankheit auf die Nachkommen überträgt, die dann nicht — oder nur bedingt — lebensfähig sind. Aus diesem Grund gehören nur gesunde Tiere in den Zuchtstamm. Geflügel, das einmal kränkelte, aber wieder gesund wurde, sollte nicht zur Zucht verwendet werden, da die Krankheit noch immer im Tier — wenn auch nur latent — stecken kann. Die Gefahr einer Verseuchung der neuen Generation wäre zu groß.

Bei der exogenen Infektion hingegen gelangen die Viren bzw. Bakterien während der Brut oder der Lagerung des Bruteis über die Schale ins Ei. Die Krankheitserreger durchbrechen dabei die Schutzbarriere der Kutikula der Eischalenoberfläche und bezwingen die Abwehrmechanismen des Embryos. Exogene Krankheitserreger sind beispielsweise Schimmelpilze, Paratyphus und ähnliche Bakterien. Sind Embryonen mit exogenen Infektionen behaftet, so hat der Züchter entweder einen unhygienischen Stall, eine mangelhafte Eierlagerung oder einen nicht desinfizierten Brutapparat. Gerade in diesem Gerät, in dem die feuchtwarme Luft eine massenhafte Entwicklung der Bakterien fördert, ist allerhöchste Hygiene angebracht. Hat das Bakterium die Eischale durchdrungen, so vermehrt es sich seinerseits im Ei. Das Ei ist dabei das Nährmedium, und der Brutraum liefert die günstigen Außenfaktoren. Dabei stirbt der Embryo im Ei ab. Ein bestimmter Zeitpunkt des Absterbens läßt sich dabei nicht angeben, doch fällt er meistens in die zweite Bruthälfte. Bei einigen endogenen Infektionen wie zum Beispiel bei der Tuberkulose schlüpfen die Küken zwar, doch die latente Krankheit bricht im späteren Alter durch, was den Züchter vor scheinbar unlösbare Rätsel stellt. Daß das Küken schon bei der Bruteiproduktion bzw. beim Brutvorgang zum Tode verurteilt war, bleibt beim Forschen nach den Ursachen meist unberücksichtigt.

Zum Schutz vor solch unliebsamen Überraschungen ist es wichtig, daß man seine Tiere von Infektionskrankheiten freihält. Kränkliche Tiere gehören nicht in den Tierbestand und schon gar nicht in die Zucht. Aber auch auf höchste Sauberkeit der Nester, der Eilagerung und des Brutapparats ist zu achten. Außerdem muß die

Krankheiten

Fütterung optimal auf die Zuchtleistung abgestimmt sein. Ein falsches Nährstoffverhältnis oder eine mangelhafte Vitamin- und Mineralstoffversorgung kann sich gravierend auf die Embryonalsterblichkeit auswirken. Die richtige Haltung der Zuchthühner, -enten, -gänse, -truthühner und -perlhühner gewährleistet nicht nur ein hohes Schlupfergebnis, sondern auch die Lebensfähigkeit der jungen Küken. Denn gerade die Sterblichkeit in den ersten 14 Tagen geht oftmals auf eine embryonale Erkrankung zurück.

Krankheiten aufgrund geringer Bruteiqualität

Nicht nur eine Infektion verschlechtert das Brutergebnis, auch unzulängliche Fütterung und unzureichende Haltung wirken sich negativ aus. Funktioniert die Ernährung des Embryos im Brutei nicht einwandfrei, so zeigen sich Krankheitssymptome, die man »Dystrophien« nennt. Vor allem bewirkt eine mangelhafte Vitaminversorgung solche Erkrankungen. (Die einzelnen Erscheinungsformen dieser Krankheiten sind im Kapitel »Fütterung« aufgeführt.) Häufig sterben die Embryonen um den elften Tag herum ab. Eine falsche Bruttechnik verschlimmert den Krankheitsverlauf noch nachhaltig.

Unvollständige Dottersackresorption

Hat das Küken im Ei den Dottersack eingezogen, so befreit es sich aus der Eischale und verschließt seinen Nabelring hinter dem aufgenommenen Dotter. Der Dotter ist eine Nahrungshilfe, die es dem Küken erlaubt, zwei Tage ohne Nahrung auszukommen. Seine vollständige Resorption (Aufnahme) erfolgt allerdings erst sechs Wochen nach dem Schlupf. Bis dahin spielt der Dotter eine wichtige Rolle im Fett- und Mineralstoffwechsel. Kommt es zu Störungen bei der Resorption, dann werden Entwicklung und Wachstum beeinträchtigt. Als Ursache für diese Krankheit kann eine mangelhafte Vitaminversorgung (vor allem mit dem Vitamin-B-Komplex) oder eine zu reiche Eiweißfütterung bzw. eine zu einseitige und minderwertige Fütterung angesehen werden. Aber auch Brutfehler — wie zu hohe Luftfeuchtigkeit und Temperatur — können zu dieser Fehlentwicklung führen. Verheilt der Nabelring schlecht, dann herrschten in den letzten Bruttagen zu tiefe oder zu hohe Temperaturen. Aber auch ein Bakterienbefall kann einen unvollständigen Nabelschluß bewirken. Dabei dringen die Bakterien ins Küken ein und verursachen dessen Erkrankung und Tod.

Als Vorbeugung müssen die Zuchtstämme rassetypisch gefüttert werden. Dazu muß der Züchter die Fütterungsarten und Fütterungstechniken kennen. Daneben bedarf die Kunstbrut einer ordnungsgemäßen Durchführung, wozu auch eine Desinfektion des Brutapparates gehört.

Unsachgemäßer Brutverlauf

Wird die Durchführung der Kunstbrut nicht vollständig beherrscht, so kommt es immer wieder zum Absterben der Bruteier. Fehler in der Bruttechnik können bezüglich der Temperatur, Luftfeuchtigkeit, Wendetechnik und Luftzufuhr erfolgen. Je nach Intensität und Dauer der Brutabnormitäten treten beim Embryo leichte bis tödliche Veränderungen auf.

Wie sich Brutfehler auf die Embryonalentwicklung auswirken, ist im Kapitel »Brut und Aufzucht« dargestellt.

Haltungsbedingte Erkrankungen

Hypothermie

Da bei den Küken die Regulierung der Körpertemperatur noch nicht eingespielt ist, leiden sie leicht an Unterkühlung. Eine länger andauernde Hypothermie führt zur Krankheit und schließlich zum Tod. Krankhaftes Schlafverlangen, Zittern, Krämpfe und Abgeschlagenheit charakterisieren die Unterkühlung.
Zur Verhinderung der Hypothermie ist stets auf die altersgemäße Temperatur zu achten.

Pneumoaerocystitis

Darunter versteht man eine Entzündung der Lungen und Luftsäcke der Entenküken. Besonders bei Unterkühlung und Feuchtigkeit tritt diese Krankheit auf. Mattigkeit, Appetitlosigkeit, röchelnde Atmung und Durchfall sind typische Symptome.
Prophylaxe: Zugluft, Feuchtigkeit und Unterkühlung sind unbedingt zu verhindern.

Ansteckender Schnupfen

Zugluft, feucht-warme und übermäßig trockene Stalluft, Vitamin-A-Mangel und Transportschäden verursachen den ansteckenden Schnupfen.
Schleimiges Sekret der Nasenlöcher und die Bildung eines gelb-käsigen Belages in der Schnabelhöhe und im Rachen sind typische Kennzeichen. Bei schweren Erkrankungen treten die Augen beulenartig vor. Die Tiere hecheln unter heftigen Atemgeräuschen nach Luft und versuchen, den Schleim wegzuschleudern. Die Schnabelatmung führt zur Eintrocknung der Zunge und zur bräunlichen Verfärbung der Zungenspitze.
Die Übertragung des ansteckenden Schnupfens erfolgt von Tier zu Tier oder über das Trinkwasser.
Erkrankte Tiere sondert man ab und verabreicht ihnen Vitamine (vor allem A, D und E) sowie spezifische Medikamente. Die Ställe müssen desinfiziert werden.

Federfressen

Die Erscheinung des Federfressens ist in den Katalog Krankheiten einzuordnen, obwohl sie oft als »Untugend« bezeichnet wird. In der Regel geht das Federfressen auf eine fehlerhafte Haltung zurück. Aber auch eine falsche Fütterung kann diese Unsitte auslösen. Daneben existieren aber auch Rassen, die von ihrem Wesen her zu diesem Verhalten tendieren. Zu beengte Haltung, zu trockene Luft, starke Sonneneinstrahlung oder Sauerstoffmangel begünstigen das Federfressen. Meist ist jedoch die Langeweile der auslösende Faktor für dieses Fehlverhalten. Die Langeweile liegt meist in einem schnell sättigenden Futter oder in einem wenig strukturierten Stall (oder Auslauf) begründet. Als Abhilfe bietet man den Tieren genügend Scharrraum, entfernt überzählige Tiere, strukturiert das Gehege und gibt ins Mehlfutter Hafer bzw. Haferschalen, um den Sättigungszeitpunkt der Hühner hinauszuzögern. Auch die Zugabe von kompaktem Styropor oder von Styroporkugeln schafft Abhilfe. Ein im Handel befindliches Antifederpick-Spray hat sich ebenfalls gut bewährt.

Krankheiten

Zehenpicken

Wie beim Federfressen hat das Zehenpicken seine Ursache in beengter Haltung und im Mangel an Zeitvertreib. Haben wir keine Haltung mit Drahtgeflechtböden so erhöhen wir die Einstreuschicht, damit die Zehen stets in der Einstreu versinken und für die Artgenossen nicht mehr sichtbar sind. Die Vermeidung einer Überbesetzung, eines zu warmen Stalls, einer schlechten Lüftung und eines schnell sättigenden Futters helfen ebenfalls das Zehenpicken zu unterbinden. Als letztes Mittel können wir die Zehen leicht mit Holzteer einstreichen. Der scharfe Geruch schreckt die Artgenossen dann ab.

Nährstoffmangelkrankheiten

Avitaminosen (Vitaminmangelkrankheiten)

Sie treten hauptsächlich bei Küken und Junggeflügel auf. Ursache, Erscheinungsform und Abhilfe sind ausführlich im Kapitel »Fütterung« behandelt.

Rachitis

Die Rachitis (auch »Knochenweiche«) ist eine verlustreiche Aufzuchtkrankheit. Sie beruht auf einem falschen Kalzium-Phosphat-Spiegel.
Bei der Rachitis nimmt das sich entwickelnde Knochengerüst nicht einwandfrei Kalk auf, woraus eine ungenügende Knochenfestigkeit resultiert. Dabei kommt es zu Verbiegungen hauptsächlich der Läufe, der Flügel und des Brustbeins.
Erste Anzeichen der Krankheit sind ein struppiges Gefieder, Mattigkeit, leichtes Einbiegen der Zehen, Hocken auf den Fersengelenken und Bewegungsstörungen. Zur Vermeidung der Rachitis sorgt man über eine Mineralstoffmischung für ein richtiges Kalzium-Phosphat-Verhältnis (etwa 1,5:1); zusätzlich verabreicht man Vitamin D. Treten dennoch beispielsweise Brustbeinverkrümmungen auf, so liegt dies meist an zu kantigen oder zu schmalen Sitzstangen.

Perosis

Die Perosis ist eine Manganmangelkrankheit, allerdings spielen auch der Mangel an Cholin, Niacin, Zink und Vitamin E eine Rolle.
Erstes Anzeichen: Bei Junghuhn und -pute treten Wachstums- und Befiederungsstörungen auf. Als sich anschließendes typisches Symptom verdickt sich das Fersengelenk, und die Beine drehen nach auswärts. Meist ist nur ein Bein betroffen.
Zur Vorbeugung füttern wir Mangan in Form von Mangansulfat (auf 10 kg Futter 0,5 g Mangansulfat) oder ein Mineralstoffgemisch mit ausreichenden Mengen an Mangan. Außerdem sollten wir unserem Geflügel stets Vitamine zuführen; ein Mangel an Vitamin B_2 zeitigt ähnliche Symptome.

Zehenverkrümmung

Die Zehenverkrümmung basiert auf Brutfehlern, falscher Kalziumversorgung oder zu eiweißreicher Fütterung (vgl. Kapitel »Fütterung«). Es kann sich dabei aber auch um erste Anzeichen der Rachitis handeln.

Krankheiten und Vorbeugung

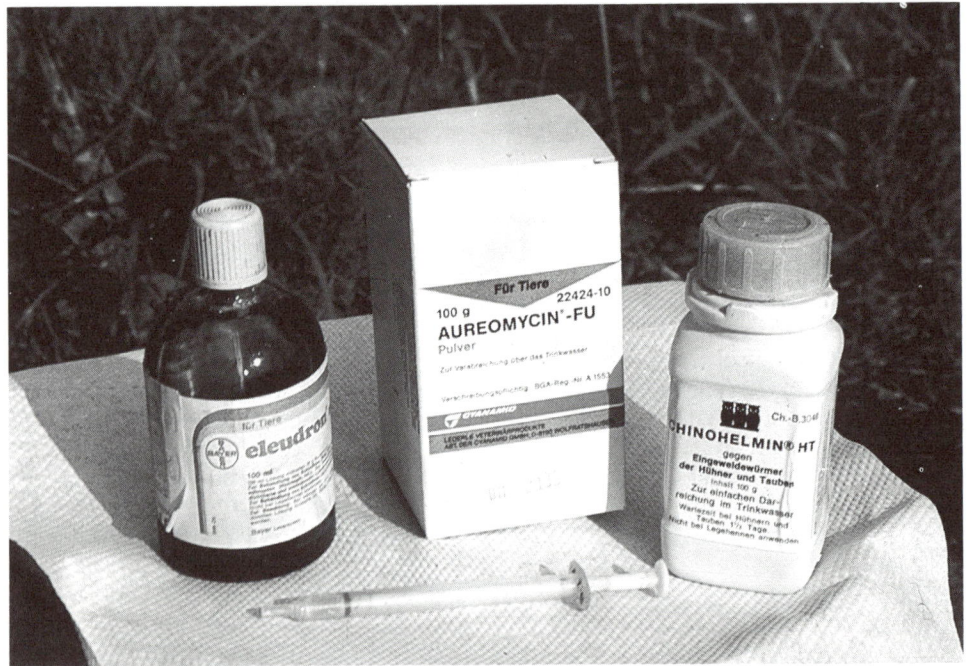

Bei einer ernsthaften Krankheit muß der Züchter auf Medikamente zurückgreifen und gegebenenfalls den Tierarzt hinzuziehen.

Bakteriell bedingte Erkrankungen

Pullorumruhr (Weiße Kükenruhr)

Die Pullorumruhr ist auch unter dem Begriff »Weiße Kükenruhr« bekannt. Sie befällt Küken im Alter bis zu zwei Wochen. Die Pullorumruhr wird vom Bakterium *Salmonella pullorum* verursacht.
Befindet sich der Erreger bereits im Ei, so stirbt das Küken meist schon vor dem Schlupf. Schlüpfen erkrankte Küken trotzdem, so stehen sie zusammengekauert — wie wenn sie frieren — mit hängenden Flügeln und geschlossenen Augen im Aufzuchtsraum. Das typische Symptom ist ein kreidigweißer Durchfall, der zur Verkrustung des Kloakenflaums mit Kot der gleichen Farbe führt. Gesunde Küken stecken sich sehr schnell an und gehen etwas später als die anderen zugrunde. Ein weiteres Erkennungszeichen stellen die Atemstörungen dar.
Überlebende Küken wachsen zum erwachsenen Geflügel heran, tragen aber versteckt das Bakterium in sich und geben oftmals den Krankheitserreger über das Brutei weiter.
Zur Bekämpfung der Krankheit sondert man notfalls alle befallenen Tiere aus oder verabreicht ihnen — wie auch den gesund erscheinenden — spezifische Medikamente.

Geflügelcholera

Das nicht mit dem menschlichen Choleraerreger verwandte *Bacterium avisepticum* verursacht die Geflügelcholera. Weniger die Hühner infizieren sich mit dieser Krankheit, als vielmehr das Wassergeflügel.
Bei der Geflügelcholera verfärben sich die Kopfanhänge blaurot, der einsetzende Durchfall hat eine gelbgrünliche Farbe, ist mit Flocken durchsetzt und hat einen unangenehmen Geruch. Atemnot und Krämpfe treten oftmals auf. Häufig sterben die Tiere auch über Nacht, ohne jegliche Vorzeichen. Die Infektion erfolgt über den Kot oder über verschmutztes Trinkwasser und Futter.
Die Desinfektion der Stallungen und eine gezielte tierärztliche Behandlung mit Sulfonamiden und Antibiotika können die erkrankten Tiere noch retten.

Tuberkulose

Diese Krankheit wird — wie die Geflügelcholera — von Bakterien verursacht. Die Erreger werden über den Kot abgesetzt und durch infiziertes Futter, Wasser oder durch direkten Kotkontakt übertragen. Die Geflügeltuberkulose ist auch für artfremde Haustiere und den Menschen ansteckend.
Abmagerungen, glanzloses Gefieder, blau- oder grau-rote Kammverfärbungen und Durchfallerscheinungen treten auf. Meist ist auch das Gesicht eingefallen.
Nach einer Infektion desinfizieren wir den Stall gründlich mit entsprechenden Mitteln. Erkrankte Tiere werden sofort geschlachtet.

Paratyphus

Unter »Paratyphus« verstehen wir eine Salmonellenerkrankung. Vor allem Küken werden von dieser Krankheit befallen. Die Symptome gleichen äußerlich denen der weißen Kükenruhr. In seltenen Fällen tritt eine einäugige Blindheit auf.
Beim Wassergeflügel kommt es zu struppigem Gefieder, Vitalitätsverlust und zu Durst. Später treten Gleichgewichtsstörungen und Krämpfe auf. Der Tod läßt meistens nicht lange auf sich warten.
Spezifische Medikamente wie Antibiotika und Sulfonamide können bei rechtzeitiger Behandlung eine Heilung bewirken.

Durch Einzeller bedingte Krankheiten

Coccidiose

Bei ihr handelt es sich um den typischen Fall einer Krankheit, die durch den Kot-Tier-Kontakt übertragen wird. Die Coccidien sind einzellige Schmarotzer, die im Hühner-, Puten- und Gänsedarm leben. Ihre Eier reifen in der Außenwelt heran. Dort können sie bis zu einem Jahr überleben, vor allem in feuchtem Milieu. Besonders Küken bis zur achten Lebenswoche werden befallen. Dabei sondert ihre zerstörte Blinddarmschleimhaut mit dem meist dünnflüssigen Kot Blut ab. (Daraus resultiert auch der Zweitname »Rote Kükenruhr«.) Nach der achten Woche ist die Anfälligkeit für die Blinddarmcoccidiose reduziert, nicht aber für die Dünndarmcoccidiose, die bis weit ins Junghennenalter hinein auftreten kann. Allgemeine Krankheitssymptome sind Mattigkeit, Schlafsucht und Appetitlosigkeit. Im handelsüblichen Küken- und Junghennenalleinmehl sind Coccidiostatica enthalten. Wer dieses handelsübliche Futter nicht füttert, sollte vorbeugend über das Trinkwasser oder über die Zwangsfütterung (besonders bei der Therapie) dem Tier Coccidiostatica zuführen. Das damit versehene Handelsfutter verhindert allerdings nur eine mäßige Coccidieninvasion. Bei einem massenhaften Befall helfen nur tierpharmazeutische Präparate.

Befallene Tiere setzt man sofort in einen separaten Stall, der einen durchgehenden Drahtgeflechtboden aufweist, und behandelt die befallenen und nicht befallenen Tiere mit einem spezifischen Mittel (z. B. mit einem Sulfathiazol-Präparat).

Schwarzkopfkrankheit

Die Schwarzkopf- oder Blackhead-Krankheit ist eine Erkrankung, die vornehmlich bei Puten auftritt. Die befallenen Tiere haben ein struppiges Gefieder und stehen lustlos herum. Der auftretende Durchfall ist gelblich bis schwefelgelb und von flüssiger Konsistenz. Manchmal zeigt der Kopf eine bläuliche bis schwarze Verfärbung.

Spezielle Präparate dienen der Heilung bzw. der Vorbeugung.

Virusbedingte Krankheiten

Diphterie und Pocken

Die Geflügelpocken und die Diphterie werden vom gleichen Virus hervorgerufen. Dabei entstehen bei der Hautinfektion Pocken und im Fall der Schleimhautinfektion Diphterie. Bei den Geflügelpocken schwellen die unbefiederten Hautpartien wie Kehllappen, Ohrscheiben bzw. Ohrlappen, Kamm und Schnabelwinkel an. Die befallenen Hautstellen zeigen anfangs eine gelbliche, später eine schmutzig-braune, schorfbedeckte Farbpigmentierung. Die Pockenkrankheit ist in aller Regel gutartig, und die Pocken fallen von selbst wieder ab.

Die Diphterie tritt vor allem bei Jungtieren auf. Schnabel, Kehlkopf und Luftröhre weisen einen gelblich-weißen Belag auf. Im Gegensatz zum ansteckenden Schnupfen sind die Beläge fest mit der Schleimhaut verwachsen. Die Tiere röcheln oft mit geöffnetem Schnabel nach Luft.

Spezielle Präparate und eine Impfung helfen die Diphterie bekämpfen bzw. verhindern.

Marek'sche Lähme

Die Marek'sche Lähme ist eine ansteckende Viruskrankheit der Jungtiere. Der Virus befällt das Nervensystem und das Gehirn. Die erkrankten Tiere zeigen eine unsichere Beinkoordination und verenden mit einem nach vorn und einem nach hinten gestreckten Bein. Infolge der Nervenlähmung zeigen die Pupillen eine gezackte Begrenzungslinie und eine graugrüne Irispigmentierung. Die Flügel hängen meist vom Körper herab.

Eine wirksame Bekämpfung erzielt man durch eine Impfung der Eintagsküken.

Klassische Geflügelpest

Sie tritt in aller Regel sehr plötzlich auf. Symptome dieser Viruskrankheit sind unkoordinierter Gang, Mattigkeit, struppiges Gefieder und Schwäche. Des weiteren setzen grünlicher Durchfall und Atemnot ein. Es ist eine vorbeugende Impfung durch den Tierarzt möglich. Die Krankheit ist bei uns zur Zeit aber nicht mehr akut.

Krankheiten

Newcastle-Krankheit

Diese Krankheit wird auch mit der Bezeichnung »typische Geflügelpest« versehen. Küken zeigen bei einer Infektion Atemnot und gehen bald ein. Erwachsene Tiere leiden ebenfalls an Atemnot und husten oftmals ein schleimiges Sekret aus, welches nur leicht im Schnabel haftet. Appetitmangel und Mattigkeit sind eindeutig erkennbar. Oft kommt es auch zu Lähmungen und Krämpfen und zum Verdrehen des Kopfes bis zu 180°. (Letzteres ist aber auch bei Vitaminmangelkrankheiten festzustellen.) Eine vorbeugende Bekämpfung erfolgt über eine Trinkwasser-Vaccine-Impfung. Auf den meisten Hühnerausstellungen wird ein Impfzeugnis verlangt, das die Impfung des Tierbestandes bescheinigt.

Leukose

Die Leukose ist keine exakt zu umreißende Erkrankung, da das Virus verschiedene Zellgewebe befällt. Obwohl das Tier äußerlich oftmals gesund erscheint, kann es den Virus beherbergen und ausscheiden, vor allem über das Ei und den Kot. Befallen werden hauptsächlich Hühner und Puten. Die Symptome sind bei dieser Krankheit nicht deutlich erkennbar. Häufig ist der Kamm blaß und geschrumpft. Durchfall, Appetitmangel und Abmagerung sind weitere Erkennungszeichen. Auffälligerweise leiden Hochleistungsrassen bei intensiver Eiweißfütterung am ehesten unter Leukose.
Es kann bislang nur eine vorbeugende Haltung und Pflege empfohlen werden; die erkrankten Tiere sind zu töten. Das Abwehrsystem des Geflügels entwickelt mit der Zeit Antikörper, welche die Viren zu neutralisieren vermögen. Aus diesem Grund sind bei leukoseanfälligen Tieren nur zwei- und mehrjährige zur Zucht zu verwenden.

Im Brutapparat sollte man stets nur Küken einer einzigen Rasse brüten, da die Küken verschiedener Rassen sich gegenseitig infizieren können, wenn ein Tier Leukoseviren in sich trägt. Nach dem Brüten ist der Brutapparat jedesmal mit einem entsprechenden Desinfektionsmittel zu behandeln.

Wurmerkrankungen

Haarwurmbefall

Die 1 bis 2 cm langen Würmer besiedeln den Dünndarm, vor allem den des Junggeflügels, und bohren sich in die Darmschleimhaut ein, saugen Blut und verursachen damit eine Blutarmut.
Stark befallene Tiere zeigen Blässe, Abmagerungserscheinungen und Durchfall; letzterer führt oft dazu, daß die Kloakenfedern kotverschmiert sind. Zuweilen treten auch Flügel- und Beinschwäche auf.
Spezifische Mittel helfen diese Krankheit bekämpfen. Meist verhindert eine vorbeugende Zwiebel- und Knoblauchfütterung eine massenhafte Ausbreitung der Haarwürmer.

Spulwurmbefall

Der Spulwurm ist ein etwa 7 cm langer Rundwurm. Dieser Parasit lebt in der Darmschleimhaut und durchbohrt sie zuweilen. Er richtet daher großen Schaden an.
Auch hier verwenden wir gegebenenfalls spezielle Wurmbekämpfungsmittel; generell führen wir vorbeugende Zwiebel- und Knoblauchfütterung durch.
Bei stark verwurmten Tieren, die die gleichen Symptome wie die vom Haarwurm befallenen Tiere zeigen, erkennt man im Kot immer wieder einmal ausgeschiedene tote Spulwürmer.

Durch Ektoparasiten hervorgerufene Krankheiten

Haut- und Federparasiten beeinträchtigen die Vitalität unseres Geflügels. Gesundheitlich nicht einwandfreie Tiere haben selten zufriedenstellenden Nachwuchs, und oftmals läßt schon die Befruchtung zu wünschen übrig. Der Ungezieferbefall geht zumeist auf Federlinge, Milben, Zecken und Flöhe zurück.

Befall durch Federlinge

Die hauptsächlichen Schmarotzer sind zweifellos die Federlinge, die sich von Hautschuppen, Federteilen und Drüsenabsonderungen ernähren. Ihr Vorkommen äußert sich durch Löcher in der Feder. Es entsteht ein ungeordnetes und struppiges Gefieder. Des weiteren ist das Vorkommen der Federlinge an Eieransammlungen am Federschaft und am Federgrund erkennbar. Hauptablageort der Eier sind das Kopfgefieder, das Bauchgefieder, der Bereich unter den Flügeln und vor allem die Federn der Kloakengegend. Offensichtlich wird der Befall der Hühner durch unruhiges Verhalten und permanentes Picken und Kratzen. Starker Befall bewirkt bei erwachsenen Tieren eine Abmagerung, oder es kommt zur Verringerung der Legeleistung. Bei Jungtieren treten Wachstumsstörungen oder -hemmungen auf. Besonders während der Mauser ist darauf zu achten, daß die Hühner federlingfrei sind, da ansonsten das Nachwachsen der Federn zu lange dauert. Man schützt das Geflügel vor einem Befall durch Einpudern mit einem hautverträglichen Insektenbekämpfungspuder.

Hat das Tier äußerliche Schmarotzer, so wird es mit einem geflügelfreundlichen Insektenvertilgungspulver behandelt.

Befall durch Milben

Als weitere Schmarotzer treten die blutsaugenden Vogelmilben auf. Sie sitzen — im Gegensatz zu den Federlingen, die den ganzen Tag am Tierkörper verbringen — tagsüber in Ritzen und dunklen Ecken der Ställe und befallen die Tiere erst nachts, wobei sie sich von deren Blut ernähren. Bei starkem Befall stellt die Hühnerhenne meist die Legetätigkeit ein, oder es tritt sogar der Tod ein. Befallene Tiere sind in der Regel an blassen Kämmen erkennbar. Daneben treten auch Abmagerungen, Federausfall und Blutarmut auf. Nistet sich der Parasit im Gehörgang ein, so kommt es zu Gleichgewichtsstörungen.

Krankheiten

Verlieren Schwung- und Schwanzfedern ihren Glanz und fallen nach einiger Zeit aus, so ist dies ein Zeichen für Befall durch Federspulmilben.

Die bekannten »Kalkbeine« der Hühnervögel werden durch Räudemilben (Fußkrätz- oder Kalkbeinmilben) verursacht. Dabei setzen sich die Milben unter den Schuppen der Läufe fest; die Folge sind Wucherungen des Hautgewebes, die schließlich zur Bildung einer dicken, borkigen Schicht — eben der Kalkbeine — führen. Zur Vorbeugung werden die Ställe gekalkt; befallene Tiere müssen mit Kalkbeinbekämpfungsmitteln (Salben), die im Handel erhältlich sind, nach Vorschrift behandelt werden. Als allgemeine Milbenbekämpfungsmaßnahme ist zunächst eine gründliche Stalldesinfektion durchzuführen. Vor allem müssen die Sitzstangen mit Karbolineum gestrichen und mit einem Desinfektionsmittel abgesprüht werden.

Befall durch Vogelzecken

Die Vogelzecken, die zur Ordnung der Milben gehören, stellen wie diese ein saugendes Ungeziefer dar. Über Nacht suchen die Zecken das Tier auf, während sie tagsüber in ihren Schlupfwinkeln bleiben. Ihre Saugstellen sind am Geflügel durch rote Einstiche mit blauroter Umrandung erkennbar. Bevorzugte Regionen sind Genick, Schenkel und Flügelinnenseiten. Ansonsten treten die gleichen Symptome wie beim Befall durch Milben auf. Auch das von Vogelzecken geplagte Geflügel kann infolge des hohen Blutverlusts zugrunde gehen, vor allem die Jungtiere. Befallene Tiere werden an den entsprechenden Stellen mit Öl eingerieben; die Zecken werden anschließend mit einer Pinzette entfernt. Wenn der Züchter die betroffene Stelle und die Zecke nicht einölt und die Zecke so herauszunehmen versucht, bricht deren Kopf ab und verursacht eine eitrige Entzündung am Geflügel.

Befall durch Flöhe

Flöhe legen ihre Eier in die Einstreu und den Kot. Nach etwa zehn Tagen schlüpfen die Larven aus den Eiern und verpuppen sich anschließend in der Stalleinstreu oder im Legenest. Nach ungefähr 20 weiteren Tagen schlüpfen die Flöhe und befallen das Geflügel. Als Folge suchen die Tiere andere Nester auf, wodurch es oft zum Verlegen der Eier kommt. Eine Gegenmaßnahme besteht im Einpudern der Tiere und Legenester mit einem hautverträglichen Insektenvertilgungspuder.

Natürliche Bekämpfung der Ektoparasiten

Grundsätzlich sollter der Züchter seinen Tieren ein Staubbad (im Fall der Hühnervögel) oder einen Badeteich (im Fall des Wassergeflügels) zur Verfügung stellen, das dem Geflügel auf natürliche Art und Weise dazu dient, sich frei von Ungeziefer zu halten. Ein Zusatz von Insektenvertilgungspuder im Staub- oder Sandbad unterstützt dessen Wirkung nachhaltig.

Insgesamt muß der Parasitenbekämpfung große Bedeutung beigemessen werden, da ansonsten nicht wieder gutzumachende Schäden auftreten können.

Ein Schritt weiter: organisierte Zucht

Mitgliedschaft in einem Geflügelzuchtverein

Hat ein Geflügelzüchter an der Tierhaltung bzw. an der Tierzucht Interesse gefunden, so kann er sich einem örtlichen Geflügelzuchtverein anschließen. Dessen Ziel ist es, das Geflügel nach ganz bestimmten, festgelegten Rassekriterien zu züchten. Neben der Schönheit und Ausstrahlungskraft des Tieres legt der Geflügelzüchter — je nach Rasse — natürlich auch Wert auf die Leistung. Im Verein herrscht ein reger Gedankenaustausch bezüglich der Zucht- und Haltungsproblematik der verschiedensten Rassen. Macht man selbst in der Zucht keine Fortschritte mehr, so weiß ein Zuchtkollege oft Rat. Im Verein herrscht daher eine gute Kameradschaft, und viele Freund- und Bekanntschaften haben sich schon im Geflügelzuchtverein entwickelt. In der Ausstellungssaison (Anfang Oktober bis Mitte Januar) veranstaltet der Verein in aller Regel eine Schau, die den Verein und seine züchterische Arbeit nach außen hin widerspiegelt. Der Öffentlichkeit wird dabei die Geflügelzucht nahegebracht, und die vielen Großstadtkinder bekommen hautnahen Kontakt zum lebenden Tier. Darüber hinaus stellt die Geflügelzucht eine Erhaltung der oftmals alten Kulturrassen in einem tiergerechten Rahmen sicher. Die Haustierzucht ist ein Stück lebendige Kulturgeschichte und verdient daher eine genauso hohe Einschätzung wie viele andere kulturell wertvolle Leistungen des Menschen.
Damit diese Aufgabe optimal erfüllt werden kann, stellt mancher Verein den Züchtern ein Gelände im Rahmen einer Zuchtanlage zur Verfügung. Als Gegenleistung erwartet der Verein ein reges Ausstellen von hochwertigen Geflügelrassen. Besonders in der Großstadt sind solche Zuchtanlagen wahre Oasen in der Betonwüste. Leider haben nur die wenigsten Geflügelzuchtvereine eine eigene Zuchtanlage, so daß viele Züchter sich selbst ein entsprechendes Gelände suchen müssen.
Neben der züchterischen Tätigkeit bietet der Verein aber auch gemütliche Geselligkeit. Monatliche Versammlungen, Sommerfeste, Ausflüge oder Züchtertreffen bieten hinlänglich Gelegenheit, die Alltagshektik etwas zu vergessen.
Nicht unerwähnt soll bleiben, daß mit dem Eintritt in den Verein auch Pflichten übernommen werden. Ein Jahresbeitrag wird fällig, manchmal muß man zu unpassend erscheinenden Zeiten dem Verein seine Arbeitskraft ehrenamtlich zur Verfügung stellen, vor allem, wenn man ein Vorstandsamt angenommen hat. Nichtsdestoweniger bereitet aber auch eine solche Pflicht große Freude, wenn man die Früchte der geleisteten organisatorischen Arbeit ernten kann.
Der Verein wird von verschiedenen Personen geführt. An der Spitze stehen der 1. und 2. Vorsitzende sowie der Schriftführer, Kassierer und Zuchtwart. In der erweiterten Vorstandschaft sind verschiedene Ämter je nach Bedarf besetzt. Die wichtigste Funktion hierbei hat wohl der Pressewart, der den Verein auch nach außen hin repräsentiert

Wettbewerb auf Ausstellungen

Auf Ausstellungen präsentiert der Züchter die von ihm im zurückliegenden Jahr geleistete Arbeit. Je nach Qualität der Elterntiere, der Zuchtlinienführung und dem züchterischen Geschick bekommen die Tiere höhere oder tiefere Noten. Ein Preisrichter bewertet die ausgestellten Geflügelrassen und schreibt eine zuchtstandsbezogene Kritik. Der Anfänger sollte sich von eventueller anfänglicher Erfolglosigkeit nicht entmutigen lassen. Mit etwas Erfahrung und Hilfe der Zuchtfreunde kommt es schnell zu einer qualifizierten Auswahl der Austellungstiere — und damit zum Erfolg. Auch hier ist — wie man so schön sagt — noch kein Meister vom Himmel gefallen, und man kann gewiß nicht erwarten, gleich im ersten Ausstellungsjahr die Spitze der Ausstellungstiere zu stellen, aber der kontinuierliche Aufstieg ist bei konzentrierter und fachgerechter Zuchtarbeit mit hochwertigen Tieren vorgezeichnet.

Es gibt folgende Bewertungsstufen:

v = vorzüglich: Das Tier macht einen überragenden Gesamteindruck und stellt das bestmögliche des züchterisch Erreichbaren dar

hv = hervorragend: wenn das Tier bis auf einen kleinen noch nicht verwirklichten Wunsch dem v-Tier entspricht

sg = sehr gut: Sämtliche Rassemerkmale sind in hohem Maße vorhanden

g = gut: wenn das Tier kleine Mängel hat, jedoch keinen groben Fehler aufweist

b = befriedigend: wenn ein Tier trotz festgestellter Fehler für die Zucht noch brauchbar ist

u = ungenügend: Tiere ohne erkennbaren Zucht- und Rassewert

o.B. = ohne Bewertung: Tiere, die aus verschiedenen Gründen von der Bewertung ausgeschlossen werden

u.M. = unnatürliche Merkmale: wenn bei einem Tier unnatürliche Merkmale festgestellt werden

n.a. = nicht anerkannt: wenn eine Rasse oder ein Farbschlag nicht anerkannt ist.

Hat man ein »g« oder gar ein »sg« errungen, so darf man voll zufrieden sein. Manche sg-Tiere bekommen zusätzlich sogar noch einen Preis. Allerdings darf nicht unerwähnt bleiben, daß man bei den Ausstellungen für jedes Tier ein Standgeld zahlen muß, so daß man nur in den seltensten Fällen auf Großschauen mit »+/− 0« abschließt. Ein »Geschäft« kann man also nicht machen, aber die Zucht und man selbst wird in ganz Deutschland bekannt, und man erweitert so stets seinen Bekannten- und Freundeskreis. Die Ausstellungen haben daher mehr einen ideellen Wert als einen materiellen. Wer jedoch einmal vom Ausstellungsfieber gepackt wurde, der kommt so schnell nicht mehr los davon.

Das Geflügel für den Wettbewerb

Damit die Tiere auf den Austellungen gut abschneiden, müssen sie ganz bestimmte Kriterien erfüllen, welche bereits unter den Bewertungsnoten aufgeführt wurden. Wie diese Kriterien in der Praxis aussehen, soll hier kurz geschildert werden.

Tiere, die auf Ausstellungen gezeigt werden, müssen ein vollständiges Federwerk tragen, das rassespezifisch ausgeprägt ist. Des weiteren müssen alle Rassemerkmale vorhanden sein. Diese sind für jede Geflügelrasse in dem Geflügelstandard des Bundes Deutscher Rassegeflügelzüchter (siehe Kapitel »Informationsquellen«) aufgeführt. Danach nehmen die Preisrichter die Bewertung vor. In ihm sind auch alle Fachausdrücke aufgeführt. Ferner darf das Geflügel keine krummen Zehen oder andere knochenbedingte Mißbildungen zeigen. Der Kammaufbau muß exakt stimmen. Federliche Mißbildungen werden bestraft. Ist ein Tier recht blaß — sei es durch Krankheit oder fehlende Kondition (zu geringes Alter) bedingt — läßt man es zu Hause. Ebenso ist Geflügel mit Ungeziefer nicht präsentationsfähig.

Vor der Schau reinigt man in angewärmtem Seifenwasser mit einer Handbürste die Läufe und Zehen. Nach dem Abtrocknen reiben wir sie mit Hautöl, Creme oder Vaseline ein. Dadurch erscheint das Tier auf der Schau gepflegt und sauber. Verschmutzte Kamm- und Gesichtspartien wäscht man mit reinem kalten Wasser sauber. Anschließend werden die Kopfpartien wie die Läufe eingefettet. Das Gefieder sollte vor der Schau nicht gewaschen werden, da hierdurch die Federstruktur oft Schaden nimmt. Bei einer ordnungsgemäßen Haltung ist ein Gefiederwaschen auch nicht notwendig. Eine Ausnahme machen dabei die weißen und hellen Farbschläge. Bei ihnen muß man oftmals trotz bester Haltung zum Waschkübel greifen. Wichtig ist, daß die Wäsche in einem geheizten Raum vorgenommen wird. Gewaschen wird mit Seifen- oder »Waschmittelwasser«, wobei der Waschvorgang in Richtung der Feder verläuft. Das anschließende gründliche Auswaschen mit klarem, leicht essigsaurem Wasser darf nicht zu kurz kommen. Ein Abtrocknen, welches ebenfalls in Federrichtung verlaufen muß, unterstützt die Gefiederabtrocknung. Nach dem Waschen halten wir die Tiere in trockener und sauberer Einstreu, damit sie sich nicht gleich wieder verschmutzen. Für die Ausstellungsbeschickung wählt man einen Versandbehälter, der die richtige Größe für das jeweilige Geflügel aufweist. Die Tiere müssen sich im Transportkorb noch bewegen können, aber nur so ungehindert, daß keine Federn beschädigt werden, da dies den Ausstellungswert unserer Lieblinge mindern würde.

Die Pflege des Geflügels nach den Ausstellungen

Kommen die Tiere von der Ausstellung zurück, so bedürfen sie einer besonderen Pflege. Zuweilen holt sich das eine oder andere eine Erkältung. Die davon betroffenen Tiere müssen wir in einer Quarantänehaltung unter Einsatz von Medikamenten gesundpflegen. Eine anschließende Gabe von Vitaminen an alle zurückgekehrten Tiere hilft die Streßsituation der Ausstellung zu überbrücken. Besonders bei den Hähnen wird eine Eingliederung in die Hahnenschar nicht mehr möglich, da die Tiere einander fremd geworden sind bzw. ihre alte Rangstellung nicht mehr anerkennen und um eine neue kämpfen. Dabei verlieren viele Tiere einen Kammzacken und haben verpickte, blutige Gesichter sowie ausgefranste Kehllappen. Solche Hähne sind für weitere Ausstellungen natürlich nicht mehr zu gebrauchen. Aus diesem Grund kommen Hähne nach der Ausstellung in Einzelboxen, die ihnen genügend

Bewegungsfreiheit bieten. Je nach Rasse empfiehlt sich diese Haltung auch für Hennen. Besonders bei Barttieren kommt es nach der Wiedereingliederung zu Kämpfen, bei denen die Bartfedern verlorengehen, weshalb gerade bei diesen Hühnern eine Einzelhaltung zwischen den Ausstellungen anzustreben ist. Darüber hinaus sollten wir ein und dasselbe Tier nicht allzu häufig ausstellen, da ansonsten seine Kondition sehr stark nachläßt. Eine regelmäßige Untersuchung der gezeigten Tiere auf Ungeziefer ist angebracht, da das Geflügel von dort immer wieder einmal ungeliebte Parasiten mitbringt.

Zuchtbuchführung

Damit wir die Zucht nicht dem Zufall überlassen, sondern mit Hilfe der genetischen Grundregeln gezielt arbeiten können, müssen wir eine Zuchtbuchführung vornehmen. Das hört sich auf den ersten Moment schwieriger an, als es wirklich ist. Schon ein paar Aufzeichnungen genügen, um gezielt zu züchten.

Als Ausgangsbasis nehmen wir die Elterntiere und machen uns zu jedem Tier kurze Notizen bezüglich der Vorzüge und Schwächen. Als Kennzeichen für jedes Tier wählen wir zweckmäßigerweise die Bundesringnummer. Über die Fallnestkontrolle und die Kükenkennzeichnung (vgl. Kapitel »Vererbung und Zucht« sowie »Brut und Aufzucht«) kennen wir von jeder Henne genau die jeweiligen Küken. Betrachten wir ihr äußeres Erscheinungsbild, so erkennen wir recht schnell, wie die Elterntiere vererbt haben. Ist das Vererbungsbild positiv, so können wir in dieser Linie mit den besten Tieren weiterarbeiten. Machen wir jedes Jahr solche Aufzeichnungen, so erhalten wir einen genauen Stammbaum mit Urgroßeltern, Großeltern, Eltern und der jüngsten Generation. Treten plötzlich unvorhergesehene Merkmale auf, so können wir diese anhand unserer Aufzeichnungen zurückverfolgen. Durch den Nachweis der genauen Abstammungskontrolle wird auch das Erbgut (Genotyp), welches wir im äußeren Erscheinungsbild (Phänotyp) nicht sehen, erfaßbar, sofern wir in einer Linie arbeiten, d.h. stets nur engverwandte Tiere miteinander verpaaren (z. B. Sohn und Mutter oder Bruder und Schwester).

Die Aufzeichnungen machen nicht viel Arbeit, erleichtern aber in hohem Maße die Zucht und gestatten es, uns schnell zur Spitze der Rassegeflügelzucht hinaufzuarbeiten. Zügig überflügeln wir dabei das Heer von Geflügelhaltern, die die Zucht mehr oder weniger dem Zufall überlassen. In diesem Zusammenhang soll nicht unerwähnt bleiben, daß die Zuchtbuchführung im Bund Deutscher Rassegeflügelzüchter über die hier beschriebene Grundlage bei weitem hinausgeht, jedoch für den Hobbygeflügelzüchter erst in einem fortgeschrittenen Stadium interessant werden kann. Der Interessent kann darüber in dem Heft »Informationen des Bundes Deutscher Rassegeflügelzüchter« (siehe Kapitel »Informationsquellen«) die entsprechenden Passagen nachlesen.

Verkauf von Bruteiern, Eintagsküken, Jung- und Zuchttieren

Bruteier dürfen nur von rassereinen (das gilt nicht für Hybriden), frohwüchsigen und gesunden Zuchttieren verkauft werden. Entsprechende Angebote sind klar und deutlich abzufassen, und die Lieferung muß gemäß dem Angebot erfolgen. Bruteier dürfen bei der Absendung nicht älter als acht Tage sein. Sie müssen bis zum Versand ordnungsgemäß gelagert gewesen sein und haben das Kennzeichen des Verkäufers zu tragen. Ferner müssen sie unbeschädigt und sauber (ungewaschen) sein, bei normaler Schalenbildung. Das Bruteimindestgewicht muß eingehalten werden. Die stoßsichere Verpackung kann dem Käufer zum normalen Preis angerechnet werden. Als Normalbefruchtung gilt bei leichten und mittelschweren Rassen eine Rate von 75 %, bei schweren Rassen eine solche von 50 %. Mängelrügen sind spätestens innerhalb von 14 Tagen auszusprechen. Weitere Richtlinien sind dem Informationsheft des Bundes Deutscher Rassegeflügelzüchter zu entnehmen.

Wie die Bruteier müssen auch die Küken von rassereinen (das gilt wiederum nicht für Hybriden), frohwüchsigen und gesunden Zuchttieren abstammen. Der Verkäufer übernimmt die Garantie dafür, daß die Küken bei der Ankunft leben, und hat Ersatz für tot ankommende zu leisten, wenn eine bahn- oder postamtliche Bestätigung des Verlustes vorliegt. Der Ersatz kann auch finanziell abgegolten werden.

Geben wir Jung- oder Zuchttiere ab, so haben sie in hohem Maße den Rassekriterien zu entsprechen und eine vitale und gesunde Kondition aufzuweisen. Lassen wir uns die Tiere zuschicken, so erhalten wir manchmal schlechtes Material. Diese Tiere schicken wir wieder zurück. Zur Begutachtung bitten wir in Zweifelsfällen einen kompetenten Zuchtkameraden aus dem Verein um seine Mithilfe. Tiere, die ernsthaft krank waren oder deren äußeres Erscheinungsbild durch medizinische, chemische oder physikalische Maßnahmen manipuliert wurde, dürfen keinesfalls verkauft werden, da dies ein bewußter Betrug wäre. Beim Verkauf von Tieren sollten wir von dem Grundsatz ausgehen, daß wir nur Tiere abgeben, die wir auch selbst kaufen würden. Nicht zuletzt können wir ja für ein gutes Zuchttier auch einen guten Preis erzielen.

Haben wir eines oder mehrere Tiere gekauft, so haben sie oft Eingewöhnungsschwierigkeiten. Zwischen ihnen und dem »alteingesessenen« Geflügel kommt es zu Rangordnungsstreitigkeiten, wobei die neuen Tiere in aller Regel unterliegen und damit sozialem Streß ausgesetzt sind. Damit wir diesen reduzieren, halten wir die neuen Tiere separat, aber neben den heimischen. Dadurch lernen die Neuankömmlinge die fremde Umgebung und das schon länger ansässige Geflügel kennen und können sich demgemäß in einer anschließenden Eingliederung besser durchsetzen, was eine aktive Teilnahme dieser Tiere am »Geflügelalltag« garantiert.

Der Aufbau der Organisation der Rassegeflügelzüchter

Die Basis des Bundes Deutscher Rassegeflügelzüchter bilden die unzähligen örtlichen Vereine, die in vielen Teilen einer Stadt oder Gemeinde existieren. All die Lokalvereine eines bestimmten Gebietes sind in einem Kreisverband zusammengefaßt. Beispielsweise besteht der Kreisverband Ludwigshafen aus 13 Lokalvereinen. Die Kreisverbände eines Bundeslandes (wobei sich die administrativen Grenzen nicht immer mit denen der Geflügelverbände decken) stellen den Landesverband. Der Landesverband Rheinland-Pfalz etwa besteht aus elf Kreisverbänden. In großen Landesverbänden sind mehrere Kreisverbände zu Bezirksverbänden zusammengefaßt, welche gemeinsam den Landesverband bilden. Alle Landesverbände tragen den Bund Deutscher Rassegeflügelzüchter. Daneben existieren noch zahlreiche Sondervereine, in denen Züchter aus ganz Deutschland zusammengefaßt sind, die lediglich die jeweilige spezielle Rasse züchten. Oftmals untergliedert sich ein solcher Gesamtsonderverein in regionale Unterbezirke, welche ein Züchtertreffen auf breiter Basis ermöglichen.

Informationsquellen

Weiterführende Literatur

An erster Stelle ist hier der offizielle Geflügelstandard zu nennen, in dem jede Geflügelrasse detailliert beschrieben wird und der auch die Grundlage zur Bewertung der Tiere darstellt. Darüber hinaus bietet er einen allgemeinen Einstieg in die Anatomie des Geflügels und erklärt die Farbspielarten sowie die Fachausdrücke:
Deutscher Geflügelstandard:
Verlag Jürgens KG, Germering (1984)
Des weiteren gibt es ein inoffizielles zweibändiges farbiges Standardwerk, das dem Laien einen guten Einstieg in die Rassen vermittelt:
Der Große Geflügel-Standard,
Band I und II:
Oertel + Spörer, Verlagshaus
Reutlingen (1983/84)
Ein weiteres wichtiges Informationsbuch ist die Broschüre *BDRG-Informationen* (erscheint jährlich neu) des Bundes Deutscher Rassegeflügelzüchter e. V. Darin sind alle Richtlinien und die Adressen von Preisrichtern, Sondervereinen und weiteren Verbänden aufgeführt. Zu beziehen ist es über Karlheinz Sollfrank, Schießplatz 40, 8500 Nürnberg.
Weitere aktuelle Information anhand zahlreicher Fachbeiträge bietet *Das Grüne Geflügel-Jahrbuch*. Auch hier sind für die Rassegeflügelzucht wichtige Adressen abgedruckt. Es ist u.a. über das Verlagshaus Reutlingen, Oertel+Spörer, Postfach 35, 7410 Reutlingen erhältlich.
Das ebenfalls nützliche *Jahrbuch für die Geflügelwirtschaft* erscheint im Verlag Eugen Ulmer, 7000 Stuttgart. Spezielle Literatur in Form von Rasseberichten — sowohl aktuellen als auch solchen aus früheren Jahren — ist recht preisgünstig bei Josef Wintjes, Kirchstraße 22, 4421 Legden zu erhalten. Ein breit gefächertes Sortiment an Fachliteratur — auch von ausländischen Autoren — hält Günter Stach, Höfener Straße 24, 7542 Schömberg parat.
Die wichtigsten aktuellen Informationsquellen stellen die Fachzeitung *Deutscher Kleintier-Züchter* und die Fachzeitschrift *Geflügel-Börse* dar.
Beim Deutschen Kleintier-Züchter handelt es sich um ein Fachblatt, das zweimal monatlich erscheint und wertvolle Fach- und Rassebeiträge und Berichte über Groß- und Sonderschauen sowie über das Verbandsgeschehen enthält. Die Vertriebsabteilung des Deutschen Kleintier-Züchters, Postfach 35, 7410 Reutlingen sendet Ihnen zum »Einstieg« gern ein Probeexemplar zu. Seit über 100 Jahren existiert die »Geflügel-Börse«, welche reich illustriert ist und über die reine Geflügelzucht hinaus Artikel zum weiteren Umfeld der Kleintierzucht bringt. Auch sie erscheint pro Monat zweimal. Zu beziehen ist die Zeitschrift (ebenfalls Probeexemplare erhältlich) über den Verlag Jürgens KG, Industriestraße 13, 8034 Germering 1. Beide Fachblätter enthalten zahlreiche Verkaufsangebote. Darüber hinaus bieten die genannten Verlage Fachbücher an, deren Anschaffung sich lohnt.

Quellennachweis

Ali, S: *The Book of Indian Birds*
Bomb. Nat. Soc., Bombay 1961

Amtsblatt der Europäischen Gemeinschaften, Nr. L 282/56 (1975): *Verordnung über Vermarktungsnormen für Eier*

Informationsquellen

Bund deutscher Rassegeflügelzüchter e.V.: *Deutscher Rassegeflügel-Standard*
Verlag Jürgens, München 1974

Centrale Marketinggesellschaft der deutschen Agrarwirtschaft mbH: *Eier & Geflügel*
Bonn-Bad Godesberg 1984

Collignon, P.: *Die Nutzgeflügelzucht*
Neumann Verlag, Radebeul und Berlin 1951

Czihak, G., Langer, H., Ziegler, H.: *Biologie*
Springer-Verlag, Berlin/Heidelberg/New York 1978

Deutsche Forschungsgemeinschaft: Forschungsbericht *Rückstände in Geflügel und Eiern*
Harald Boldt Verlag, Boppard 1975

Doll, P.: *Die Geschichte des Sondervereins und der deutschen Putenzucht*
Verlag W. Sachon, Mindelheim 1982

Engelmann, C.: *So leben Hühner, Tauben, Gänse*
Neumann Verlag, Radebeul 1957

Engelmann, C.: *Vererbungsgrundlagen und Zuchtmethoden beim Geflügel*
Neumann Verlag, Leipzig und Radebeul 1975

Fangauf, R.: *Amerikanische Geflügelzuchtmethoden*
Verlag Fritz Pfenningstorff, Berlin und Stuttgart 1961

Fritsche, K. und Gerriets, E.: *Geflügelkrankheiten*
Verlag Paul Parey, Berlin und Hamburg 1962

Grasenack, H.: *Geflügelproduktion*
VEB Deutscher Landwirtschaftsverlag, Berlin 1981

Grzimek, B.: *Das Eierbuch*
Verlag Fritz Pfenningstorff, Berlin 1942

Grzimek, B.: *Grzimeks Tierleben, Band Vögel 2*
Kinder Verlag, München 1968

Henk, F.: *Hühnerhaltung heute*
Stocker Verlag, Graz und Stuttgart 1974

Herre, W. und Röhrs, M.: *Haustiere — zoologisch gesehen*
Gustav Fischer Verlag, Stuttgart 1973

Hess, E.: *Geflügelkrankheiten und deren Verhütung*
Verbandsdruckerei AG, Bern 1958

Jaeger, J.: *Das Wirtschaftsgeflügel*
Deutscher Bauernverlag, Berlin 1957

Kalmus, H.: *Genetik*
Thieme Verlag, Stuttgart 1976

Kirchshofer, R.: *Was ist ein Haustier?*
Mitteilungen aus dem Frankfurter Zoo, Eigenverlag Zoologischer Garten, Frankfurt am Main 1976

Kirchshofer, R.: *Domestikation — Haustiere*
Pädagogisches Zentrum, Berlin 1979

Kolbe, H.: *Die Entenvögel der Welt*
Verlag Neumann-Neudamm, Melsungen 1981

Makatsch, W.: *Die Eier der Vögel Europas, Band 1*
Verlag Neumann-Neudamm, Melsungen 1974

Möhl, H.W.: *Wirtschaftliche Geflügelkleinhaltung*
Verlagshaus Oertel und Spörer, Reutlingen o.J.

Müller: H.: *Geflügelwirtschaft*
Neumann Verlag, Radebeul 1959

Münter, W.: *Die Fütterung des Hausgeflügels*
A. Philler Verlag, Minden o.J.

Palleske, W.: *Die natürliche und künstliche Brut und Aufzucht unserer Hühner*
Verlagshaus Oertel und Spörer, Reutlingen o.J.

Pingel, H. und Jeroch, H.: *Biologische Grundlagen der industriellen Geflügelproduktion*
VEB Gustav Fischer Verlag, Jena 1980

Pingel, H.: *Kleintiere richtig füttern*
VEB Deutscher Landwirtschaftsverlag, Berlin 1981

Regenstein, F.: *Vererbung bei Hühnern und Tauben*
Verlagshaus Reutlingen, Reutlingen o.J.

Römer, R.: *Das Was und Wie beim Federvieh*
Verlag Fritz Pfenningstorff, Berlin und Stuttgart 1959

Rudolph, W.: *Die Entenmast*
Deutscher Bauernverlag, Berlin 1958

Rutgers, A. and Norris, K.A.: *Encyclopaedia of Aviculture*, Volume 1
Blandford Press, London 1970

Scholtyssek, S.: *Die Geflügelzucht-Lehre*
Verlag Eugen Ulmer, Stuttgart 1962

Scholtyssek, S.: *Handbuch der Geflügelproduktion*
Verlag Eugen Ulmer, Stuttgart 1968

Scholtyssek, S.: *Die Bewertung von Geflügelfutter*
Verlag Eugen Ulmer, Stuttgart 1970

Scholtyssek, S. und Doll, P.: *Nutz- und Ziergeflügel*
Verlag Eugen Ulmer, Stuttgart 1978

Schmidt, L.: *Moderne Geflügelzucht*
Verlag Eugen Ulmer, Stuttgart 1970

Tüller, R.: *Truthühner*
Verlagshaus Oertel und Spörer, Reutlingen 1984

Vogel, K.: *Die Taube*
VEB Deutscher Landwirtschaftsverlag, Berlin 1981

Wissel von, S., Stefani, M. und Raethel, H.-S.: *Fasanen und andere Hühnervögel*
Verlag Neumann-Neudamm, Melsungen 1966

Adressen der Fachverbände, Institute, Lehr- und Versuchsanstalten für Kleintierzucht und Veterinäruntersuchungsämter

Für denjenigen, der sich das Informationsheft des Bundes Deutscher Rassegeflügelzüchter oder »Das Grüne Geflügel-Jahrbuch« nicht zulegen möchte, seien hier einige nützliche Fachadressen aufgeführt.

Verband der Sondervereine für Hühner, Groß- und Wassergeflügel
Geschäftsführung: Heinz Möller, Immenweg 30, 2850 Bremerhaven
Verband der Zwerghuhnzüchtervereine
Vorsitzender: Bernhard Ruhrig, Weiherstraße 28, 6360 Friedberg/Hessen
Verband Deutscher Rassegeflügel-Preisrichter

Informationsquellen

Vorsitzender: Erwin Beck, Moselstr. 24, 6072 Dreieich
Bund Deutscher Rassegeflügelzüchter e.V. BDRG
Präsident: Wilhelm Schönefeld, Kol. Hahnenburg 53, 3000 Hannover 71
Europäischer Verband für Geflügel- und Kaninchenzucht
Präsident: Ernst J. Suter-Marmillod, Missionsstraße 22, CH-4055 Basel
Institut für Kleintierzucht der Bundesforschungsanstalt für Landwirtschaft Braunschweig-Völkenrode, Dörrnbergstraße 25/27, 3100 Celle
Bayerische Landesanstalt für Tierzucht, 8011 Grub, Post Poing bei München, Telefon 089/9093-1
Lehr- und Versuchsanstalt für Kleintierzucht, Mainbernheimer Straße 101, 8710 Kitzingen/Main, Telefon 09321/33170
Institut für Tierzucht und Tierfütterung der Universität Bonn, Endenicher Allee 15, 5300 Bonn, mit Versuchsgut Frankenforst, 5330 Königswinter 51
Universität Hohenheim, Lehrstuhl Kleintierzucht, Postfach 106, 7000 Stuttgart 70
Institut für Anatomie, Physiologie und Hygiene der Haustiere, Forschungsstation für Geflügelkrankheiten, 5300 Bonn, Katzenburgweg 7—9, Telefon 02221/732804 und 732617
Institut für Tierproduktion, Fachbereich Landwirtschaftliche Entwicklung der Technischen Universität Berlin, Lentzeallee 75, 1000 Berlin 33
Institut für Tierzucht und Haustiergenetik der Justus-Liebig-Universität, Bismarckstraße 16, 6300 Gießen, mit Lehr- und Versuchswirtschaft, Oberer Hardthof, Gleiberger Weg 123
Landwirtschaftskammer Westfalen-Lippe, Lehr- und Versuchsanstalt für die Tier- und Pflanzenproduktion, »Haus Düsse«, 4772 Bad Sassendorf
Versuchsanstalt für Geflügelwirtschaft und Kleintierzucht der Landwirtschaftskammer Rheinland, Hüttenallee 235, 4150 Krefeld-Großhüttenhof

Lehr- und Versuchsanstalt für Kleintierzucht Kiel-Steenbek, Steenbeker Weg 151, 2300 Kiel-Wik

Veterinäruntersuchungsämter

Azenbergstr. 16
7000 Stuttgart 1

Von der Tann-Str. 13
8400 Regensburg

Invalidenstr. 63—78
1000 Berlin 21

Utbremer Str. 67
2800 Bremen

Lagerstr. 36/II
2000 Hamburg

Deutschordenstr. 48
6000 Frankfurt

Eintrachtweg 17
3000 Hannover

Rheindorfer Str. 92
5300 Bonn

Bleicherstr. 34
5400 Koblenz

Hellwigstr. 8—10
6600 Saarbrücken 3

Gutenbergstr. 77
2300 Kiel

Dresdnerstr. 6
3300 Braunschweig

Register

A

Adressen 175
Alleinfutter für Jungenten 156
Alleinfutter für Masttruthühner 100
Alleinfutter für Truthühnerküken 149
Alleinfutter für Zuchttruthühner 100, 156
Alleinfütterung 93
Allele 105
Altenglischer Kämpfer 49
Altrheiner Elsterente 72
Altsteirer 44
Amerikanische Pekingente 70
Amide 80f.
Aminosäuren 81, 84, 119
Amrock 55
Andalusier 39
angekeimtes Getreide 89
anorganische Stoffe 79
ansteckender Schnupfen 160
Antibiotika 91, 163
Antwerpener Bartzwerg 63
Appenzeller Barthuhn 42
Appenzeller Spitzhaube 42
Araucanahuhn 46, 127, 133
Art 13f.
Artenbegriff 13
Artgerechtheit 21f.
Asiatischer Typ 53
Asil 48
Aufzeichnungen 171
Aufzucht 127ff.
Aufzuchtfutter 145, 147ff.
Aufzuchtraum 130, 142, 146ff.
Aufzuchtschrank 142, 145ff.
Aufzuchtstall 142
Aufzuchttemperatur 142
Augsburger Huhn 44
Ausgleichspaarung 110
Auslauf 18, 20f., 30ff.
Auslaufstrukturierung 112
Ausstellungen 154, 168f.

Australorps 54
Avitaminose 86, 161
Aylesburyente 69

B

Badegefäß 148
Badegelegenheit 114f., 130, 142, 156
Badeteich 167
Bankivahuhn 14, 16
Bantam 62
Barnevelder 57, 122
Basette 63
Batteriehuhn 122
Bauchhöhlenei 123
Baumbestand 32
Baustoffwechsel 79, 119
Bergischer Kräher 40
Bergischer Schlotterkamm 40
Beringung 154
Betriebsstoffwechsel 79
Bewertungsnoten 170
Bewertungsstufen 169
Bielefelder Kennhuhn 59
Bierhefe 89ff.
Biotin 84, 90
Blaue Pute 76
Bodenleben 32
Bourbonpute 77
Brabanter 43
Brahma 53
Brakel 40
Breda 43
Brennessel 98f., 115, 146ff. 156
Bronzefarbige Pute 76
Brügger Kämpfer 49
Brut 127ff.
Brutapparat 132, 134, 137, 140, 158f., 165
Brutei 125f., 171
Bruteimindestgewicht 126, 172

Register

Bruteiqualität 159
Brutentwöhnung 131
Brutentwöhnungskäfig 131
Brutfaktoren 132, 139
Brutfehler 139
Brutraum 128
Bruttemperatur 133
Bruttermin 127
Brutverlauf 159
Brutzeit 128
Bund Deutscher Rassegeflügel-
 züchter 172
Bundesring 171

C

Campbellente 73
Cayugaente 70
Celler Gans 16, 66
Chabo 62
Chlor 83f., 119
Cholestrin 120f.
Cholin 90, 161
Chromosomen 104
Coccidiose 163
Coccidiostatica 150, 155
Cochin 53
Crève Coeur 42
Croad Langschan 53
Cröllwitzer Pute 76
Crossing-over 109
Cubalaya 51

D

Dauerstreu 19
Deutscher Langschan 53
Deutsche Pekingente 70
Deutsches Reichshuhn 57
Deutscher Sperber 41
Deutsches Zwerghuhn 64
Diepholzer Gans 65
Diphterie 164
Domestikation 13, 15

dominant-rezessiver Erbgang 105f.,
 108
Dominikaner 45
Dorking 45
Dottersack 133, 159
Dresdener 59
Durchleuchten von Eiern 125, 130

E

Ei 119ff.
Eiabnormitäten 122
Eierstock 121
Eiform 124
eigentliche Zwerge 60
eigentliche Zwerghühner 61ff.
Eigewichtsklassen 120
Eilagerung 125
Eileiter 121
Eingewöhnung 172
Einstreu 143, 147f., 152, 156, 161,
 167, 170
Eintagsküken 171
Einzelbox 153, 170
Eisen 84f.
Eiweiß 79ff., 91
Ektoparasiten 166f.
Embryonalentwicklung 122
Embryonalkrankheiten 158
Emdener Gans 64
endogene Infektion 158
Energiestoffwechsel 119
Englischer Kämpfer (Moderner) 50
Enten 20, 27ff., 36, 69ff., 130
Entenei 123
Entenfütterung 98
Entenküken 146
Entenkükenmehl 156
Entenmast 98
Entenzucht 114f.
Entenzuchtfutter 115
Entwicklungsdauer 127
Entwurmung 114
Enzephalomazie 88
Erbanlagen 104
Erhaltungsfutter 93, 98ff.

Erkältungskrankheiten 142, 146ff., 152, 170
Eulenbarthuhn 43
exogene Infektion 158

F

Fallnest 112, 115, 154
Fallnestkontrolle 112, 140, 171
Farbstoffpigmente 121f.
Federfressen 95, 145, 160f.
Federfüßiges Zwerghuhn 63
Federlinge 166
Federspulmilben 167
Fensterfläche 18
Fette 79ff., 91
fettlösliche Vitamine 86ff.
Fischmehlfütterung 123
Flöhe 166f.
Fluor 85
Folsäure 90
Friesenhuhn 40
Frischei 120
Fußkette 153
Futter 79ff.
Futterautomat 151
Futtergefäß 26
Futterkalk 82
Fütterung 79ff.

G

Gänse 20, 27ff., 36, 64ff., 130
Gänseerhaltungsfutter 99
Gänsefettmast 99
Gänsefütterung 99
Gänseküken 148
Gänsemast 99
Gänsemastfuttermischung 99
Gänsemischfutter 117
Gänsestall 116
Gänsestarterfutter 148
Gänsezucht 115ff.
Garantie 172

Gefiederwaschen 170
Geflügelcholera 163
Geflügelpest 158, 164
Geflügelstandard 170
Geflügelzuchtverein 168
Gehegestrukturierung 152
Gelbei 121f.
Gelbe Pute 76
Gene 104
Gimbsheimer Ente 72
Glucke 127f., 140, 142, 153
Grasbestand 32
Graugans 16, 66
Grit 85, 146
Grünfutter 83ff., 93, 98ff., 113, 115, 117, 149, 156
Grünzeug 90, 117, 121, 146f.

H

Haarwurmbefall 165
Hagelschnur 122
Halsmauser 154
Haltung 18ff.
Hamburger Sprenkelhuhn 40
Haubenente 75
Haubenhuhn 42ff.
Hausente 17
Hausgans 16
Haushuhn 16
Hausperlhuhn 17
Hauspute 17
Haustierstand 15
Hecken 32
Heizquelle 143
Heiztränke 103
Helmperlhuhn 17
Hochbrutflugente 74
Höckergans 16, 66
Holländer Weißhaube 42
Holländer Zwerg 63
Holzstall 27
Hormone 91
Houdan 42
Hühner 18ff., 21ff., 32ff.
Hühnerbrille 152

Register

Hühnerfütterung 93ff.
Hühnerglucke 128
Hühnerküken 142
Hühnermast 97
Hühnerrassen 38ff.
Hühnerzucht 110ff.
Hybridhühner 38
Hypothermie 160

I

Impfung 164f.
Impfzeugnis 165
Indischer Kämpfer 48
Inneneinrichtung des Stalls 25, 28f.
Insektenbekämpfungspuder 166
Insektenvertilgungspuder 129, 167
intermediärer Erbgang 105ff.
Inzucht 109
Inzuchtschäden 110
Isoliermaterial 23
Italiener 39

J

Jod 85
Jokohama 52
Jungentenhaltung 156
Junggänsehaltung 156
Junggänsemast 99
Junggeflügelmehl 155
Junghähnchen 150, 152
Junghähnchenhaltung 152f.
Junghennen 150
Junghennenhaltung 150ff.
Junghennenmehl 150
Junghühnerhaltung 150ff.
Jungperlhühnerhaltung 156
Jungputenhaltung 156
Jungtiere 171
Jungtruthühnerfutter 156

K

Kali 32
Kalium 82ff., 119
Kalk 32
Kalkfütterung 151
Kalkschale 122
Kalzium 82, 84f., 87f., 119f., 123, 161
Kamille 146
Kämpfer 47ff.
Kastilianer 38
Kaulhuhn 41
Keimfutter 98, 113
Keimfutterfütterung 94
Keimgetreide 134
Klassische Geflügelpest 164
Knoblauch 91, 114, 157, 165
Knochenweiche 82ff., 161
Kobalt 84
Kohlenhydrate 79ff., 91
kombinierte Fütterung 93f.
Kotbrett 25
Kraienkopp 50
Krankheiten 157ff.
Kreisverband 172
Kreuzungszucht 109
Krüper 40
Kükenalleinmehl 163
Kükenfutter 145
Kükengeflügelmarke 141
Kükengrütze 146
Kükenheim 143, 145
Kükenkennzeichnung 140f., 171
Kükenmehl 150
Kükenruhr 158, 162
Kükenstarterfutter 146
Kunstbrut (künstliche Brut) 127, 132, 159
künstliche Aufzucht 142
künstlicher Teich 36
künstliches Licht 154
Kupfer 84f.
Kupferfarbige Pute 76
Kutikula 122, 125, 158

Register

L

Lachshuhn 56
La Flèche 43
Lakenfelder 40
Landesverband 172
Langschan 53
Langschwanzhuhn 51
Laubgehölz 35
Laufente 73
Lebertran 86f., 117
Legeentenfutter 98
Legehennenalleinfutter 93
Legehennenalleinmehl 85, 113
Legemehl 85, 94, 113
Legenest 25, 117
Leghorn 39
Leistungsfutter 93, 98, 150
Leukose 165
Lezithin 120f.
Lichtdauer 113
Lichtgabe 154
Lichtquelle 23
Linienzucht 110
Literatur 173
Lockengans 65
Lohnbrüterei 140
Luftbedarf 23
Luftblase 125, 134, 137
Luftfeuchtigkeit 133
Lütticher Kämpfer 49
Luxurierungseffekt 110

M

Magnesium 83, 85
Malaie 47
Mangan 84f., 161
Marek'sche Lähme 164
marmoriertes Ei 121
Maschenweite 37
Mastfutter 97ff.
Mastfütterung 155
Mechelner 56
Meiose 105, 109
Mengenelemente 80f.

menschliche Ernährung 119
Mexikanisches Truthuhn 17
Milben 166f.
Mindestfläche 35
Mineralien 81, 119
Mineralstoffe 81, 119, 146
Mineralstoffgemisch 85
Minorka 39
Mittelmeerrassen 38ff.
Moderner Englischer Kämpfer 50
modifikatorische Beeinflussung 109
Moschusente 17, 72
Multivitaminpräparat 91
Muschelkalk 123
Muschelschrot 82
Mutation 109

N

Nackthalshuhn 45
Nadelbäume 35
Nährstoffmangelkrankheiten 161
Nährstoffverhältnis 91ff., 94f., 159
Natrium 82ff., 119
Naturbrut (natürliche Brut) 127f.
Nest 23, 112, 114, 116, 118, 128ff.
Nestnische 28
Newcastle-Krankheit 165
New Hampshire 59
Niacin 89, 161
Niederrheiner 56
Nistplatz 131
Nordwesteuropäische Rassen 40ff.

O

ölhaltige Sämereien 96
Onagadori 52
organische Baustoffe 80
organische Stoffe 79
organische Wirkstoffe 80
Orloff 50
Orpingtonente 54, 74
örtlicher Verein 172

Register

Ostfriesische Möwe 40
Östliches Truthuhn 17

P

Paduaner 42
Pantothensäure 90
Paratyphus 158, 163
Pekingente 70
Periosis 161
Perlhühner 21, 29f., 37, 77f.
Perlhuhnfütterung 100
Perlhuhnküken 149
Perlhuhnzucht 118
Pfähle 37
Phönix 52
Phosphat 32, 87, 119, 161
Phosphor 82, 85
Platzbedarf 18ff.
Plymouth Rock 54
Pneumoaerocystitis 160
Pocken 164
Polyavitaminose 90
Pommernente 71
Pommersche Gans 64
Preisrichter 169f.
Pullorumuhr 162
Puten 21, 29f., 37, 75ff.
Putenfütterung 100
Putenglucke 131
Putenküken 148
Putenkükenmastfutter 100
Putenstarterfurter 149
Putenzucht 117f.
Putenzuchtfutter 117

R

Rachitis 87, 161
Ramelsloher 44
Rangordnung 111
Rangordnungskampf 153
Rassegeflügelzüchter 172
Rassen 14

Räudemilben 167
Reinerbigkeit 105
relative Luftfeuchtigkeit 133
Rheinländerhuhn 41
Rhodeländer 58
Ringgröße 155
Rote Pute 76
Rotflügelpute 76
Rouenente 69

S

Sachsenente 71
Sachsenhuhn 44
Sandbad 112
Sauerstoffversorgung 137
Schalenhaut 122, 137
Schattenfläche 35f.
Schichtei 123
Schierlampe 134
Schimmelpilze 158
Schlachten 155
Schlafplatz 23
Schnittlauch 91
Schnupfen 160
Schockmauser 157
Schwanengans 16, 66
Schwarze Pute 76
Schwarzgeflügeltruthuhn 77
Schwarzkopfkrankheit 100, 148, 164
Schwefel 84
Sebright 62
Seidenhuhn 61, 127
Shamo-Kämpfer 47
Shokuku 52
Silizium 85
Sitzstange 25, 29
Skelettmißbildung 82
Smaragdente 75
Sonderverein 172
Sonnerathhuhn 14
Sozialhierarchie 111
Spalterbigkeit 105
Spanierhuhn 38
Sparei 38
Spulwurmbefall 165

Register

Spurenelemente 80f.
Stall 21ff.
Stallfläche 18
Stallstrukturierung 112
Stalltemperatur 23, 113
Stammbaum 171
Stammschlupfhorde 112, 137, 140
Staubbad 25, 130, 152, 167
Steinbacher Kampfgans 16, 66
Stickstoff 32
Stockente 17, 74
Sträucher 32
Streicherente 73
Strupphuhn 61
Sulmtaler 44
Sultanhuhn 43
Sumatra 51
Sundheimer 56
Sussex 55

T

Teezusätze 146
Teich 36
Thiamin 88, 90
Thüringer Barthuhn 41
Tiefstreu 19
Tierart 13
Toulouser Gans 65
Transportkorb 170
Trephonei 123
Trinkgefäß 26
Trinkwasser 103, 146ff., 152, 163f.
Trockensubstanz 79
Troghöhe 145
Troglänge 145, 151
Truthühner 17
Truthühnerkükenfutter 156
Tuberkulose 158, 163
Tuzo 51
Typhus 158

U

Überdachung des Auslaufs 19
Umzäunung 36
ungesättigte Fettsäuren 81, 88
Ungeziefer 170
Ungezieferbekämpfung 112
Universalgriff 157
Unterart 14
Unterkühlung 160

V

Verein 172
Vererbung 104ff.
verzwergte Rassen 60
Vitamin A 83, 86f., 120
Vitamin B_1 84, 88f.
Vitamin B_2 89, 161
Vitamin B_6 89
Vitamin B_{12} 84, 89f.
Vitamin C 90
Vitamin D 82ff., 87, 161
Vitamin E 88, 120, 161
Vitamin F 88
Vitamin H 90
Vitamin K 88
Vitamine 81, 85ff., 114, 119, 146, 159f.
Vogelmilben 166
Vogelzecken 167
Vorbeugung (gegen Krankheiten) 157
Vorwerkhuhn 44

W

Warzenente 17, 72
Wasserabzug 19
Wasserbad 137
Wasserbedarf 20
Wasserlinse 98, 147
wasserlösliche Vitamine 88ff.
Watermaalscher Bartzwerg 63

Wechselauslauf 18, 35
Weide 20, 36
Weiße Kükenruhr 158, 162
Weiße Pute 76
Welsumer 58, 122
Wenden der Eier 137
Westfälischer Totleger 40
Wettbewerb 170
Windei 123
Wurmerkrankungen 165
Wyandotte 57

Y

Yamato 51

Z

Zähmung 15
Zaun 37
Zecken 166f.
Zehenhautlochung 141
Zehenpicken 161
Zehenverkrümmung 161
Zink 84f., 161
zoologisches System 14
Zucht 104ff.
Zuchtanlage 168
Zuchtbuchführung 171
Zuchtmodelle 109f.
Zuchtstall 111
Zuchtstamm 110ff.
Zuchttier 171
Zwangsbrut 131
Zwangsfütterung 157, 164
Zwerge 61
Zwerg-Cochin 61
Zwergente 75
Zwerghühner 18ff., 21ff., 32ff., 60ff.
Zwiebeln 91, 114, 157, 165
Zwischentyp-Rassen 44ff.